新版

ロングヒット商品開発

成功率100倍のMIPの秘密

梅澤伸嘉 著
Nobuyoshi Umezawa

Market
Initiating
Product

JN191871

同文舘出版

新版によせて――ＭＩＰ開発が成功率を高め、ロングヒットを生む

■「ヒット商品開発」の大改訂版

本書は幸いにして、多くの経営者、開発者、マーケター、そしてリサーチャーの方々に広く読んでいただいた『ヒット商品開発』の改訂版である。

これほど〝成功率向上〟のことがわかりやすい本はないという評価をいただいた。

■「ヒット商品開発」から「ロングヒット商品開発」

本書は14年前の初版のときから単なるヒットではなく、**長く売れつづけることを主張した理論と手法とケース**をまとめた。

このたび、その意図をより鮮明にするためにタイトルを「**ロングヒット商品開発**」とし、内容もそれに準じて追加、修正を加えた。

■「ロングヒット商品」が長年企業に利益をもたらす

ヒット商品の多くは利益を生まず短命で終わることをご存知だろうか。

企業経営にとって求められる商品は、長く売れつづけ、利益を生みつづける「ロングヒット商品」である。本書ではそれを「**ロングヒット商品**」と命名した。

■「MIP開発」が「ロングヒット商品」を生む

「ロングヒット商品」こそが成功商品と呼ばれるに値する。企業に利益をもたらしつづける商品が成功率の高い「ロングヒット商品」である。

そしてそれを生み出すのが「MIP開発」である。

「MIP」とはMarket Initiating Productの略で「**新市場創造型商品**」のことであり、筆者の命名である。

■「MIP」は後発品の100倍の成功率

2001年の研究で「ロングヒット」している商品と短命で終わる商品を比較検討したところ、「MIP」が「ロングヒット」になり、それは後発品の100倍の成功率であることが明らかになった（10年以上利益を生み、シェアNo・1の率の比較）。

■MIP経営は〝売上向上〟のみで利益を生む経営

企業の利益の源泉は〝利益向上〟と〝経費削減〟の2つである。しかし多くの企業の実態は後者に偏りすぎている。

MIP経営は〝売上向上〟のみで利益を生む経営であり、経費削減はイザのために留保しておく、と考える経営であり、そのようにいえる経営はMIPに頼る以上のものはないと思われる。

■ＭＩＰは出るまでは誰も欲しいと思わない

「ＭＩＰ」は市場を創造して、長く売れつづけている商品であるが、その秘密は**消費者の潜在ニーズを発掘し、それに応えた商品だ**、ということである。それ故、「ＭＩＰ」は出るまでは誰も欲しい、と思わないのだ。

■「ＭＩＰ」経営は人を第一に考える

「ＭＩＰ」経営が「売上向上」のみに利益を頼る思想の基本に〝人を第一に考える〟がある。「人」とは従業員と消費者のことである。

この「人」を第一に考えるには「売上向上」による利益が不可欠なのだ。そして実は「売上向上」は従業員と消費者を第一に考えないと長くは実現しないのだ。この理解が企業成功失敗の分かれ道なのだ。

■ＭＩＰは「進化」である

ＭＩＰは従来の延長線上にはない突然変異による「進化」というほど画期的な商品やサービスである。まったく新しく市場を創るもの（ＭＩＰ開発）、従来の苦戦から脱して新しくくくりなおした市場を創るもの（ＭＩＰ化）、の2つがある。「進化」はこの2点に加えて、「安定成長期に入ること」も「進化」である。本書ではこのうち「ＭＩＰ開発」と「安定成長期に入る」進化に中心を置いている。本書はこれらの「進化」を**意図して**生み出す本なのである。

■本書を活用して「ロングヒット」続出の企業に

本書は「ＭＩＰ」の開発手法と理論とケースをまとめている。これらをお読みいただき、「ロングヒット商品」の数々を手にしていただきたい。

まずはぜひ目次を熟読していただきたい。

■謝辞

まず、この改訂を機に26人の方々にコラムをご執筆いただいた。その御名前を記して、心からの感謝を申し上げる。

磯崎功典氏（キリンホールディングス（株）代表取締役社長）
貝原巳樹雄氏（（独）国立高等専門学校機構　一関工業高等専門学校　未来創造工学科　化学・バイオ系　博士（工学）・教授）
山口俊晴氏（（株）未来　代表取締役社長）
荒生　均氏（（一社）日本市場創造研究会　理事）
広浦康勝氏（ハウスウェルネスフーズ（株）代表取締役社長）
本多健志氏（（株）明治　市乳商品開発部　部長）
梶原潤一氏（エースコック―ベトナム（株）取締役社長）
西野博道氏（やずやグループ（株）未来館　取締役社長）
辻野隆志氏（小林製薬（株）元取締役副社長）

栗原富夫氏（株）クォルム　代表取締役社長）
今井　浩氏（株）ワコール　執行役員　人間科学研究所長）
今本裕一氏（日産自動車（株）　商品企画本部商品企画室　主担）
清水孝洋氏（シヤチハタ（株）　海外企画部　部長）
人見幾生氏（株）一杢　代表取締役社長）
寺田信一氏（株）美盛　代表取締役）
市川秀久氏（株）バンダイナムコアミューズメント　プロデュース2部　ゼネラルマネージャー）
福島常浩氏（メディカル・データ・ビジョン（株）　取締役副社長（当時）、（一社）日本市場創造研究会　理事・事務局長）
鳥居伸一氏（ピアス（株）　常務補佐役）
森田　勉氏（株）明治　栄養営業本部　本部長（常務執行役員））
内海　洋氏（株）アクト　代表取締役社長）
田代和弘氏（田代珈琲（株）　代表取締役社長）
清　行雄氏（カナエ工業（株）　代表取締役社長）
杉田真浩氏（株）シーンズ　代表取締役）
伊豆山幸男氏（伊豆山建設（株）　代表取締役、免疫生活ホルミシスハウス　代表理事）
加藤寛之氏（株）エルビー　営業本部　ＦＸ開発室）
町田雅之氏（金沢工業大学　ゲノム生物工学研究所　教授（農学博士））

（コラム掲載順）

また、ＭＩＰ経営に没頭いただいている経営者各位、カベに立ち向かってメラキ直って前進しておられるご担当者方、本書の改訂をおすすめくださり、ＭＩＰという新しい流れを創るこの本が一層ロングヒットするよう仕上げてくださった同文舘出版（株）青柳裕之氏、吉川美紗紀氏、そして、ガン闘病を支えて、元気を与えつづけてくれた家族に心からの感謝を表します。

２０１８年４月４日

春の陽光を浴びて、与えられた新しい命に感謝しつつ、次の頂を目指して

梅澤　伸嘉

初版はしがき――MIPパワーの秘密

商品にはパワーが必要である。

パワーのない商品は売れない。

本書は「売れる商品」とは何かを40年にわたって研究し、パワーの強い商品をいかに開発するか、すなわち、「商品力」をいかに高めるか、にズバリ答えた本である。従来、商品開発の常識と考えられていた枠を超えた発想と、何よりも〝消費者ニーズに応える〟視点をもった本である。

私は最近「MIP」という商品―それは誰も耳にしたことのない商品―を開発することが「商品力」を高める最強の手段である、ということを調査・研究で明らかにした。「商品力」とは、消費者ニーズに応えて消費者に初回購入を動機づけ、消費者満足を達成して永い間再購入（継続使用）を続けさせる商品の力のことである。すなわち、「消費者のニーズに応え高い満足を与える商品」の力である。その力が圧倒的に強いのが「MIP」という商品なのである。

では「MIP」とはいったい何なのか。

それは消費者の生活上の問題を解決し、新しい市場を誰よりも先に創造する商品のことである。つまり「新市場創造型商品（MIP：Market Initiating Product）」である。

「MIP」は従来型の商品（既存カテゴリー商品）の100倍も成功率が高いのである。このことを研究と永い間の体験から明らかにした。そして同時に、長寿企業ならどこでも幾つかの「MIP」が実は存在しており、それらが企業を永い間支え続けていることも見出した。

今まで「ＭＩＰ」は意図して開発されていなかったので、それが生まれるのは稀であった。誰も「ＭＩＰを作ろう」などと考えなかったのだから。

「ＭＩＰ」パワーの秘密を誰よりも先に知っていただきたい。

「ＭＩＰ」は今までの考え方・やり方ではコンスタントに生まれない。従来型の商品開発から脱却し、「ＭＩＰ」専用の開発に一日も早く着手して、コンスタントに「売れる商品」を開発していただきたい。

「売れる商品」開発の秘訣は、①「ＭＩＰ」の重要性に気づき、その開発に着手することとそのために、②未充足の強い生活ニーズを発掘し、それに応える商品づくりを助ける固有の〝消費者ニーズ観点に立った〟消費者調査を行うことである。本書はそのためのテキストなのである。

オリジナルで役立つ理論の研究、オリジナルで役立つ方法の研究、そしてオリジナルで役立つコンサルティングを行うことを目的に１９８４年に創立した㈱マーケティングコンセプトハウスが20周年を迎えられたことに感謝しつつ、その設立の日に私に〝初一念〟の教えをくれた義父（昨年12月28日97歳で逝去）の言葉を想い出しつつ、新たに「初一念」の思いを胸に秘めて。

２００４年７月　「成功商品開発研究フォーラム」設立の日に

梅澤　伸嘉

【目次】

第2章　ＭＩＰを成功させる梅澤理論――93

第3章 このプロセスでMIP開発は成功する――151

2●各プロセスの説明①――プロセスとオーソライズ――158

第４章　ＭＩＰ開発システムを特徴づける４つのオリジナル手法――221

序章

本書の主張点

■成功商品とは利益を生みつづける商品

「成功商品」とは長期間にわたって企業に利益をもたらしつづける商品のことである。それは長期間、カテゴリーシェアNO・1をつづける商品、すなわち「ロングヒット商品」によってもたらされる。

■「商品開発」はやさしい

本書は「商品開発」の本ではない。「商品開発」はやさしい。わざわざ新しい理論を学んだり、新たな手法など用いなくともモノを作る技術さえあれば簡単に生まれる。その反面、ほとんどが失敗する。もうこれ以上失敗を重ねるのはやめよう。

■本書は「成功商品開発」の本である。

本書は「成功商品」の定義を満たす、理論と手法に支えられた〝成功率〟の圧倒的に高い商品開発、すなわち「成功商品開発」の本である。

■問題提起――「成功商品開発」していますか?

開発マンや経営者なら、誰でも「成功商品」を開発したいと願っている。しかし、「成功商品」を開発する考え方ややり方を採用しているか、といえばその多くは〝ノー〟であろう。

試しに、次の10の「問題提起」を1つ1つ判断してみていただきたい。「問題提起」の1、7、8、9、10はそれぞれ固有の消費者調査が不可欠であることを暗示している。

問題提起

1 成功する（長期間利益が生まれる）ことが約束された形で新商品開発されているか。
2 そもそも成功商品とは何かが明確に規定されているか。
3 自社の〝成功率〟がきちんと監視されているか。
4 何をどのように行えば成功率が高まるかが明確になっているか。
5 それがきちんと行えるようなしくみになっているか。責任者やその責任の所在が明確になっているか。
6 それがきちんと行えているか。
7 予定の時期に予定の数の商品を出すことを目的とせず、成功を目的としているか。
8 開発の対象が市販品でなく、消費者の生活を対象としているか。
9 生活上の「未充足の強い生活ニーズ」に応えるよう開発がプロセスされているか。
10 C／Pバランスがよい新カテゴリーである（初回購入と再購入がともに高まる）ことを確認の上発売されているか。

■成功商品開発は「M－P」で

この「問題提起」を1つ1つチェックすることによって、今までは「成功商品」を意図して開発していなかったことに気づいていただけるであろう。その結果、手がけた開発のほとんどが失敗であった事実を思い起こすことであろう。そして、それでは何をどうしたら成功商品に恵まれるのだ、という強烈な関心を抱いていただけたことであろう。

その答が**「M－P（Market Initiating Product）：新市場創造型商品」**である。すなわち新市場を創造し、カテゴリーシェアNO・1を長くつづけることのできる商品を開発する、ということなのだ。しかし、そのように言われてもピンとこないかもしれない。

■これが日本生まれの「M－P」だ

「MIP」は「私がMIPだ」と主張することもなく、知らぬ間に人々の生活の中に定着してしまっているのだ。すでに長い間定着している、日本生まれの「MIP」の例を古い順にいくつか示すと、図表1のとおりである。

■世界生まれの「M－P」はこれだ

一方、アメリカやフランスなど日本以外の国で生まれ、世界中で長い間売れつづけている「MIP」の例を古い順に示すと、図表2のとおりである。

■あなたの会社の長寿、高利益商品のほとんどは「M－P」

これらが「MIP」だと知れば、そのすごさに気づかれることであろう。そして、多くの企業の長寿で

図表1　日本生まれのMIPの例

	発売年	新カテゴリー名	ブランド名	企業名
①	1909	旨味調味料	味の素	味の素
②	1921	クレパス	サクラクレパス	サクラクレパス
③	1958	即席めん	チキンラーメン	日清食品
④	1968	男性用シャンプー	トニックシャンプー	サンスター
⑤	1971	カップめん	カップヌードル	日清食品
⑥	1976	宅配便	クロネコヤマトの宅急便	ヤマト運輸
⑦	1979	ヘッドホンステレオ	ウォークマン	ソニー
⑧	1980	スポーツドリンク	ポカリスエット	大塚製薬
⑨	1981	使い捨てドリップコーヒー	モンカフェ	片岡物産
⑩	1982	カビ取り剤	カビキラー	ジョンソン
⑪	1983	天ぷら油処理剤	テンプル	ジョンソン
⑫	1984	禁煙・節煙パイプ	パイポ	アルマン
⑬	1985	レンズ付きフィルム	写ルンです	富士写真フィルム工業
⑭	1985	缶入り緑茶	おーいお茶	伊藤園

図表2　世界生まれのMIPの例

	発売年	国	カテゴリー名	ブランド名	企業名
①	1934	アメリカ	タンポン	タンパックス	タンパックス
②	1948	アメリカ	インスタントカメラ	ポラロイド	ポラロイド
③	1950	アメリカ	テレビ用リモコン	レイジーボーンズ	ゼニス
④	1952	フランス	面ファスナー	ベルクロ	ベルクロ
⑤	1955	アメリカ	修正液	リキッドペーパー	リキッドペーパー
⑥	1959	アメリカ	複写機	ゼロックス	ゼロックス
⑦	1961	アメリカ	紙おむつ	パンパース	P&G
⑧	1973	アメリカ	携帯電話		モトローラ
⑨	1979	アメリカ	のり付きメモ	ポストイット	3M

出所：図表1、2ともに筆者調べ。

高利益商品のほとんどが実は「ＭＩＰ」なのである。ぜひ、社内を調べてみていただきたい。

本書のサブタイトルを「成功率１００倍のＭＩＰの秘密」としたのはこのような驚くべき事実によるものである。

■本書はＭＩＰ開発の理論と手段を具体的に示す

「成功商品開発」はまず「成功商品」の定義づけから始まる。そして「成功商品開発」すなわち「ＭＩＰ開発」のための実績と理論にもとづいた手段を、ステップ・バイ・ステップで踏む。

その結果、毎年、高利益とカテゴリーシェアＮＯ・１の栄光を高い確率で長い間もたらす。

本書はその理論と手段を具体的に示すことを目的とした。

■ＭＩＰ開発によって成功率を向上させること。そして、それが経済を真から強くするということが証明されることを祈って

新商品の成功など今時偶然の産物であり、〝成功率を高める〟なんて無理だし、無駄な努力だといってはばからない開発マンが多い。

しかし、そのような人々を尻目にあなたが本書にヒントを得て成功してくださることによって、その考えが間違っていることを証明してみせていただきたい。そして、そのような企業が増えることこそ、経済を真に強くしていくことだといずれ証明されることを心から祈りたい。

■単なる「ヒット商品開発」ではなく「ロングヒット商品開発」

「新版によせて」に明記したように「ヒット商品」の多くは利益を生まず、短命に終わっている。タイトルを「ロングヒット商品開発」とした意図は「ロングヒット商品」こそが長く企業に利益をもたらしつづけることを主張したかったためである。

しかし驚くほど「ロングヒット商品」は価値と関心を与えられていない。まるで空気のように〝あるのが当たり前〟になっている。意図して開発しようと努力しない。

■「MIP」は「ロングヒット商品」になる確率が高い

「MIP」は10年以上利益を生む確率が後発品と比べて100倍高い。

後発品が10年以上利益を生み続けるのは0・5％にすぎないが、「MIP」なら50％と非常に高い確率なのだ。「ロングヒット商品」を開発したければ「MIP」を開発する以上の手段はないのだ。

『MIP理論からみる、キリンのロングセラーブランド』

キリンホールディングス株式会社
代表取締役社長　磯崎　功典

日本の酒類・清涼飲料はその歴史や競争環境から、典型的MIPと趣を異にするかもしれません。しかし私たちは常に生活者に密着し、嗜好性の高いカテゴリーならではの、「生活の中での新しい飲用シーン」の創出を目指してきました。この観点からいくつかの事例を紹介します。

●日本初のPETボトル入り紅茶飲料の開発

1986年に発売した「キリン　午後の紅茶」は、日本初のPETボトル入り紅茶飲料です。おそらくは世界でも例がなかったのではないでしょうか。現在日本の紅茶カテゴリーのシェア50%を超え、2017年も販売数量で過去最高を更新しました。

缶入り紅茶はそれまでもありましたが、紅茶は冷やすと濁るため、中味の見えるPETボトル入りの商品はありませんでした。キリンは独自のクリアアイスティ製法を開発し、冷やしても濁らず、PETボトルでも澄んだ紅茶の液色が美しい、「午後の紅茶」を開発したのです。

本格的に淹れた紅茶と同じ美味しさがPETボトルで手軽にいつでも楽しめるようになり、今では中学・高校生から大人まで、紅茶のPETボトル(午後の紅茶!)を日常的に持ち歩くのを目にします。紅茶は世界でもっとも広く飲まれている飲料の1つですが、これほど身近に飲まれている国は多くありません。生活の中での新しい飲用シーンの創造。まさにMIP理論の神髄です。

1986年　発売時
（1.5ℓ PETボトル）

現在
（500mℓ PETボトル）

●〝製法〟によるビールの新市場の開拓

次に1990年に発売した「キリン　一番搾り」を紹介します。1980年代前半、ビール市場はブランド競争前

現在
（350mℓ 缶）

1990年 発売時
（350mℓ 缶）

夜で、ビールメーカー各社の社名を冠した商品（例えば「キリンビール」）が中心でした。店頭での価格差はなく、各社が自社名を冠した商品で品質を競います。「黒ビール」などの液種カテゴリーや容器戦争はありましたが、成熟した市場はもはや伸びないとの声もありました。１９８７年「アサヒスーパードライ」発売に端を発した〝ドライ戦争〟により、「ビールにも（メーカーごとの差だけでなく）いろいろな〝味〟がある」という価値軸が生まれ始めたのです。

そんな中、一番搾り麦汁だけを使用する〝一番搾り製法〟で作った「キリン　一番搾り」は、〝製法〟という明確なエビデンスをベースに、ブランドのユニークネスを打ち出した初めての商品です。そして「仕事の後のお疲れ様の乾杯」、いわば労働報酬という旧来の日本のビール観とは異なり、日常の生活の中で自然体でビールを楽しむという緒方拳さんを起用したＴＶＣＦが一世を風靡し、「ビールの新しい存在意義」として共感を得ました。まさにＭＩＰのキーファクターである「お客様の新しい生活シーンの提案」です。折しもバブル期後半に入り、カタカナに少し疲れた時代の風に乗り、日本語の商品名も新鮮に受け取られたようです。

その後、四半世紀にわたるブランド競争、幾度ものリニューアルを経て、「一番搾り」は好調です。昨年からのキャンペーンも新ユーザーを獲得しました。時代は必ず変化しますが、ＤＮＡを変えず、お客様の気持ちに寄り添い続けることがロングヒットの鉄則だと私は思っています。さらにグローバルでも、「KIRIN ICHIBAN（一番搾り）」は人気です。海外ではプレミアムビールの位置づけですが、日本文化や和食ブームの追い風もあり、一番搾りの日本らしいテイストに、ロイヤルユーザーが増えています。海外の「KIRIN ICHIBAN」ファンが、キリン、ひいては日本を好きになってくださることを願ってやみません。

●ビール類市場の新しい可能性

一番搾り発売後も、ビール類市場は、発泡酒・新ジャンルのカテゴリー、機能性などさらに多様化し、市場も拡大しましたが、近年は人口動態やいわゆる若者のアルコール

離れなどから減速しています。もう一度「ビールはおもしろい」「ビールがあると楽しい」と感じていただける市場活性化のために、業界をあげて努めていくことが課題です。昨今存在感を増してきているクラフトビールが1つの切り口とキリンは考えています。クラフトビールがもたらす「つくり手への共感」「ビールを選ぶ楽しさ」は、これまでのビールの枠を越える新しいシーンを生み出せる可能性を大いに秘めているからです。

●次なる市場を目指して

おわりにCSV（Creating Shared Value）に触れておきます。キリンは企業の社会的存在意義（社会課題の解決）と、持続的な成長・利益創出をwin-winで両立させるCSV経営を掲げています。

時代が変わってもMIPの本質は変わりません。大事なのは新しい価値軸による市場創出であり、そのヒントは常にお客様、市場、社会にあります。キリンは酒類メーカーの責任としてのアルコール問題および健康、地域社会、環境をCSVテーマとし事業を通じて社会課題の解決となる価値創造を目指しています。変化の潮流をつかみとり、新しいMIPを生み出し続けることで、次なる市場を創造していきたいと思っています。

（写真提供：キリンホールディングス）

第1章

MIPはあなたを商品開発の成功者にする

1 気づかれざる成功の条件

成功をコンスタントにするためにはたくさんの〝気づき〟が必要である。

以下の①から④をお読みいただくことによってたくさんの成功のための〝気づき〟を得ていただき、本書の主題である「ＭＩＰパワー」をあなたのものにし、ＭＩＰ開発の心の準備をしていただきたい。

1 新商品開発における重要課題

以下の７つが成功商品開発のための気づくべき重要課題である。そしてこれらの課題解決の手引きが本書である。

1 毎年コンスタントに利益が得られること

新商品開発を成功させるためには〝毎年コンスタントに利益が得られる〟ことがもっとも重要な、解決されるべき課題なのである。新商品開発の目的は企業に継続的利益をもたらすことなのだ。

このように気づくと、今までの新商品開発の大半は失敗だったことがわかるであろう。新商品を開発するからには長期間利益をもたらすような方法をとらなければならない。

2 長期間シェアNO・1を保つ商品、すなわち「ロングヒット商品」を開発すること

〝毎年コンスタントに利益が得られる〟ためには〝長期間シェアNO・1を保つ商品、すなわち「ロングヒット商品」を開発すること〟がもっとも近道である。会社の中にいくつ「長期シェアNO・1の商品」があるだろうか。

一部の例外を除くと、長期間シェアNO・1を保ちつづけている商品は毎年毎年一定以上の利益を長期間にわたってもたらしている。

3 開発する商品の成功率の向上を目指すこと

〝長期間シェアNO・1の商品を開発〟するには〝成功率の向上を目指すこと〟がまず大きな課題となる。

成功率の向上とは〝失敗すると思われる商品を発売せず、一定以上の売上と利益が得られると判断される商品のみを発売する〟という「優良少子化戦略」をとることであると気づかねばならない。

4 長寿化を目指すこと

〝長期間シェアNO・1商品を開発〟するためのもう1つの課題は〝長寿化を目指すこと〟である。

「長寿化」とは売った後の努力を指す、と考えられがちであるが実は〝生まれる〟まで、すなわち新商品開発にその秘密があることは第2章で知っていただけるであろう。それ故、「長寿化」を目指すことも明らかに新商品開発の課題なのである。これも重要な**気づき**である。

5　自社の「成功率」の低さを知ること

前項で「優良少子化」や「長寿化」を目指して新商品開発することが「成功率」を向上させるということは理解しても、なかなか「成功率」を高める方向に企業は動かないのが実態である。

なぜならば、自社の成功率がいかに低いか、あるいは失敗率がいかに高いかを自覚していないからである。その上、「成功率」が低いとどういう致命的な問題があるのかを知らないからである。

まずは自社の「成功率」の低さに気づこう（「成功率」の算出法は本章第3節を参照）。

6　成功率を高める方法をもつこと

直感によるヒラメキで商品開発をしても成功することは**ある**。しかし、それは応用の利く方法でないから、同じ担当者が同じ方法を用いて開発しても、次の商品も、また次の商品も失敗する。

同じ考え方と方法を用いて成功がコンスタントに遂げられる方法でなければ成功商品開発の方法論とはいえない。あなたが今使っている方法はコンスタントに成功商品をもたらしているだろうか。

成功商品の定義がない ← 成功率の推移不明 ← 成功の目標が立たない ← 成功率が向上しない

7 成功商品の定義を決めること

成功率を向上させ、長寿化させることは長期間シェアNO・1を保つ重要な要因であるが、そのような商品を開発するためには「成功商品」の定義が必要であることも気づこう。

成功商品の定義がないと、成功率が計算できない。成功率が計算できないと毎年の成功率の向上や、下降の推移がわからない。成功率の推移がわからないと〝成功率を向上させよう〟とか〝成功率を10％向上させよう〟という目標が立てられない。つまり成功率がコントロールできないのである。そして、成功率がコントロールできないと成功率が向上しない、という悪循環に陥ってしまう。それ故、「成功商品」を定義することは成功率の向上にとって不可欠のことなのである。

2 成功商品の定義

1 理論的定義

商品開発は企業に長期的な高利益（一定以上の利益）をもたらすために行われる。

故に、長期間（10年以上）、一定以上の利益を生みつづける商品、すなわち「ロングヒット商品」を成功商品と理論的に定義すべきである〔定義A〕。

一方、長期間高利益商品の多くは長期間シェアＮＯ・１商品によってもたらされる。故に、長期間（10年以上）シェアＮＯ・１商品、すなわち「ロングヒット商品」を成功商品と定義することができる〔定義B〕。

２　操作的定義

「成功商品」の定義を決める直接的な目的は「成功率」を算出するためである。そのためには右記の理論的定義を踏まえて、操作的に定義することが必要である。しかも成功率を算出する目的によって次のように３つの定義ができる。

①過去に遡って自社の成功率を知る目的のための定義――「終身打率」の算出目的

過去に発売された全商品のうち、10年以上一定以上の利益を生んだ商品がいくつあるかの割合である。または、10年以上シェアＮＯ・１を続けた商品がいくつあるかの割合である。

※一定以上の利益とはその企業において意味のある利益額のことで、具体的には各企業ごとに決められる。また、「過去」を10年単位とか20年単位ごとに区切って打率を算出するときもこの定義が使える。

②毎年の成功率を知る目的のための定義――「１年間打率」の算出目的

当該商品が1年間に成功したか、何年目から成功の軌道にはいったのかを判別するための定義である。それは丸一年間の利益が一定以上出たか否かで判定される。一定以上の利益が出れば成功、出なければ失敗と判定する。

③発売前に成功・失敗を判別する目的──「予想打率」の算出目的

発売後、成功商品となりうるか否かを発売前に判別しようというものである。それは基本的には十分な広告費を投入しても利益が生まれる売上高（例えば20億円）が達成できるであろうレベル（Formulaisによる）の「未充足の強い生活ニーズ」に応えた商品コンセプト（C）と商品パフォーマンス（P）のよい先発商品（新カテゴリー商品）に仕上がったか否かで判別する。

※成功商品の定義づけを行う目的の中で、もっとも重要な定義がこれである。それは成功商品が出るか否かにかかわることであり、成功率向上に直結するからである。

なお、「成功商品」の理論的定義や操作的定義の詳細は拙著『ヒット商品打率』（同文舘出版、2008年）を参照されたい。

３　〝当面の利益〟の名のもとに短命の赤字商品を出さないように

〝当面の利益〟主義は利益を生まないのだ。〝当面の利益のために〟を口実にし、時間に追われて必要な商品力をチェックせず発売すれば結局、当面の利益すら得られない。成功商品の定義を決め、それを達成する作業を優先させなければならない。新商品は将来の利益源なのである。

４　〝発売時期や発売商品数〟の約束を守るために短命の赤字商品を出さないように

発売時期や発売商品の数の約束を守ることを優先し、結局失敗に終わる商品を多発していることを問題としなければならない。失敗商品を出すことよりも発売時期や発売商品数を守らないことの方が大きな問題と認識されているらしい。

〝予定遵守〟主義は利益を保証しないのだ。つまり、成功商品を開発することにならないのだ。

３　あなたの潜在ニーズはＭＩＰを求めている

１　７つの質問

次の７つの質問のすべてに〝イエス〟と答えた方はＭＩＰの恩恵を受ける人である。そしてＭＩＰを潜在的に求めていた人である。

〈Q1〉新しい市場を創造してパイオニアになりたいですか？　YES・NO
〈Q2〉長期間シェアNO・1の商品を開発したいですか？　YES・NO
〈Q3〉長期間高利益を生みつづける商品やサービスを開発したいですか？　YES・NO
〈Q4〉広告費が少なくても長期間よく売れる商品を開発したいですか？　YES・NO
〈Q5〉小売業が積極的にサポートしてくれる商品を開発したいですか？　YES・NO
〈Q6〉もし創業のチャンスがあるとすれば、創業を成功させたいですか？　YES・NO
〈Q7〉地球資源のロスの少ない成功商品を開発したいですか？　YES・NO

2 MIPは7つのニーズのすべてに応えてくれる

あなたは、7つの質問のすべてに「できればそうしたい」と思っていても「そんなことは自分には無理だ」とあきらめて、その達成のための努力を怠っていたかもしれない。

今までの理論や手法は成功率向上を問題にしていなかったはずだから、そんなことは確かに無理だったのだから「そんなことは自分には無理だ」と思ったとしても当然のことである。

しかし、MIPの開発は、「できればそうしたい」と強く願っている人にとってそれらの願いを一挙にかなえてくれるのだ。

4 今までの新商品開発は失敗するのが当たり前だった

長い間、新商品開発にたずさわってきた人なら、厳密な定義は別にして、少しは成功体験を味わったであろう。そしてその成功の何倍も何十倍もの失敗の山を築いたことであろう。

アメリカでも日本でも開発商品の１／１００～１／２００ぐらいしか成功していない。この圧倒的な成功率の低さは何を物語っているのであろうか。

今までの新商品開発は失敗が多く発生するような理論と方法に依存していた。あるいは成功率を高め、長寿化する商品開発の理論や方法はなかった。

ということを物語っているのであろう。

「こう考えて、こうすれば高確率で成功導入され、長期間シェアＮＯ・１を保つことができる」という理論や方法ははたしてあったであろうか。

なかったからこそ多くのマーケター、開発マン、起業家は苦労の割に成功体験は少なかったのだ。

念のため、大家といわれる学者や実務家の書いた「新商品開発」の本の中から、①こうすれば**成功率**を飛躍的に高め、商品を長寿化させられる、②**成功**商品の理論的、および操作的定義を探してみて欲しい。

Column

『梅澤伸嘉先生の個性とMIPの誕生』

独立行政法人　国立高等専門学校機構　一関工業高等専門学校
未来創造工学科　化学・バイオ系　博士（工学）・教授
貝原　巳樹雄

●梅澤先生との出会い

梅澤先生との出会いは約5年前に遡ります。私は、化学、分光学、情報化学や知的財産教育を担当している教員（一関工業高等専門学校　未来創造工学科）で、当時は地域創成を目標としたプロジェクトを推進していました。梅澤先生には3年間、継続して来校してもらい「ロングヒット商品開発」に関わる講演会を開催させていただきました。地域の産業振興を目的とした土台づくり、いわば土地を肥やすイメージとして、若い知財人材を地域で輩出することが将来的には産業振興に繋がると考えていました。が、もっとダイレクトに、買ってもらえる商品を地域で生み出せると望ましいとも感じていました。

その当時は、モデリング（憧れの人のマネをして自分のものにしていく、NLPのテクニック）に関心をもっていたことから、梅澤先生をモデルとしてそのものの考え方、感じ方、理論などをコピーして、地域のプロモーションに使えないだろうか、あるいは、一関に隣接する平泉町は世界遺産、中尊寺を抱えており、梅澤理論を活用してかつての栄華（黄金の国ジパングと呼ばれた奥州藤原三代の時代）を再生できれば痛快であろうなどと夢想していたのです。

●梅澤先生の本質を探る

さて、梅澤先生のモデリングのためには梅澤先生の個性や傾向を詳細に知りたいと考えて、2つのアセスメントをお願いしました。1つは、米国の講演家で作家でもあるサリー・ホッグスヘッドの〝How to fascinate〟と、もう1つは納得感のある結果を教えてくれる心理学者ドン・クリフトン（ドナルド・O・クリフトン）が開発した〝Strength Finder〟です。

〝How to fascinate〟は、他者から見て、どのような長所、魅力をもっているのかを教えてくれるものです。一方、〝Strength Finder〟は、個人のもつ強み、また、潜在的に伸びる可能性の高い資質について教えてくれます。

つまり、梅澤先生の頭の中をCTースキャナーならぬ2つのテストで裸にしてしまおうという試みです。

その結果、〝How to fascinate〟では、権力とイノベーションを要素とするチェンジエージェントでした。このタイプは、慣習に縛られない独創性、自主性を持ち機転に富んだ華やかなプレゼンテーションで聴衆の心を鷲掴みにしてしまいます。クリエイティブで改革に燃えるところから、決まった内容の仕事をキチント進めるよりも、新たな計画を起こすことに喜びを感じます。トニックシャンプーの開発に始まる数々のロングヒット商品開発を推進してきた梅澤先生をよく表していると言えそうです。

次に〝Strength Finder〟では、先生の5つの強みは、1番目から、最上志向、学習欲、未来志向、戦略性、競争性でした。〝最上志向〟は平均以上の何かを最高のものに高めることに胸躍るタイプで、もって生まれた天賦の才能を最大限に活用したいと考え、向上心に溢れています。その次の〝学習意欲〟は、いつも学ぶプロセスに刺激を感じ、心惹かれています。〝未来志向〟をもつ人が描く鮮明な未来へのビジョンは、他の人にも活力を与えることが多く、未来のビジョンを目に浮かぶように話すことができます。〝戦略性〟をもつ人は色々なものが乱雑にある中から最終目的に合った最善の道筋を発見することができます。これは学習できるスキルではなく特異な考え方であり物事に対する特殊な見方である頼もしい力です。〝競争性〟の根源は比較することにあります。直感的に他の人の成果を気にしています。比較することを必要としており比較することで競争ができ、競争すれば勝つことができる。そして勝ったときそれに勝る喜びはありません。

これら5つの組み合わせから起こりそうなシナリオとして、次のように考えてみました。〝最上志向〟と〝学習意欲〟は、何事かを為さんとする場合に、それを強力に支援してくれる特性といえそうです。では、「何を為すのか?」となると、それが、〝未来志向〟〝戦略性〟〝競争性〟ではないでしょうか。すなわち、将来ビジョンや目的を明確に意識しながら勝てる戦いを戦略的に進めていくと考えることができます。

つまり、梅澤先生の本質は、〝将来ビジョンや目的を明確に意識しながら、戦略的に勝てる戦いを進めていく、勝ちにこだわる軍師〟であるといえそうです。

そして、このことを先生にお話ししたときに、その謎が一気に解けた感覚がありました。先生自身にも競争性のキーワードに納得感があったようなのです。梅澤先生の〝戦い合わず、奪い合わず、繁栄する〟という共存、共栄の平和主義の根底には、〝あくまでも勝ちへのこだわり〟があり、しかし、〝常勝が不可能であるという気づき〟があったというのが真相のようです。〝勝ち〟への徹底的なこだわりが止揚されて生まれたMIP（新市場創造）には、きれいごとだけではない真実が潜んでいるように感じられました。

●MIP概念誕生の原点

最後に、このMIPの概念誕生の原点には、最初のトニックシャンプーの成功があると考えています。その理由は次の3つです。

①トニックシャンプーの開発の過程で未充足のニーズ（潜在ニーズ）に着目した。

男性と女性の洗髪を注意深く観察し、男性の未充足のニーズ（潜在ニーズ）としてストレス解消の意味を見出しています。

②トニックシャンプーがロングヒット商品となりC／P理論の基礎が生まれた。

そして購入してもらえるコンセプトとして、トニックによる爽快効果を前面に出したコマーシャルにより欲しいと思ってもらえ、また、その品質が好まれてロングヒットとなっています（C／P理論）。

③トニックシャンプーが独自のポジションを獲得して、新カテゴリーとなったこと。

よって、シャンプーの中でも男性向けの独自のポジションを獲得したこと（新カテゴリー）。

すなわち、トニックシャンプーには、図らずもMIPに至る全ての要素が備わっていたと考えられます。むしろ、その後の商品開発の道のりの中で、成功の理論とその手法が後づけされて整備されていったものではないでしょうか。

●新たな市場の創造こそが真の勝利

さて、やや、唐突ではありますが宇宙はいくつも存在するという多元宇宙論という考え方が知られています。私たちの住む宇宙と同じような宇宙が多数存在するというものです。

元々は、〝勝ちにこだわる競争性〟をもっている梅澤先生ですが、その一方で〝勝ち続けることは不可能〟との達観も生まれていたことと相まって、シェアの奪い合いをする競争よりも、新たなカテゴリー商品を生み出して次から次へと新市場（多元市場とも言える）を創造するMIPにたどり着いたのではないでしょうか。多元宇宙論のように、いくらでも新たな市場を創造できると考えれば夢や活力が湧き上がってくるし、この新たな市場の創造こそが真の勝利と言えるかもしれません。

2 ＭＩＰ開発があなたを成功者にする

1 ＭＩＰとは何か――2つに1つはシェアNO・1を長期間保つ

1 ＭＩＰの定義

消費者の「生活上の問題」を解決することによって、新市場を創造し、生活変化をもたらすことができた商品を**「新市場創造型商品」（ＭＩＰ：Market Initiating Product）**と称す。

したがって、「ＭＩＰ」は、物理的に最初に市場投入した商品ということでなく、**10年以上続く市場を最初に創造した商品**のことである。具体的には「序章」で列記したような商品である。

この定義は、長期間（10年以上）シェアNO・1を保てる商品は、消費者の「生活上の問題」を解決することによって「新しい市場を創造」し、生活変化をもたらすことができた商品である、ということを223市場の分析で明らかにした事実を基礎としている（梅澤伸嘉『長期ナンバーワン商品の法則』ダイヤモンド社、２００１年および、梅澤伸嘉「新市場創造型商品の研究」愛知学院大学大学院博士論文、２００１年参照）。

2　ＭＩＰ理論の成り立ち

(1)　仮　説

「売れる商品」のための条件である「消費者の未充足の強い生活ニーズ」（１０２頁「未充足ニーズ理論」参照）に応え、「Ｃ／Ｐバランス」（94頁「Ｃ／Ｐバランス理論」参照）が良い商品に仕上がり、好調にスタートしても、10年以上シェアＮＯ・１を保てない商品がある、ということに気づいた。

早速、私が商品開発に携わっていた１９７３年から１９８３年までの11年間に全国導入した25個の商品の市場での成績を調べてみると、シェアＮＯ・１を長期間（10年以上）続けている商品が7個ある反面、10年未満で終売を迎えたり、シェアを落としている商品が18個あることがわかった。

そこで、10年以上シェアＮＯ・１を続けている商品と、そうでない商品が何によって分けられているかを知るために、上記の定義に従って分けてみたところ、図表1-1のようにＭＩＰと後発商品とでは明らかに成功実態に違いがあることが示された。

すなわち、「ＭＩＰ」10個の内7個は10年以上シェアＮＯ・１を保っていたが、後発商品15個は10年以上の商品が2個あったものの、いずれもシェアＮＯ・１ではなかったし、残り13個はいずれも10年未満で

図表1-1　MIPと後発商品の寿命

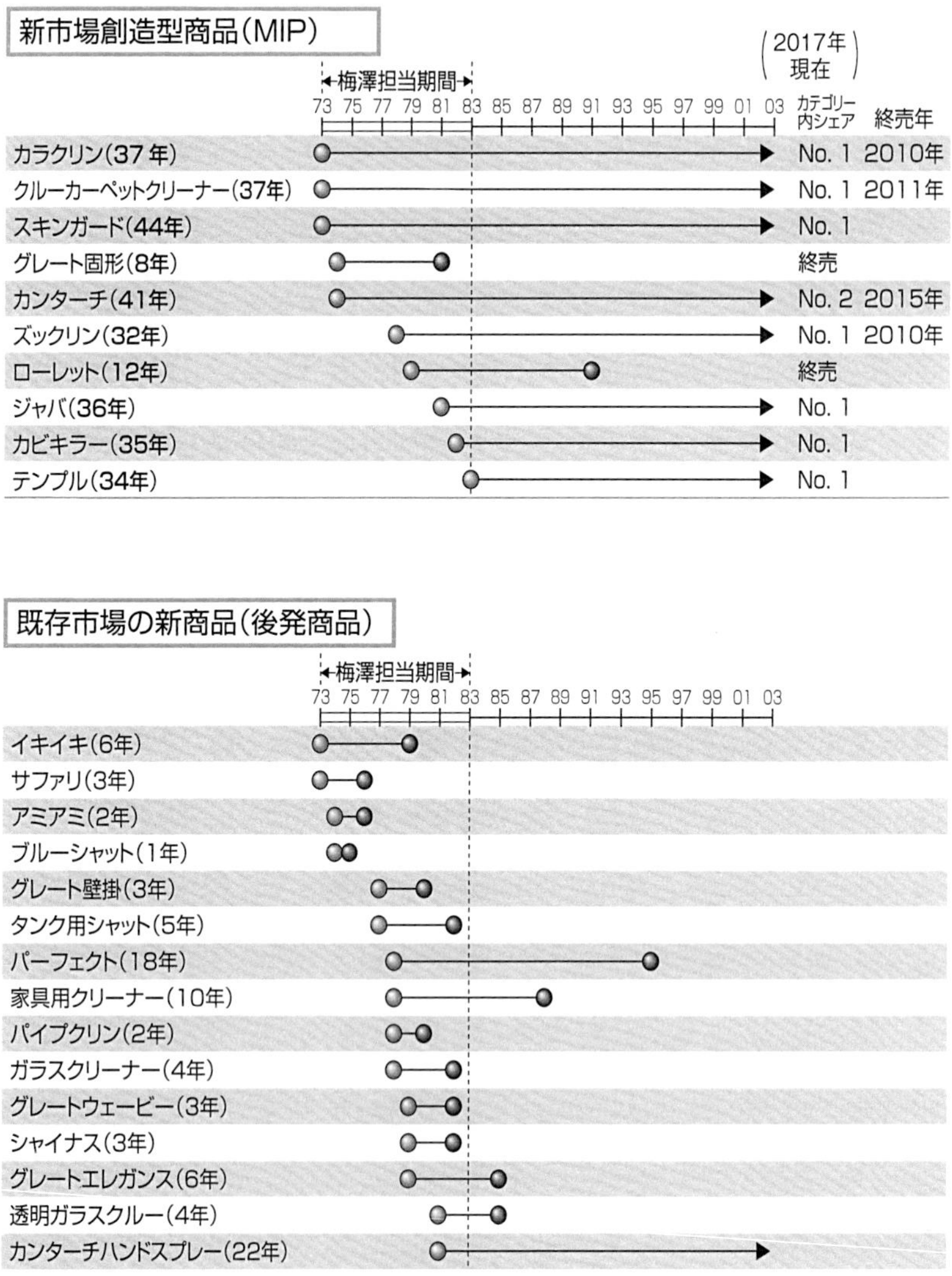

出所：梅澤伸嘉『長期ナンバーワン商品の法則』ダイヤモンド社、2001年に加筆。

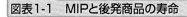

図表1-2　2つの成功率比較（223市場）

	「MIP」が10年以上シェアNo.1を保つ率	「後発商品」がシェアNo.1になれる率
見かけの成功率比較（現在シェアNo.1をベース）	53.8% ≒	46.2%
かくれた真実の成功率比較（販売数をベース）	53.8% ＞	0.5%

出所：梅澤伸嘉『長期ナンバーワン商品の法則』ダイヤモンド社、2001年。

終売を迎えていた。

以上より、「MIP」は後発商品と比べて明らかに長寿であり、かつシェアNO・1である確率が高い、という仮説を抽出した（図表1-1参照）。

(2) 検証――成功商品はMIP開発によってもたらされる

以上の仮説を検証するために自動車からガムまで223市場で調べてみたところ、図表1-2のとおり、多くの市場（223市場）でみても「MIP」の圧倒的な優位が検証された。

すなわち、「MIP」はその2つに1つ（53・8％）が10年以上シェアNO・1を保つが、「MIP」が創造した市場に後発参入した商品がシェアNO・1になれる確率は発売数ベースで200に1つ（0・5％）と圧倒的な差であった（図表1-2参照）。

以上の実証研究より、長期間シェアNO・1を続ける商品（すなわち成功商品）として「MIP」が非常に役立つということを確認した。

したがって、成功商品がコンスタントに欲しければ、MIPを開発するに勝る手段はないであろう。

２　ＭＩＰが成功する消費者心理

10年以上経過している市場を創造したＭＩＰの２つに１つは10年以上シェアＮＯ・１を保ち続けている。一方、市場に後発参入した商品がシェアＮＯ・１になれるのは２００に１つにすぎない（図表１－２参照）。この圧倒的なＭＩＰ優位の理由は何なのか。以下では実証的調査をもとにそれを明らかにする。

１　消費者はＭＩＰを選ぶ本当の理由を知らない

消費者は世の中に初めて登場した商品、いわゆる先発商品について決して好意を抱いてはいない。「品質が同じなら一番古くからあるものを買う」という項目に対して〝当てはまる〟という解答が10・５％、〝やや当てはまる〟まで含めても35・６％にとどまっている。「最初に発売された商品の方が後から出た商品よりも好感がもてる」の項目にも、それぞれ、７・８％、25・１％程度の人しか賛意を示さないのだ。**だから、消費者がＭＩＰを優先的に選ぶのは、その商品が一番先に出たことを知っているからという理由ではない。**

２「１／２効果」

それではＭＩＰを有利にしている要因は何か。

結論から先に述べると、ＭＩＰには消費者も気づいていない「１／２効果」と名づけた不思議な力が働いていたのである。それは大学生を対象としたアンケート調査から仮説的にみつかった。

その仮説を検証するために20～59歳の男女計973人を対象にアンケート調査（2000年2月実施）を行った。そして、その結果を用いて前記「1／2効果」の検証を行った。

まず各市場のMIPごとに「最終選択確率」と「選択候補確率」を算出し、更に「最終選択決定力」を算出した（図表1-3下参照）。その値が「1／2」を超える商品を**最終選択決定力**の強いMIP、「1／2」以下の商品を**最終選択決定力**の弱いMIPとし、それぞれ図表1-3、図表1-4に示した。この分析より次のことがわかった。

① 長期間シェアNO・1を保っているMIPは常に「1／2」以上の確率で最終選択される――「1／2効果」

それらの内訳を「最終選択決定力」の強い順に示すと――

- ●宅配便――「ヤマト運輸〝宅急便〟」
- ●チューインガム――「ロッテ〝スペアミント〟」
- ●マヨネーズ――「キューピー〝キューピーマヨネーズ〟」
- ●衛生陶器――「TOTO」
- ●即席カップめん――「日清食品〝カップヌードル〟」
- ●レンズ付フィルム――「富士写真フィルム〝写ルンです〟」

図表1-3　「1／2効果」が成立するカテゴリー（最終選択決定力の強いカテゴリー）（19個）

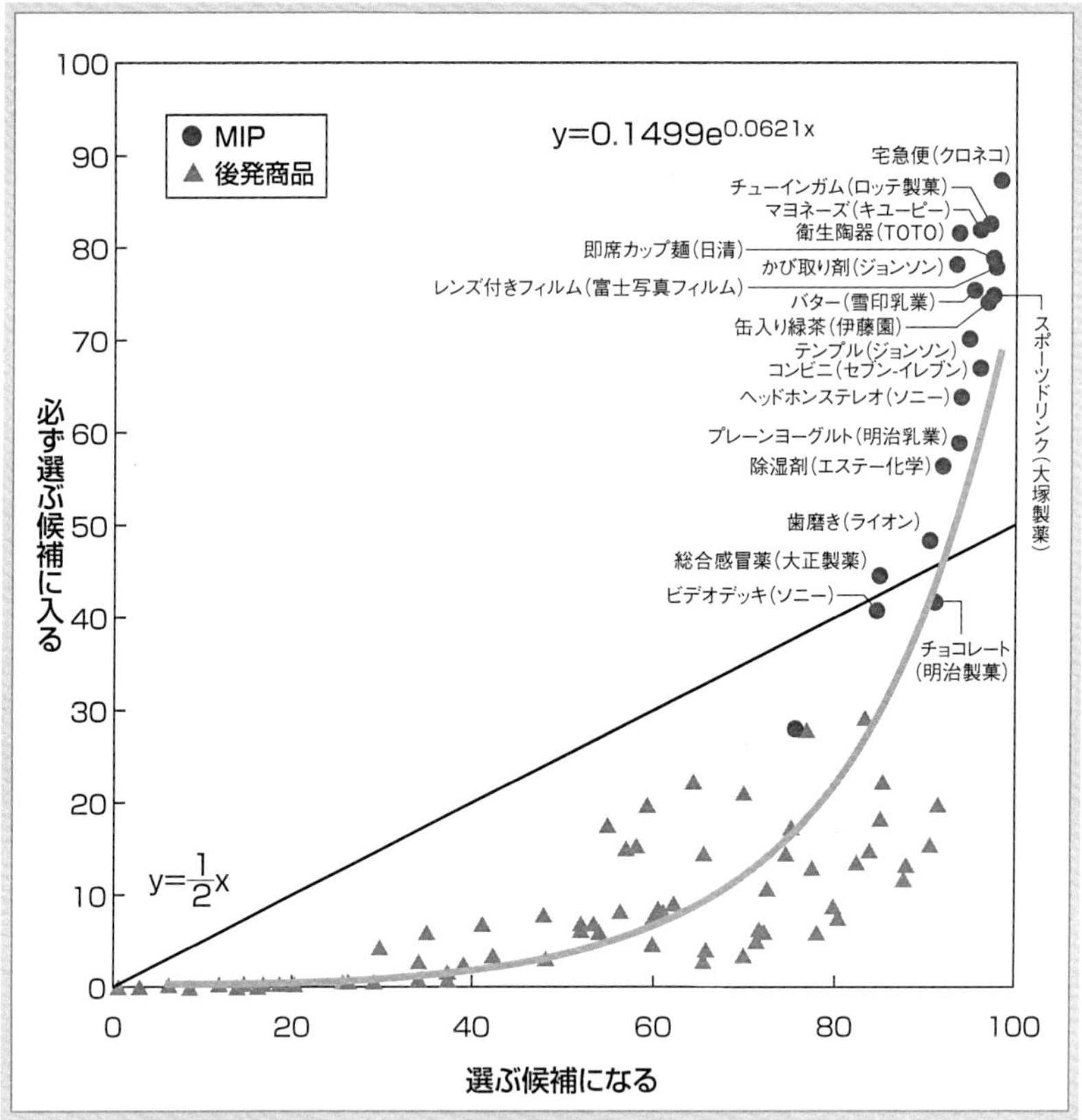

$$\text{(a)最終選択確率} = \frac{\text{「普段、必ず選ぶ候補に入る」(S.A.)とした人数}}{\text{「普段、当該カテゴリーを使用している」とした人数}}$$

$$\text{(b)選択候補確率} = \frac{\text{「普段、選ぶ候補になる」(M.A.)とした人数}}{\text{「普段、当該カテゴリーを使用している」とした人数}}$$

$$\text{(c)最終選択決定力} = \frac{\text{(a)最終選択確率}}{\text{(b)選択候補確率}}$$

出所：梅澤伸嘉『長期ナンバーワン商品の法則』ダイヤモンド社、2001年。

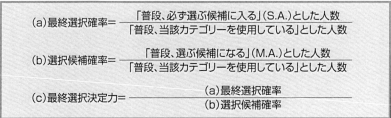

図表1-4 「1/2効果」が成立しないカテゴリー（10個）

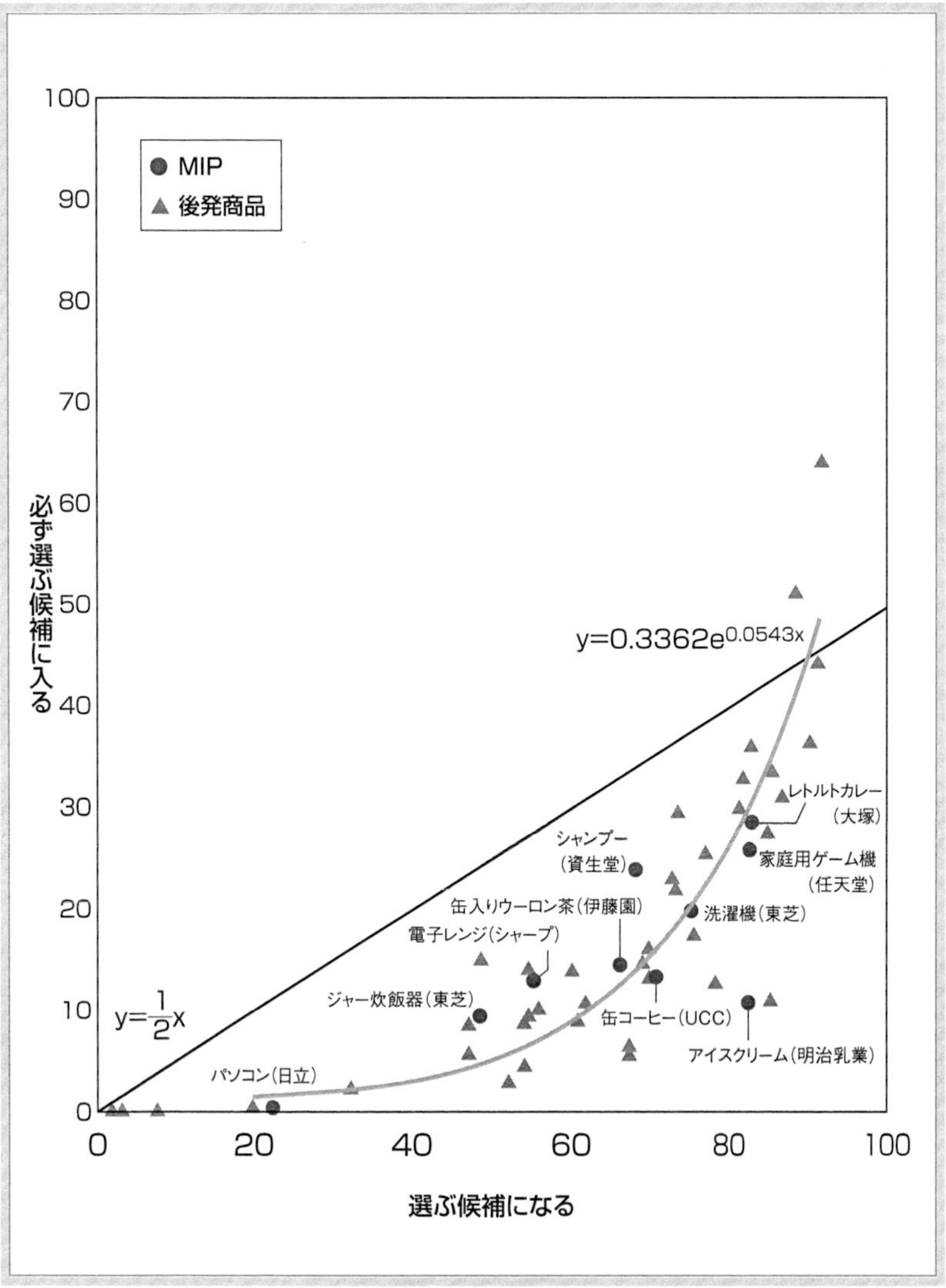

出所：梅澤伸嘉『長期ナンバーワン商品の法則』ダイヤモンド社、2001年。

●カビ取り剤――「ジョンソン〝カビキラー〟」
●バター――「雪印乳業〝雪印北海道バター〟」
●スポーツドリンク――「大塚製薬〝ポカリスウェット〟」
●缶入り緑茶――「伊藤園〝おーいお茶〟」
●天ぷら油処理剤――「ジョンソン〝テンプル〟」
●コンビニエンス・ストア――「セブン-イレブン」
●プレーンヨーグルト――「明治乳業〝明治ブルガリア〟」
●除湿剤――「エステー化学〝ドライペット〟」
●歯磨――「ライオン〝ライオン練りハミガキ〟」
●総合感冒薬――「大正製薬〝ベナセチン〟」
●チョコレート「明治製菓、森永製菓」

②「1／2効果」が成立しない（すなわち最終選択決定力の弱い）ＭＩＰは長期間シェアＮＯ・1を保てない。

それらの内訳は次のとおりである。

●電気洗濯機――「東芝」
●電子レンジ――「シャープ」
●ジャー炊飯器――「東芝」

●パソコン――「日立」
●シャンプー――「資生堂」
●家庭用ゲーム機――「任天堂」
●アイスクリーム――「明治乳業」
●缶入りウーロン茶――「伊藤園」
●缶コーヒー――「UCC上島珈琲」
●レトルトカレー――「大塚食品」

3 「1／2効果」をもたらす要因

(1) 発売初期の要因――「空腹効果」

図表1-5にまとめたように、MIPが長期間シェアNO・1を保つための発売初期に必要な要因は、基本的には商品力、すなわち、商品コンセプトの力と商品パフォーマンスの力であることが973人対象の消費者調査分析の結果、わかった。この要因を「空腹効果」と名づけた。消費者の生活ニーズを満たす商品が存在しなかった、いわば空腹状態のところに初めて登場するわけで、まさに空腹状態の時に何でも喜んで食べ物をあさる感じに似ている。

(2) その後長期間の要因――「トロッコ効果」

「1／2効果」との相関の高い要因を探したところ次の3つがクローズアップされた。

図表1-5　MIPが発売初期に受容される心理メカニズム――“空腹効果”

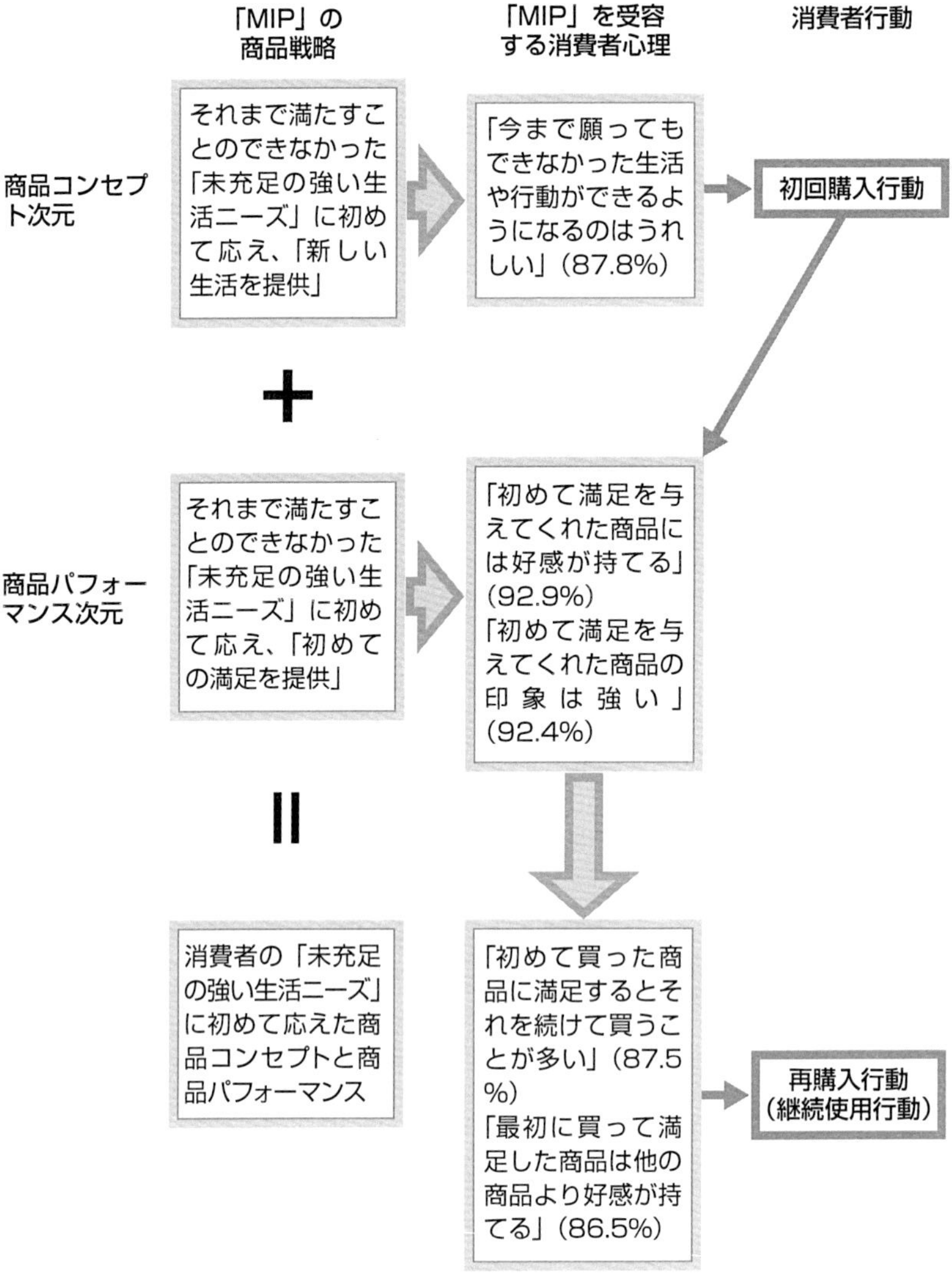

出所：梅澤伸嘉『長期ナンバーワン商品の法則』ダイヤモンド社、2001年。

ベストセラー効果

「特に基準や決め手がないときは一番よく売れている商品を選ぶ」（70・6％）という消費者が多い。そして「1／2効果」の高いMIPは「一番よく売れている」と思われている順位が1位であるものが多い。

このように「一番よく売れている商品を選ぶ」という消費者の心理傾向が、MIPの選択確率を高める効果を「ベストセラー効果」と名づけた。

カテゴリー代表効果（代名詞化効果）

「最初に発売された商品はその分野の代表的イメージがある」（60・5％）、**「その分野で代表的イメージをもった商品は安心して買える」**（80・6％）、**「その分野で代表的イメージをもった商品は品質や性能が良いことが多い」**（67・5％）と考えている消費者が多い。そして、「1／2効果」の高いMIPは「その市場の代表的イメージがある」と思われている順位が1位であるものが多かった。

このように、「最初に発売された商品はその分野の代表的イメージがある」という消費者の心理傾向がMIPの選択確率を高める効果を「カテゴリー代表効果」（または「代名詞化効果」）と名づけた。

商品パフォーマンスの要因

「ベストセラー効果」や「カテゴリー代表効果」に動機づけられた購入者が繰り返し、長期間にわたって再購入を行い、満足を継続させるためには「商品パフォーマンス」が高くなければならない。事実、先の調査によると、**「初めて買った商品に満足するとそれを続けて買うことが多い」**（87・5％）、**「最初に買って満足した商品は他の商品より好感がもてる」**（86・5％）と非常に多くの消費者が答えている。

図表1-6　MIPが長期シェアNo. 1を保つ要因、および後発参入してシェアNo. 1になれる要因

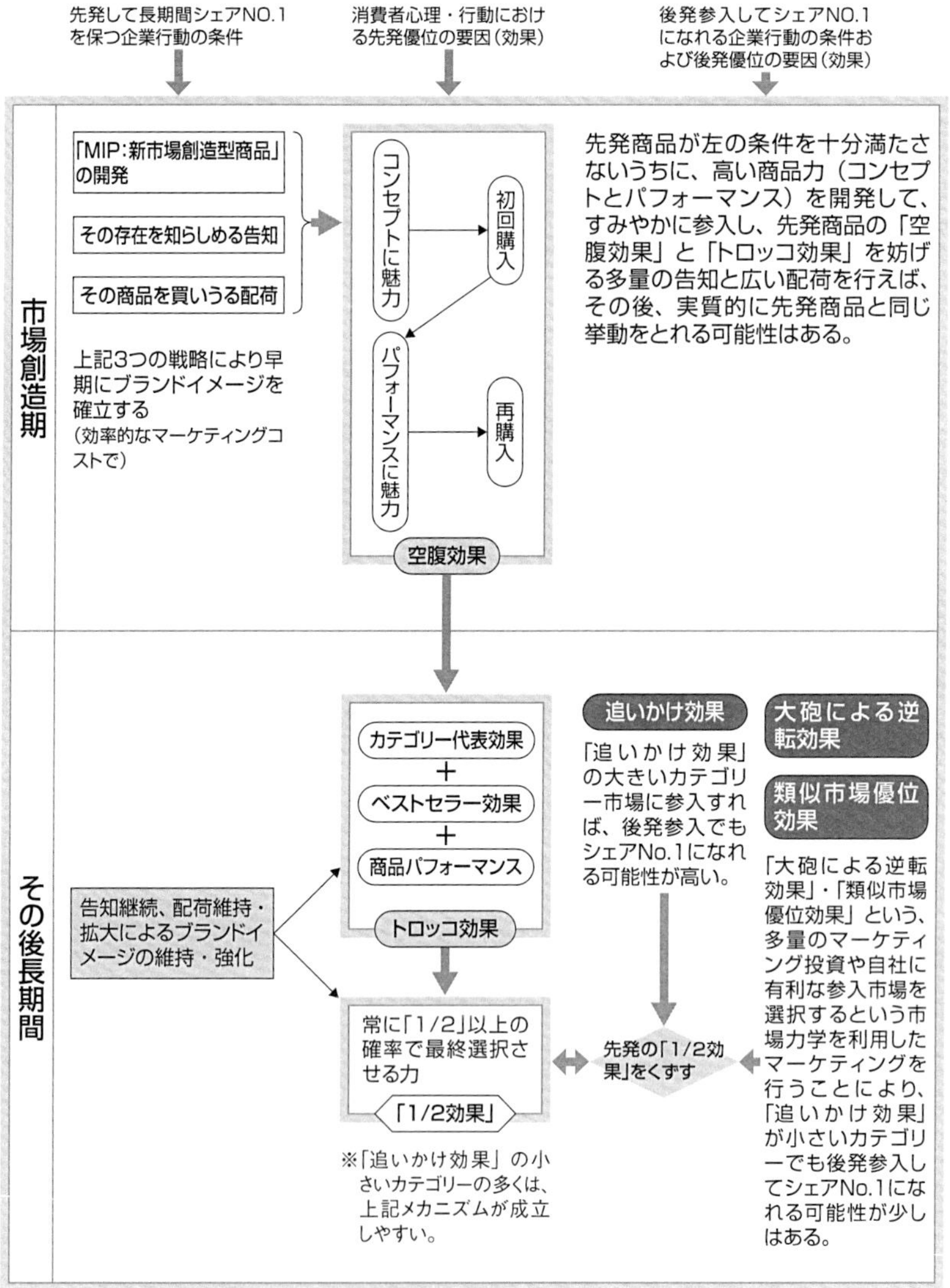
先発して長期間シェアNO.1を保つ企業行動の条件
消費者心理・行動における先発優位の要因（効果）
後発参入してシェアNO.1になれる企業行動の条件および後発優位の要因（効果）
市場創造期
「MIP：新市場創造型商品」の開発
その存在を知らしめる告知
その商品を買いうる配荷
上記3つの戦略により早期にブランドイメージを確立する
（効率的なマーケティングコストで）
コンセプトに魅力
初回購入
パフォーマンスに魅力
再購入
空腹効果
先発商品が左の条件を十分満たさないうちに、高い商品力（コンセプトとパフォーマンス）を開発して、すみやかに参入し、先発商品の「空腹効果」と「トロッコ効果」を妨げる多量の告知と広い配荷を行えば、その後、実質的に先発商品と同じ挙動をとれる可能性はある。
その後長期間
告知継続、配荷維持・拡大によるブランドイメージの維持・強化
カテゴリー代表効果
＋
ベストセラー効果
＋
商品パフォーマンス
トロッコ効果
常に「1/2」以上の確率で最終選択させる力
「1/2効果」
※「追いかけ効果」の小さいカテゴリーの多くは、上記メカニズムが成立しやすい。
追いかけ効果
「追いかけ効果」の大きいカテゴリー市場に参入すれば、後発参入でもシェアNo.1になれる可能性が高い。
先発の「1/2効果」をくずす
大砲による逆転効果
類似市場優位効果
「大砲による逆転効果」・「類似市場優位効果」という、多量のマーケティング投資や自社に有利な参入市場を選択するという市場力学を利用したマーケティングを行うことにより、「追いかけ効果」が小さいカテゴリーでも後発参入してシェアNo.1になれる可能性が少しはある。

出所：梅澤伸嘉『長期ナンバーワン商品の法則』ダイヤモンド社、2001年。

以上のように「1/2効果」をもたらす「その後長期間」の要因は、「ベストセラー効果」「カテゴリー代表効果」および「商品パフォーマンスの要因」の3つに求めることができる。

これら3つの要因を総合して**「トロッコ効果」**と名づけた。

「トロッコ」は動力をもたないので最初のひと押しは必要であるが、前に妨げるものがない限り「慣性の法則」に従って前進しつづける。MIPの力強い不思議な力はまさに「トロッコ」に似ている。

以上をまとめると図表1-6のようになる。

3 MIPでもシェアNO・1を長期間保てない理由

後発参入してシェアNO・1になれる確率が1/200であるから、それに比べれば比べものにならないくらいMIPの成功率は高いのであるが、それでも1/2は10年未満にシェアNO・1の座を追われる。MIPを開発する企業が一層成功率を高めるためにその理由を熟知しておくことは、重要な意味をもつであろう。私の研究によればその理由は次の3つにまとめられる（図表1-6参照）。

① 「後から発売される商品の方が品質や性能が優れている」と消費者に考えられているカテゴリーではMIPとして先発しても10年以上シェアNO・1を保つことはむずかしい――**「追いかけ効果」**

（例）多くのエレクトロニクス商品は、新しく市場を創造しても10年未満でシェアNO・1を奪われている。

② 類似市場の王者に後発参入されるといくつかのケースではＭＩＰは10年以上シェアＮＯ・１を保てない――**「類似市場優位効果」**

（例）「スプレー洗濯のり」という新しい市場を創造したジョンソン「カンターチ」は、洗濯のり市場の王者・花王の「ハイキーピング」にシェアＮＯ・１の座を奪われた。

③ 圧倒的な物量（広告、販促等）作戦で後発商品に追われると、そのいくつかのケースではＭＩＰは10年以上シェアＮＯ・１を保てない――**「大砲による逆転効果」**

（例）「缶コーヒー」という新しい市場を創造したＵＣＣは、ソフト飲料市場の王者・日本コカコーラの「ジョージア」の大量の広告とベンダー設置によりシェアＮＯ・１の座を奪われた。

4 ＭＩＰ開発の経営上のメリット

あなたは社内を見わたしたとき、ＭＩＰがきわめて少ないことに気づくであろう。そして、どれがＭＩＰかもすぐには判別がつかないかもしれない。これらはみな、今までは意図して開発されず、たまたま偶然に生まれたにすぎず、したがって関心も高く持たれていないことを雄弁に物語っている。

なぜ、今まではＭＩＰが意図的に開発されてこなかったのであろうか。〝ＭＩＰの真の経営上のメリットを知らなかった〟ということがその最大の理由なのである。

私のMIP理論に触れた数々の経営者は例外なく、MIPの経営上のメリットに**気づく**ことによって、MIPを一刻も早く開発したいと強く思うようになった。そして、元々、そういう商品を作りたかったのだと自覚する。さらに、そういえば我が社の柱となっている長期間利益を生んでいる商品はMIPだったのだと**気づく**のだ。

1 長期間シェアNO・1の商品をもつ企業になれる

何といってもまっ先にあげられるMIPの経営上のメリットは、「長期間シェアNO・1の商品」ロングヒット商品をもつ企業になれる、ということである。

多くの経営者やマーケターは「長期間シェアNO・1の商品」を1つでも多くもちたいと願っている。しかし、そのために「MIPを開発しよう」とは誰も考えなかったことであろう。それはMIPが長期間シェアNO・1の商品を生む、ということが今まで知られていなかったからである。

一方、現在、シェアNO・2であれNO・3であれ、ましてやもっと下の順位であればなおのこと、それが**シェアNO・1になるためには何年かかるであろうか**。そしてそのために**一体いくらのお金がかかるであろうか**。しかも、**そうやって年月と費用をかければ必ずそれらの多くはシェアNO・1になれるのだろうか**。ほとんどはシェアNO・1になれないのが実態なのである。

以下に列記されるメリットのすべては、この「長期間シェアNO・1の商品をもつ企業になれる」というメリットがもたらすものである。

２　成功率が１００倍も高い

前述したとおり、ＭＩＰはその２つに１つ（53・８％）が10年以上シェアＮＯ・１を保つのに対して、ＭＩＰが創造した市場に後発参入した商品がシェアＮＯ・１になれる確率は２００に１つ（０・５％）と、ＭＩＰの成功率（シェアＮＯ・１の率）は１００倍も高いのである。

このような事実は本書のベースになっている実証研究を行う以外、気づきようのない事実であり、こうして数字を目の前にすると驚くばかりである。そして、従来型商品（後発商品）を飽きもせず次々と開発してきた人々は、両者の成功率の差がこんなにも大きいということを知らなかったのである。

３　シェア喰い合いのロスから脱去できる

ＭＩＰ戦略は既存市場の中でシェアを喰い合うのでなく、既存市場の「外」に新市場を創造する戦略である。それは大いなる費用のロスを減らすことを意味する。

しかし、ＭＩＰ戦略を知らなかった今までは、シェアの喰い合いとそれに伴う費用的ロスは、半ば当然の避けがたい宿命と諦め、その中で、いかに少ない費用でシェアを奪うかが〝正しい戦略〟であった。

その結果、ほとんどの２番手以降の後発参入商品は利益を少ししか生まないか赤字であった。

これが、ＭＩＰ戦略を知らない今までの時代の戦いの姿であったのだ。

しかし、ＭＩＰ戦略を知り、それを実行することによってシェアの喰い合いという、今までは当たり前

図表1-7　競合参入前と後でのMIPの売上・利益

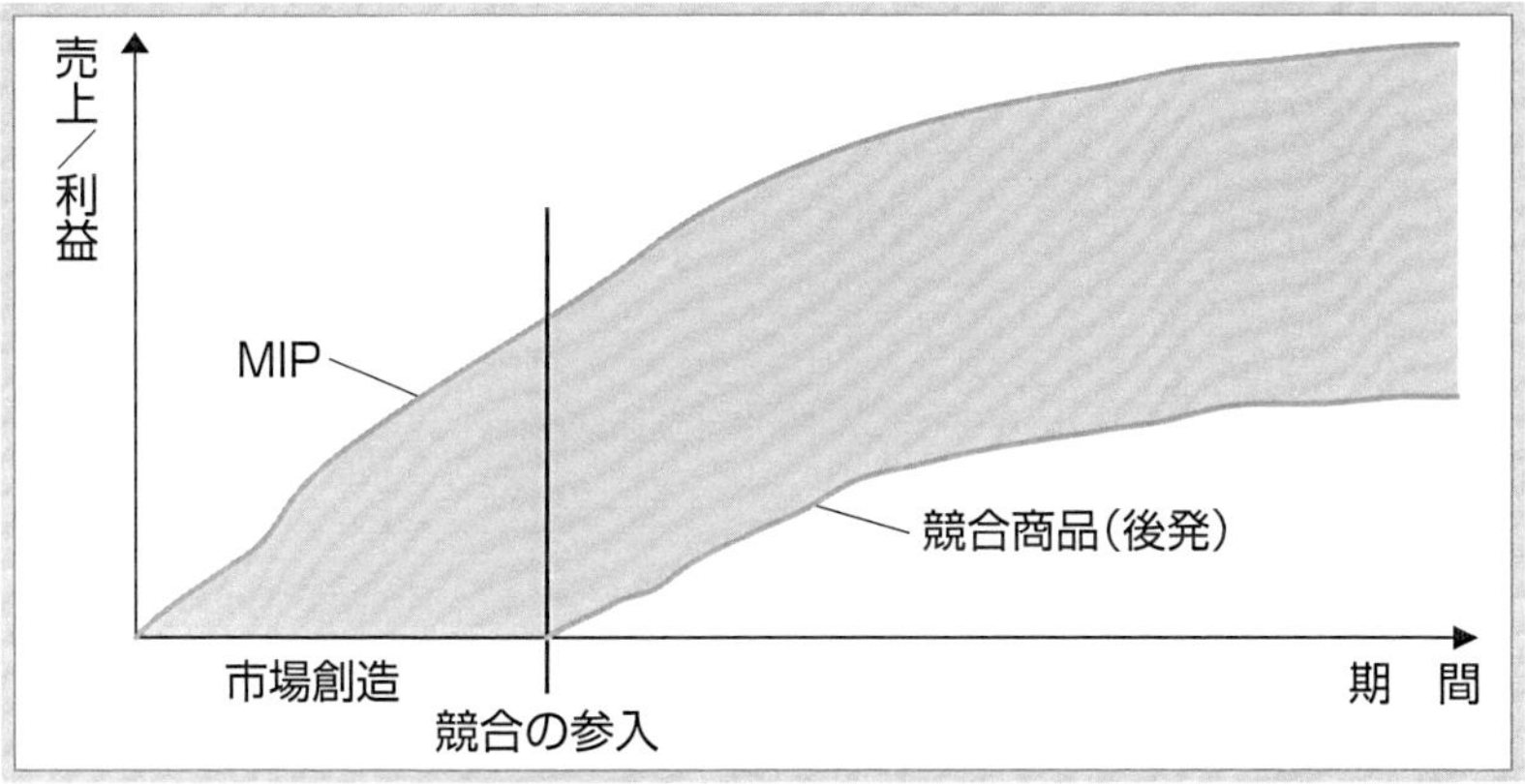

であった戦略から解放され、喰い合いどころか競争相手さえいない戦い方（これはもう戦いではない）によって消費者の支持と流通の支持を得て、利益を一人占めできるのである。

後発商品がやがて参入してきても状況の多くはむしろ一層好転する。シェアのすべてを一人占めできないが、後発商品が参入し市場が拡大する中でシェアＮＯ・１が保てるので、発売初期の一人占めよりも多くの売上と利益が得られることが多いのである（図表1-7参照）。

4　長期にわたり売上と利益が安定的に累積される

ＭＩＰの多くはそのカテゴリーのシェアがＮＯ・１であるために毎年高利益をもたらしている。もしもＭＩＰだけの商品を複数開発したとすると、売上と利益は図表1-8-1のような理想的な時系列的カーブを描くであろう。よって長期にわたり売上と利益が安定的に累積される。

しかし、現実の企業では次の３つのパターンのいずれかになり（図表1‐8‐2参照）、その中のいくつかの会社は倒産して消えていく運命をもっている。

Ａパターンは、長期間シェアＮＯ・１を保つ商品（親亀）ばかりで構成されたパターンであり、実質的にＭＩＰのみによってもたらされている理想のパターンである。

これを理想型とすると、Ｂパターン以下はいずれも大きな問題をかかえている。

Ｂパターンは、通常、今までの常識では問題視されなかったパターンである。しかし、ＭＩＰ理論からすると、一定以上の年月、売上、利益を生み出している長寿商品（親亀）の上に、すぐに市場から消えてしまう短命商品（子亀）が売上も利益も**累積しない**ことを問題視する。

従来型商品開発では長期間シェアＮＯ・１を続けるような商品（親亀）は偶然の確率でしか生まれないので、Ｂパターンのようなケースが多くなる。このパターンは親亀も寿命があるからいずれＣパターンへの移行が懸念される。

Ｃパターンは、Ｂパターンの移行型である。長期的シェアＮＯ・１商品（親亀）であってもいずれ衰退するときをまぬがれない。その間に強い商品、つまり長期的にシェアＮＯ・１を続けるような商品（親亀）が生まれず子亀ばかり多発させている企業は、いずれＤパターンのような〝倒産近し〟の企業になる可能性をもっている。

Ｄパターンは、柱となる親亀商品がなく、毎年、短命商品ばかりが続出するパターンで売上は**累積されない**ばかりか利益が出ないので倒産をまぬがれない。いわゆる自転車操業といわれるパターンである。

図表1-8-1　ＭＩＰのみの商品構成による売上と利益の安定的累積

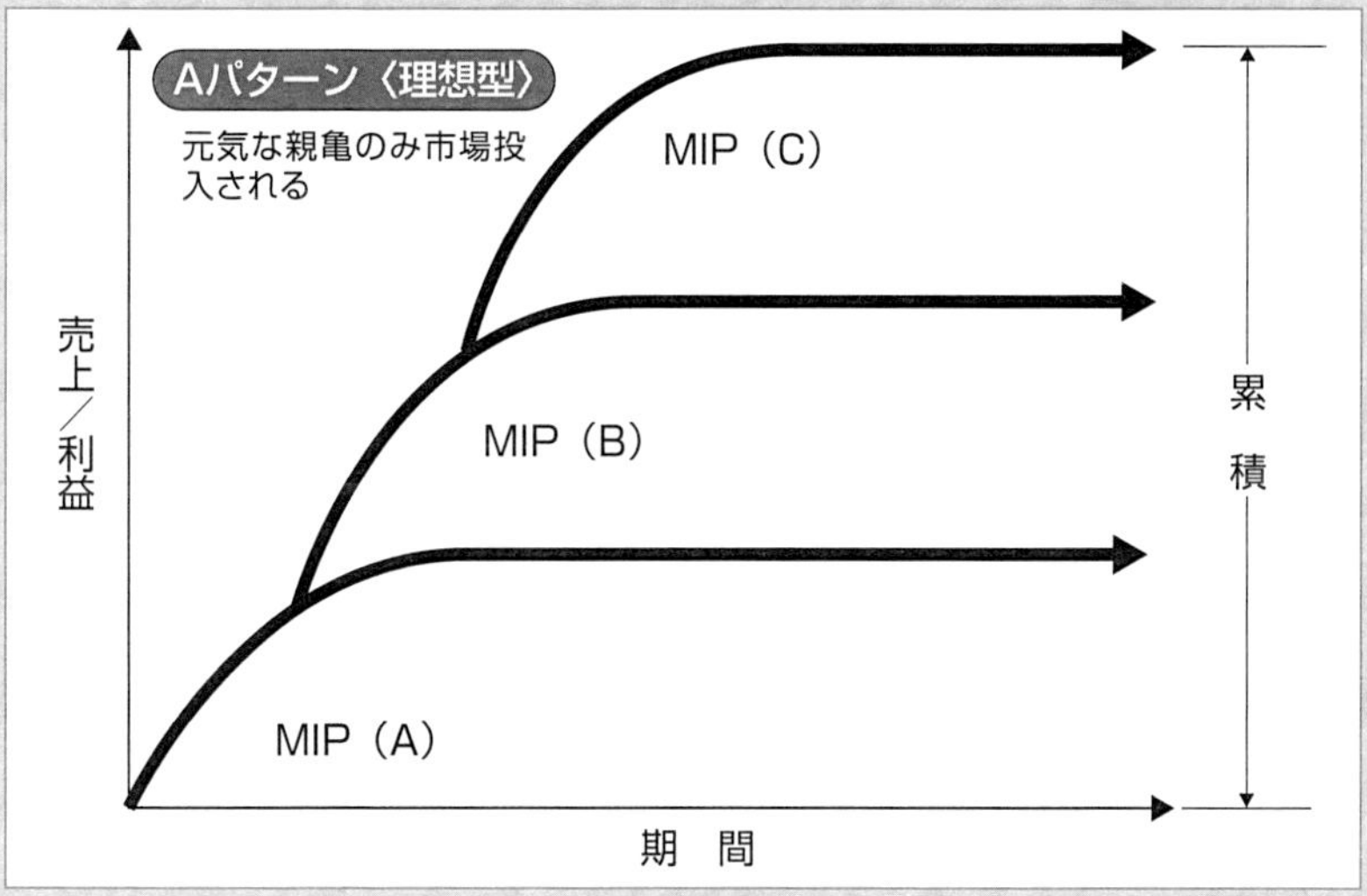

図表1-8-2　現実の企業における親亀と小亀の組み合せ

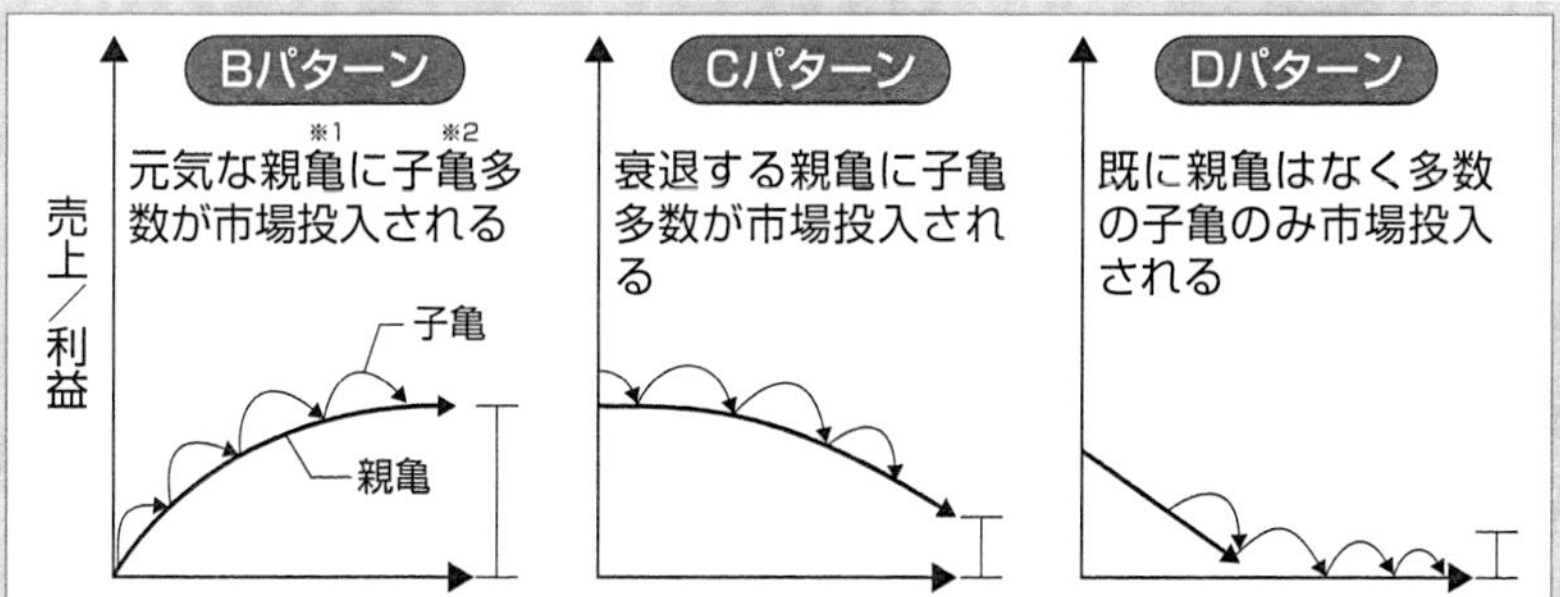

※1 「親亀」とは一定以上の年月、一定以上の売上、利益を生み出した長寿タイプの商品を呼ぶ。

※2 「子亀」とは1～2年未満で市場から消える短命商品を呼ぶ。ほとんど利益は生まないことが多い。

出所：梅澤伸嘉『長期ナンバーワン商品の法則』ダイヤモンド社、2001年。

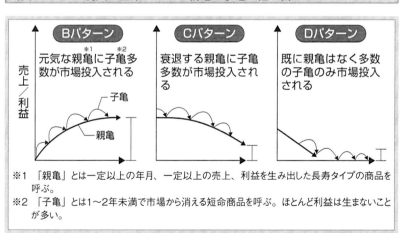

子亀が利益をむしばみつづけても親亀の寿命が続く間は利益が生まれ、企業も存続できる。しかし、Ｂパターンはいずれ Ｃパターン、そしてＤパターンへ移行する運命にあることを忘れてはならない。Ａパターンを目指そう。それは間違いなく優良企業という結果をもたらす。そして、それはＭＩＰによってもたらされるのだ。

5　成功商品開発の好循環をもたらす(1)――追われる開発からの解放

従来型の商品開発では長期間シェアＮＯ・１を保つような商品（親亀）は偶然にしか生まれず、短命商品（子亀）ばかりが多産される結果をまねく。しかし、ＭＩＰ開発は予定の時期に予定の数の新商品は開発できないが、２つに１つは長期間シェアＮＯ・１を続ける商品となりうるので、従来なら半ば当たり前になっている〝追われる開発〟から解放される。

〝追われる開発〟とは、予定の時期に予定の数の新商品を出すことを優先させた開発のことである。では、追われる開発には、一体どんな問題が生ずるのであろうか。

追われる開発の問題点

①　商品力（コンセプトとパフォーマンス）が不十分でも発売されてしまう。
②　商品力が十分仕上がっているか否かが未確認のまま発売されてしまう。
③　予定どおり発売はできても、失敗する危険性が高い。

④ 予定を守るための努力が失敗によって報われない。
⑤ 乱発される新商品（子亀）にセールスやマーケティングの力が分散させられる分、既存商品の寿命が短くなってしまう。
⑥ 売れない商品の数が増え、利益を失うばかりか、地球資源のロスを増やす。

6 成功商品開発の好循環をもたらす(2)――優良少子化戦略

なぜ①～⑥のような致命的ともいえる問題があるのに、このような開発がなくならないのであろうか。

追われる開発がなくならない要因

① 成功商品は予定どおりの時期に間に合う保証はないにもかかわらず、予定を優先してしまう考え方が支配的な実態がある。
② その背景には、「そもそも新商品は売ってみなければ成功するかどうかわからない」という根深い考え方がある。
③ その背景には、「成功商品など意図して開発できるものではない」というアキラメがある。
④ その結果、発売する商品の成功率が低下するのでますます、次から次へと商品を出さざるを得なくなる。

⑤ 以上の根本的要因は「売上向上のみによる利益の向上」より、「経費削減による利益の捻出」が優先する、利益の生み方についての経営の基本的考えが背景にある。

ＭＩＰを開発するようにすれば成功率が高まるので、十分に売上、利益が得られる。そのため、追われる開発という愚かな行為をおかす必要がなくなる。

そして〝追われる開発〟から解放されると、〝明らかに成功する〟と判断される状態になるまでじっくりと開発に時間と注意を割くことができる。その結果、成功率はますます高まり、〝追われる開発〟はますます必要でなくなる。その結果、開発される商品の数も少なく、それらの多くは売れる商品のみとなる。

このようにして、成功商品開発が好ましい循環を作り出す。このような企業戦略を**「優良少子化戦略」**と称す。

７　既存品の健全育成をもたらす

ＭＩＰ開発は「優良少子化戦略」をその基本とし、一定以上の売上や利益が見込めない新商品を市場投入しないことで成功率を向上させようという考え方に立っているので、一定以上の売上と利益が見込める新商品が開発できない場合は、その年の新商品がゼロ、ということも覚悟しなければならない。

しかし、新商品がないことを営業部隊があらかじめ知っていて流通対策が立てられれば、既存品だけの販売によって、幸いなことに、企業の利益は確実に高まるし、売上高も高まることが多い。しかもその結果、既存品の寿命もその分伸びるのである。商品の寿命というのは、ＤＮＡとしてもって生まれた部分もあるが、それに加えて企業が人為的にコントロールしている一面もある。

新商品が出ないことによって既存品に育成のエネルギーが集中し、もし新商品が加われば今までエネルギーの分散によって達成できなかったであろう長寿命、高利益をもたらす、という好循環が生まれるのだ。

このような「優良少子化戦略」の実践によって既存品はコンスタントに利益を生み続け、ＭＩＰ開発のための原資を供給し、ＭＩＰ開発は成功率向上を目指すことによって多大な利益貢献を続ける。

まさに長期的に安定的に企業が前進しつづけるための車の両輪が、既存品の育成とＭＩＰの開発なのである。

8 創業の成功率が高い

すべての企業は「創業」によってスタートする。不幸にして倒産した企業も今日、隆盛をきわめている企業も「創業」の〝うぶ声〟とともにスタートした。両者を分けた決定的要因は何だったのであろうか。

日本の95社（現存している）を対象とした調査の結果、その65％がＭＩＰで創業していたことがわかった。一方、後発商品で創業し、10年以上存続できた企業は全創業の０・35％にすぎなかった。

創業してその後長く生き残るためには圧倒的にＭＩＰが有利であることがわかる。ベンチャーの成功の

図表1-9　過去100年間の日本におけるMIP誕生の推移とGDPの推移

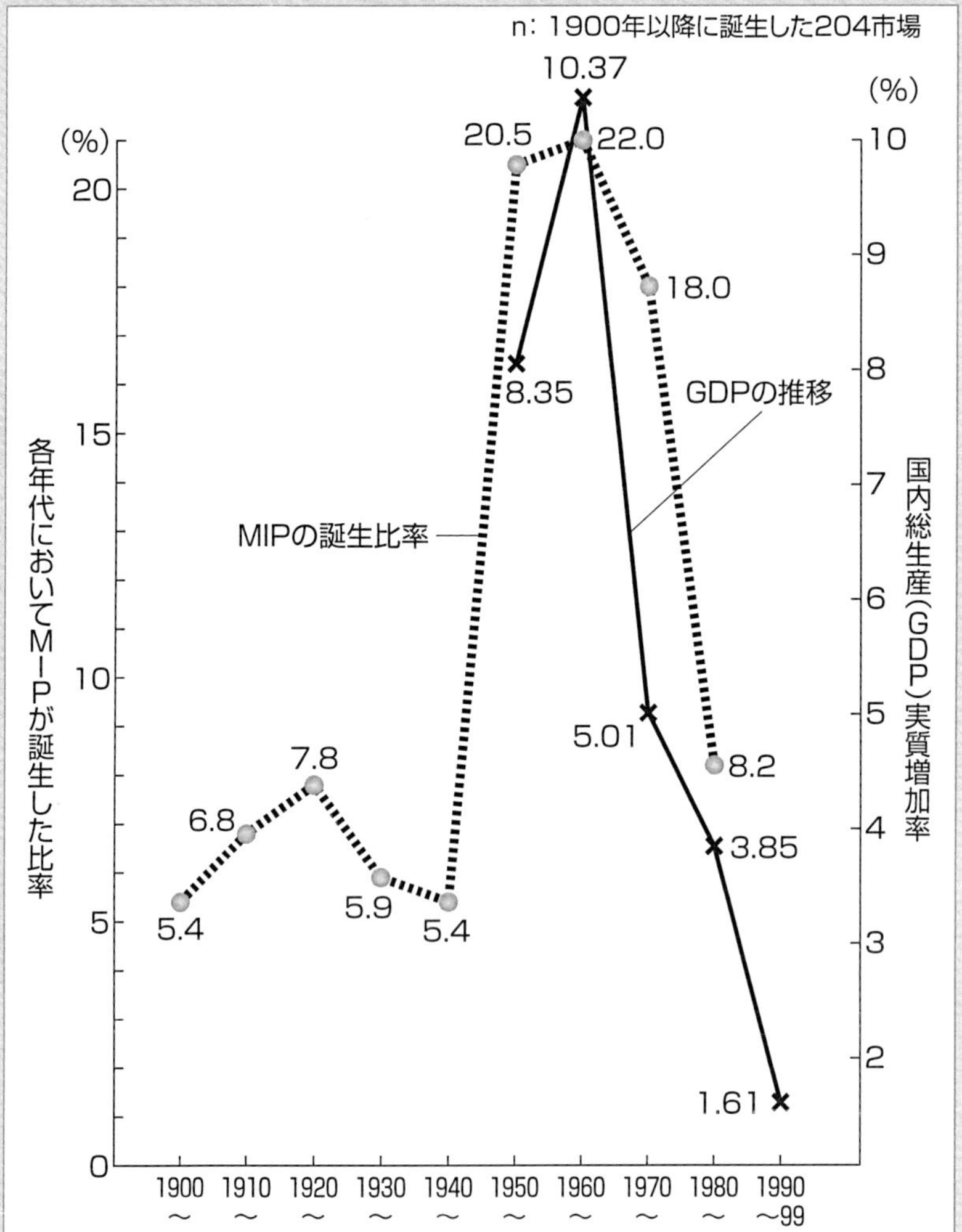

注：　10年以上存続している現市場の誕生年表（1998年現在）。そのため、データは1988年までとなっている。

出所：梅澤伸嘉『マーケティングホライズン』日本マーケティング協会、2002年、12月号。

ためにもMIPを開発しなければならない。

そして、ベンチャーを支えるベンチャー・キャピタルとしては、できるだけMIPの開発をアドバイスすべきである。国の経済担当者もベンチャー育成戦略の柱として「MIPサポート戦略」を入れるべきであろう。

なぜなら、MIPこそが創業を成功に導くからであり、その成功はいうまでもなく国の経済を活性化させるからである。

図表1-9は1900年以降発売された現市場のMIPの数を10年きざみで集計し、その推移とGDPの推移を見たものである。GDPの上昇も下降も、MIPの誕生数と相関していることがわかる。

9 少ない広告費で多大な効果が得られる——パブリシティー効果が高い

多くのマーケターは、新しく市場を創造する商品にはむしろ多くの広告費が必要であると根拠もなく信じている。

しかし、MIPはその性格上、ユニークであり、今までなかったものであるので、多くの場合、話題性・ニュース性に富んでいる。それ故、マスコミはこぞってその商品の登場をニュースとして流すことが多い。さらに消費者は一般的に広告よりもニュースや記事の方を信用する傾向が強いので、このこともMIPの広告効率のよさを高めている。

それ故、MIPは少ない広告費でも驚くほど早く、高い知名率を得ることが可能なのである。広告費が少なくて済むから小さな企業でも長期間利益をもたらす成功商品を生みやすいのである。例えば１９８４年に発売され、今でもシェアＮＯ・１を保っている「禁煙パイポ」は、少ない広告費で非常に高い知名率を短期間で獲得したことで有名である。

10　無名のメーカーでも小売業が積極的に取り扱ってくれる

小売業のバイヤーは今まで取り引きのない無名のメーカーの商品でも、それがＭＩＰなら積極的に取り扱ってくれる。なぜなら、それが店のそれまでの売上に上乗せする可能性が高いことを知っているからである。

従来型の新商品、すなわち、既存カテゴリーの新商品（後発商品）は、既存市場の中での喰い合いが生ずる可能性のあることをバイヤーは知っている。だから後発商品の取り扱いには慎重になりがちであり、現在よく売れている商品を継続的に取り扱おうとするし、明らかにその市場で強力なメーカーの新商品を取り扱おうと志向するのだ。

以上のことから、無名の小さなメーカーが後発商品の取引を商談しようと思っても、それがよほど価格が安いか、よほどマージンがよくない限り、まずその商談の成立はむずかしい。それ故、無名の小さなメーカーが成功するためにはＭＩＰを開発するしかないのである。創業期の企業は例外を除いて小資本であり、少人数であり、そして無名である。そのような創業企業が、その後、大企業に発展していくスタートにおいて上記のような小売業の支えがあったのである。

11 世界初のMIPは世界の市場でシェアNO・1になれる

MIPは世界初、と自国初（日本初）がある。

仮に、MIPとして発売してその市場規模が自国内だけでは小さくても、世界初のMIPであれば世界中の、同じニーズをもつ人々のいる国のどこにでも受容され、その地でシェアNO・1を長期間保つことができる。

それ故、世界初のMIPをもつ企業は世界市場でシェアNO・1の企業になれるのだ。例えば、「味の素」や「ヤクルト」が好例だ。むろん、自国内ではMIPでなくても、他国にその市場がまだ存在していない時に進出して、その国のMIPになることも可能である。そういう例もたくさんある。

しかし、自国でMIPとして市場を作った企業の方が、そうでない企業と比べて明らかに他国（世界）での新市場創造は成功させやすいのだ。その大きな要因は、自国での成功ノウハウをもっているということが他国でのマーケティングを成功させるからである。例えば、味の素の「味の素」、日清食品の「カップヌードル」、富士写真フィルムの「写ルンです」、ブラザー工業の「P-touch」（日本では「テプラ」）、日東電工の「逆浸透膜」、ぺんてるの「サインペン」、ソニーの「ウォークマン」などである。

12 新技術開発で先行できる

他社に先行して、消費者の無理難題なニーズに応える技術開発に着手できるということは、技術開発競争にとってきわめて有利なことである。着想を早く得るか否かが技術開発競争の成否を決めるからである。

メーカーにとって常に新しい技術開発を行うことは不可欠のことである。そこにある大きな課題の１つは、「何を作るための技術開発か」を見定めることである。研究のための研究など今どき許されない。「この技術が開発できるとこういう商品が作れる」というように、常に新技術開発にはそれによって達成される商品コンセプトがなければならない。

ＭＩＰ開発では、「キーニーズ法」（２４２頁参照）によって商品コンセプトが作られ、その受容性が「コンセプト・スクリーニング・テスト」（１６９頁参照）によって確認された商品コンセプトを達成するパフォーマンスを開発するという流れをとる。そして、その受容性の高い商品コンセプトを実現する技術がむずかしいとき、新技術開発が必要になる。

したがって、技術的可能性の高いＭＩＰコンセプトはただちに商品化へと向かうが、可能性の低い、技術的にむずかしいＭＩＰコンセプトは、技術開発テーマに移管されるように開発システムがなっていなければならない。

その結果、他社がまったく着手していなかった新技術を他社より先に我がものにできるのである。

13　強力なブランドがもてる――ブランドとはカテゴリーの代表である

ある市場の代表的なブランドはその市場を初めて創造したブランドであることが多い。

つまり、強力なブランドを手にする近道は、ＭＩＰによって新カテゴリー市場を創造することである。

消費者は新しいブランドに関心があるのではなく、新しいカテゴリーに関心がある。カメラ市場に「ポラロイド」というブランドが参入したことよりも「撮ったその場で写真が見られるカメラ（インスタントカメラ）」に関心があるのだ。「カビキラー」というブランドの登場よりも、「こすらずにカビを根こそぎするカビとり剤」が発売されたことに関心があるのだ。

なぜＭＩＰとして新カテゴリー市場を創造した商品のブランド力が強いのか。それは、ＭＩＰは飢えていた人々に最初にベネフィット（効用）を与えた商品なので、その喜びを直接連想させる唯一のブランドだからである（図表1－5「空腹効果」参照）。

ブランドとはカテゴリーの代表であり、強いブランドとはカテゴリーの代表度合いが高いブランドのことである。

14　地球資源のロスが軽減できる
――企業にできる最大の環境貢献は失敗商品を作らないこと

すでに述べてきたように、ＭＩＰの成功率は高く、それ故、「追われる開発」がなくなり、成功する（と予測される）商品のみを市場導入する「優良少子化戦略」がとれる。

その結果は企業にとって多大な利益をもたらすことはいうに及ばず、実は地球資源のロスを大幅に軽減することができるのである。

失敗商品は企業に利益をもたらさないばかりか消費者にも利益を与えない。さらにそれだけではなく、生産のために用いた地球資源が無駄になり、売れ残りを処理することに伴う環境汚染をもたらす。

それ故、成功率の高いＭＩＰを意図して開発、販売していくことは地球資源のロスを減らし、環境汚染を減らすのである。

15　ＭＩＰ開発コストは安くつく

ＭＩＰの開発コストは従来型の新商品開発コストと比べて高い、と多くの経営者やマーケターに考えられている。しかし、それは根拠のない考えである。

新しい市場の扉を開くということを大げさに考えることはない。消費者の未充足の強い生活ニーズが存在する限り、その扉は重くない。開発期間にしても、開発コストにしても決してかかりすぎることはない。

しかし、これは比較の問題である。もし、既存市場の既存商品のミートゥー商品（類似品）を開発することと比較するなら、ＭＩＰを開発することは明らかにコストも期間もかかるであろう。なぜならばミートゥー商品はすぐ作れるのだから。

だが、忘れてはならない。あなたはすでに商品開発に興味があるのではなく、〝成功商品開発〟に興味をもつ、ひと握りのエリートに変身しているのである。

それ故、ミートゥー商品の開発と比較することのナンセンスさをよく知っているであろう。

ミートゥー商品をつくりだしている従来型の新商品開発で、長期間シェアＮＯ・１を続けられるような商品を開発することと、最初から長期間シェアＮＯ・１になる確率の高いことがわかっているＭＩＰを開

発することを比べてみよう。従来型の新商品開発は成功商品を手にするまでにべらぼうなコストと期間がかかるのだ。

任天堂が開発したＭＩＰ「ファミリーコンピュータ（ファミコン）」（家庭用ゲーム機）に対抗して後発したソニー「プレイステーション」は10数年後にトップに立ったが、その開発コストと期間は任天堂をはるかに上まわったのだ。

16 ＭＩＰ販売コストは安くつく

開発コスト同様、販促、広告費を含めた販売コストも従来型商品と比べてＭＩＰは大幅に上まわると一般に考えられている。しかし、これも事実にもとづかない憶測によるものである。

実際には、従来型商品、すなわち既存市場に後発参入する商品がその市場でシェアＮＯ・１になるための販売上のコストはすさまじい額にのぼる。それは後発参入してシェアＮＯ・１になれたケースを調べることで証明できる。資本金にして最上級の企業しか後発参入でシェアＮＯ・１になれた事例はない。広告投入額で見ても、桁はずれに多額の金額がシェアＮＯ・１になるまでに投入され、そしてシェアＮＯ・１を維持するためにも投入されている。

それに比較してＭＩＰは多くの場合、マスコミがニュースや記事として取り上げてくれるので、広告効率がよい。それ故、最小限の投資でシェアＮＯ・１が維持できるのである。

『世界初・MIP開発、普及啓蒙のための研究所「未来創造商品研究所」の設立』

株式会社未来　代表取締役社長　山口　俊晴

●梅澤理論との出会いと「パフコ」の開発

思いつきの商品開発ではなく、成功確率が高く、再現性の高い商品開発を知りたい。その課題を解決するために、色々な勉強をしていましたが答えは見つからず偶然梅澤先生の著書を読み、セミナー（「梅澤成功商品（MIP）開発スクール」）に参加し衝撃を受けました。まさに私が求めていたのはこれだと思いました。

それ以来、梅澤先生からさまざまなことを学び、開発着手から約4年。株式会社未来で初のMIPが完成しました。それが化粧戻しパフ「パフコ」です。

パフコの開発は、私と女性4名でぺちゃぺちゃ話をする中から、「化粧ポーチが、かさばって重くなるから不快」という問題を解消することからのスタートでした。

結果的には、当初考えたニーズや商品アイデアも繰り返し実行した「S-GDI」によって、どんどん形を変え「化粧直しをやればやるほど汚くなる、厚塗りになるのが不快」といううす化粧志向の女性の未充足の強い生活ニーズに応えるように変化していき、世界初の「朝のメイク仕立ての肌に戻すことができる」化粧戻しパフという革新的な商品開発をすることができたのです。

開発スタートしたときから考えると想像もつかないような商品に変わりました。女性消費者対象のS-GDI調査で消費者の声を聞く度に商品コンセプトや商品パフォーマンスがコロコロと変わっていったのです。

自信をもって挑んだ、S-GDIも最初の頃は「こんな商品買いたくない」などボロカスに言われて泣きそうになりましたが、消費者の声を真摯に受けとめ、受容性を高めるために努力しました。

梅澤先生からも一度決まりかけた新カテゴリー名やネーミングも幾度となく新しいアイデアを出され、正直「また変更、もうこれくらいでいいのでは」と思ったこともあります。

しかし、今だからわかるのですが、MIP開発は成功確率を高める手法です。何度も改良を重ねていくことこそが成功率を高めるためのプロセスだということだったのです。今までの考え方、やり方を反省させられました。

●梅澤理論を世界へ普及させるために

梅澤先生からたくさんの学ぶ時間をいただき、梅澤理論を知っていく過程で、奪い合い、競い合いの商品開発ではなく、真逆である、奪い合わない、競い合わない梅澤理論を世界に普及していくことが社会にとって必要であると強く思うようになりました。

そこで、梅澤理論によって新市場創造することが人々の生活をより豊かにし、雇用を生み出し、社会の発展につながると信じ、梅澤先生に所長を務めていただき「未来創造商品研究所」を設立させていただきました。

この研究所の使命は2つあります。1つ目は梅澤理論の世界への普及啓蒙活動です。2つ目はMIPをとりわけ中小企業で開発していただく実践的な活動です。

2つ目について補足すると、中小企業には、MIPを開発したいけれど、人や資金などリソースがない会社が多くあります。その問題を解決するために、研究所のMIP開発担当の研究員が中小企業と一緒に開発をしていきます。

当研究所で行うことは世界初であり、MIPの可能性がある会社です。現在、当研究所では商品開発は未経験だが優れた生活感覚とさまざまな技能をもった約20名の30代、40代の女性に梅澤理論およびS-GDIの司会法、分析法を教え、MIP開発を行っています。すでに、生活を変革するMIPコンセプトが開発されつつあり、将来、世界をアッと言わせる生活を変革する商品が出ていくことがとても楽しみです。

3 既存の開発システムからＭＩＰ開発システムへ

① ＭＩＰを意図した開発

１　長寿商品は生まれで決まる

商品の寿命は一般に発売後の企業努力で決まると考えられている。むろん発売後の企業努力なしに長寿はないが、企業努力がどれだけはらわれても〝生まれ〟を無視して長寿はありえない。「ＭＩＰ」を開発すれば圧倒的に寿命の長い商品が多く生まれる。しかし、後発参入してロングヒットになれるのは０・５％にすぎない。

２　ＭＩＰを意図した開発システムが必要

ＭＩＰを意図して開発するシステムには次の４つの着眼点がある。

(1) ＭＩＰ開発のスタート

開発のプロセスの最初の部分で、ＭＩＰを開発するための「未充足の強い生活ニーズ」を明らかにする。あくまでＭＩＰが応える消費者のニーズを何にするかを明らかにすることがスタートとなる（本章⑥のケーススタディ参照）。

そのためには、**潜在している「どんな生活ニーズに応えたらよいか」を知ることからスタートする。**

(2) 潜在ニーズを発掘して「生活上の問題」を解決する

これが最大のポイントである。ＭＩＰはまだ世の中に存在しない商品なので、応えるべき消費者のニーズ（未充足の強い生活ニーズ）は潜在している。その潜在ニーズを発掘することから開発プログラムがスタートする。具体的には図表1-10のジョンソン「テンプル」のケースのようにして潜在ニーズを発掘する。

潜在ニーズとは「消費者の気づいていないニーズ」なので調査をしてもわからない。そのため「システマティック・グループ・ダイナミック・インタビュー法（S-GDI法）」（223頁参照）で得た消費者の調査情報から図表1-10のような方法で「未充足の強い生活ニーズ」を創造するのだ。この「ニーズの創造」が実質上の「潜在ニーズの発掘」なのである。

(3) ＭＩＰコンセプトを意図的に作るプロセス

ＭＩＰを意図的に作るためには、〈問題点〉が「生活上の問題」であるようなニーズを探す消費者調査がポイントとなる。

図表1-10 「テンプル」（MIP）が応えた潜在ニーズの発掘（CAS分析）

〈それまでの生活ニーズ〉

良心的な方法で天ぷら油を処理したい（良心的に処理している人）

↓

〈それまでの充足手段〉

新聞紙をまるめ、油を吸わせ、牛乳パックにつめてゴミとして出す
〈手段が商品でなく行為〉

↓

〈問題点〉

とても面倒で手が汚れる
〈生活上の問題〉

↓

〈未充足の強い生活ニーズの創造〉

手軽に、手を汚さずに、良心的な方法で天ぷら油をより完璧に処理したい（同上の人）

※　上記の〈それまでの生活ニーズ〉、〈それまでの充足手段〉、そして〈問題点〉の消費者情報は「システマティック・グループ・ダイナミック・インタビュー」によって効率よく得られる。

出所：梅澤伸嘉『長期ナンバーワン商品の法則』ダイヤモンド社、2001年。

図表1-11　MIPコンセプトを意図的に作るプロセス（キーニーズ法）

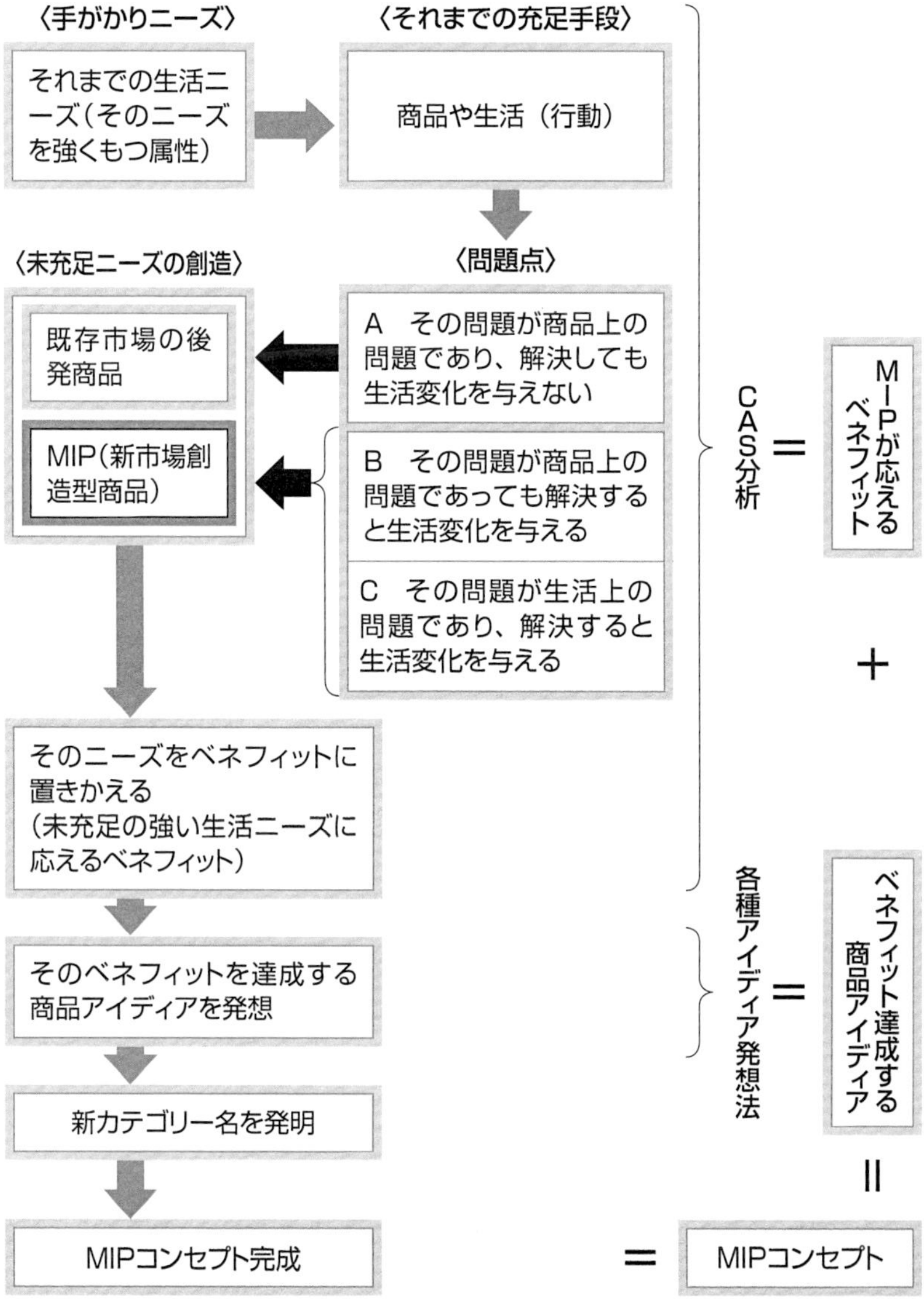

図表1-12　従来型の商品開発ではＭＩＰは偶然にしか生まれない

発想のヒント
既存市場や既存商品
↓
着　眼　点
その問題点や改良点の発見
↓
発　　想
その解決アイディアの発見
↓
新商品のタイプ
既存カテゴリー商品
（既存市場の後発商品）

出所：梅澤伸嘉『長期ナンバーワン商品の法則』ダイヤモンド社、2001年。

「生活上の問題」を解決すると必ず生活変化をもたらすことができる。ＭＩＰは生活上の問題を解決し、生活変化をもたらす商品なのである。

以上を整理すると図表1-11のようになる。

(4) 既存の開発システムではＭＩＰが生まれるのは偶然

図表1-12に示したとおり、従来型の商品開発システムではＭＩＰは、既存市場や既存商品をヒントに商品開発されているので偶然的にしか生まれず、もっぱら既存カテゴリー商品がほとんどであった。

それ故、**ＭＩＰを作るには既存市場や既存商品をヒントにしない開発システムが必要である。**

2 ＭＩＰ開発のケーススタディ

私が過去に開発したＭＩＰの例を示し、ＭＩＰ開発プロセスのイメージをつかんでいただくことにしよう。

1 サンスタートニックシャンプー
――男性用頭皮爽快シャンプー、棲み分け的ＭＩＰ（サンスター、１９６８年）

未充足の強い生活ニーズの発見

研究所の片隅に行動観察室を作り、洗髪ニーズを知るために来る日も来る日も従業員男女の洗髪行動を観察し、ついに男性と女性で洗い方が違うことを発見。女性は髪を揉むように洗っているのに対し、男性は頭を洗っている。

行動はニーズの表れだから、女性のニーズは「髪をやさしく洗いたい」であるのに対して、男性のニーズは「頭を洗いたい」であると推測した。

「システマティック・グループ・ダイナミック・インタビュー法」（Ｓ－ＧＤＩ法：２２３頁参照）を用いて深く男性の心理を調べた結果、男性が頭を洗うのは「気分もスッキリ頭を洗いたい」ためであることがわかった。

すなわち、頭は石鹸や普通のシャンプーで洗えるが、気分までもスッキリさせようと思うと従来の洗い方では手軽にそういう気分を得ることは不可能だった。つまり「生活上の問題」が未解決のままだった。

商品コンセプトの開発

当時、シャンプーは、資生堂、ライオン、花王といった大手からすでに発売されていた。しかし、それらはいずれも女性を主に対象としたものであった。

そこで後発参入を避ける意味からも男性を対象とした「頭を洗う」商品の方向に絞って商品コンセプトを開発した。

商品コンセプトは消費者ニーズから魅力的な商品コンセプトをつくりだす「キーニーズ法」（２４２頁参照）で開発した。

商品コンセプトの公式は、図表1-13のとおりである

「トニックシャンプー」のケースでは、以下のようにコンセプトを開発した。

N：「洗髪するだけで頭も気分もスッキリ**させたい**」（**未充足の強い生活ニーズ**）

B：「洗髪するだけで頭も気分もスッキリ**させられる**」

I：従来のシャンプーにメントールを最適量配合する

C：頭皮と髪を手軽に洗浄し、爽快に洗髪できるよう従来のシャンプーにメントールを最適量配合した――（I）

男性用頭皮爽快シャンプー（新カテゴリー名）――（NCN）

なので、洗髪するだけで頭も気分もすっきりさせられる――（B）

図表1-13　商品コンセプトの公式

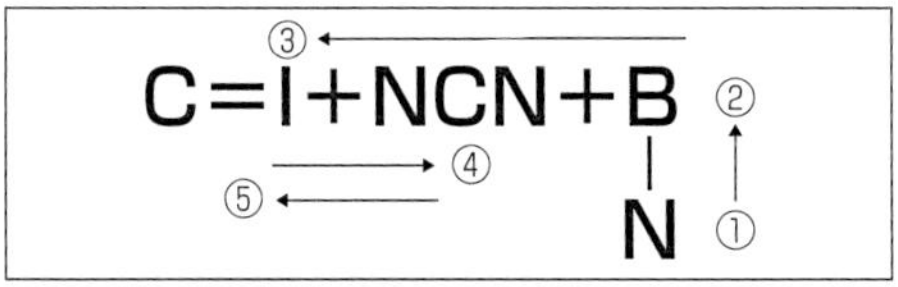

C：商品コンセプト
I：商品アイディア
NCN：新カテゴリー名
B：消費者に与えるベネフィット
N：消費者の生活ニーズ（DOニーズ）

①　Nに「未充足の強い生活ニーズ」をインプットする。
②　それを機械的にベネフィット（B）に置きかえる。
③　そのベネフィット（B）を達成するアイディア（I）を考える。
④　そのアイディア（I）をコンパクトにまとめて「新カテゴリー名」（NCN）を決める。
⑤　上記IとNCNとBをフォーマットに従って文章化すると、コンセプトステートメント（C）が完成する

商品コンセプトの受容性評価

できあがった商品コンセプトが消費者にどのくらい受け入れられるのか、をシステマティック・グループ・ダイナミック・インタビュー法（S−GDI法）で20代、30代、40代、50代の男性、各2グループずつ、計8グループを対象として調べた。

その結果、どの年代にも強く受容性を示す人々がいることに加えて、洗髪後、ヘアトニックの爽快感を期待して常用している人の多くは、この商品を使うことによってヘアトニックをつける必要がないとか、むしろヘアトニックより香りが残らなくてよいかもしれないとコンセプトを評価した。また、ヘアトニックの香りがきつすぎて不快だとしていた人は、この商品の方が香りが残らずに、洗髪は爽快にできてよいかもしれない、と期待する反応を示す傾向が強かった。

このような反応から若干コンセプトを改良のうえ、20才から45才のうち、洗髪後ヘアトニックを常用している150人、使っていない150人を対象に量的コンセプト・テストを行った。

その結果、ヘアトニック常用者の中では、商品コンセプトを見て「ぜひ使いたい」（使用意向のトップボックス）と答えた割合が30％弱、150円（当時、シャンプーは100円が相場だった）を提示して「ぜひ買いたい」（購入意向のトップボックス）と答えた割合が20％を超えた。

一方、ヘアトニックを使っていない人でも使用意向も購入意向もともに高い評価が得られた。

商品パフォーマンス開発

頭皮を洗うシャンプーとしての処方はかなり早くできたが、メントールの配合量の決定にはかなり手間どった。お手本となる競合品がないので、社員を対象とした使用テストをくり返して配合量を決めた。

商品パフォーマンスの受容性評価

20代、30代、40代の男性それぞれ2グループ、計6グループを設定し、ヘアトニック常用者と非使用者をそれぞれのグループの中に割りつけてS-GDIを行った。あらかじめコンセプト・シートを見せ、使用意向を示した人に試作品を渡し、家で最低3回、できれば5回程度使用することを依頼した。

その結果、「これはシャンプーではない」と拒否反応を示した人もいたが、「とにかく爽やかで気分がいい」とか「頭を洗うのが楽しみだった」と強い受容反応を示す人が多かった。

それらの結果からは、どう結論づけるべきかまだ十分な判断基準をもっていなかったが、そのS-GDIをモニターしていた安福正憲重役（家庭用品事業部長）が、「これは絶対にいける」とひざをたたいた。

その一言で社内の多くの反対を押し切って前進が決まった。

男性社員３００人に試作品を配り、家で２週間の使用テストをしてもらった。これはあくまで大きな問題がないかを判断する程度の目的で行った。

その結果、頭皮へのトラブルや心配されていた目に入る等のトラブルは全くなかった。

発売後の成績

１９６８年主要都市に一斉発売した。１年目ですでに利益が得られ、３年目からテレビとラジオを中心に広告を打った。

ＭＩＰであるため、各種メディアが記事として話題にしてくれたこともあって、少ない広告費で非常に高い知名率が得られ、カテゴリー代表度は高まった。売上、利益はさらに飛躍的に上昇した。

まもなくライオンから「トップボーイ」、花王からは「ハイトニックシャンプー」が相次いで発売されたが、両者とも数年で市場から消え、「サンスタートニックシャンプー」の独走が続いた。50年間という長寿商品として現在もシェアＮＯ・１の座を保ち、利益を生み続けている。

2　カビキラー――カビとり剤（ジョンソン、1982年）

未充足の強い生活ニーズの発見

「風呂の手入れに関するＳ－ＧＤＩ」を主婦を対象に行ったところ、タイルの目地の黒い汚れ（カビ）はいくらこすっても落ちず、多くの主婦がイライラしていること、それは季節に関係なく生じていること、既存の洗剤類では全然落ちないこと、それでも無理してこするとタイルが剥げ落ちることすらあること、などの「生活上の問題」をかかえている実態が明らかになった。

これらの情報から、開発する商品が応えるべき未充足の強い生活ニーズを「（ゴシゴシ）こすらずに、タイルの目地のカビをとりたい」と設定した。

商品コンセプトの開発

「キーニーズ法」により以下のような商品コンセプトを開発した。

Ｎ：「こすらずにタイルの目地のカビを**とりたい**」（**未充足の強い生活ニーズ**）

⬅

Ｂ：「こすらずにタイルの目地のカビをとることが**できる**」

⬅

Ｉ：目地に発生するカビを殺す成分を配合した泡状のスプレー

⬅

Ｃ：目地に発生するカビを殺す成分をポンプ式のスプレーにつめた――（Ｉ）

カビとり剤（新カテゴリー名）――（ＮＣＮ）

なので、こすらずにカビを根こそぎできる――（Ｂ）

商品コンセプトの受容性評価

主婦を対象に6グループ（20代、30代、40代の主婦各2グループ）のＳ-ＧＤＩを行い、非常に高い受容性が得られたので、すみやかに20代から50代の主婦、計３００人を対象に量的テストに移した。

その結果、Ｓ-ＧＤＩから予見されたような非常に高い受容性が示された。

商品パフォーマンスの開発

パフォーマンス開発は外部のメーカーに頼った。

試作品を繰り返し社内でテストし、ある種のカビ（ゴムにつくカビ）以外はこすらずに根こそぎ除去できる処方が完成した。

商品パフォーマンスの受容性評価

20代、30代、40代の主婦それぞれ2グループ、計6グループを対象にＳ-ＧＤＩを行った。あらかじめコンセプトに使用意向を示した主婦に家庭で使ってもらって、Ｓ-ＧＤＩに参加してもらった。

鼻につく匂いや目がチカチカするといったネガティブな反応はほぼ全員から指摘されたものの、それらのほとんどの主婦は商品パフォーマンスに強い受容性を示した。

量的に確認するために「Ｃ／Ｐテスト」（第3章参照）に移行した。

その結果は十分に満足できるものであった。匂いや目への刺激は問題であったが、それらの問題を解決しようとするとカビとり性能が大幅にダウンしてしまうことと、それらの問題はあっても非常に高い受容性が示されたことから、この問題は使用上の注意に明記することで発売に踏み切った。

発売後の成績

１９８２年、テレビ広告を投入して全国一斉に発売した。すぐにライオンから「カビック」をはじめ数々のメーカーから多くの後発参入商品が、そして16年後に花王から「カビ取りハイター」が追随してきたが、ＭＩＰのおかげで、「カビキラー」は少ない広告費で高い知名率と購入率を獲得でき、カテゴリー代表度50％を超えた。現在もシェアＮＯ・１の座を保ちつづけ、36年間売れつづけている。

３　テンプル――天ぷら油処理剤（ジョンソン、１９８３年）

未充足の強い生活ニーズの発見

「台所まわりの不満に関するＳ-ＧＤＩ」を主婦を対象に行い、古くなった天ぷら油を良心的に捨てるために非常に面倒な作業をしている一群の人々がいることを発見した。天ぷら油を台所の流しに捨てることは環境面で大きなダメージを与えたり、パイプを詰まらせたりすることから、流しに捨てることに躊躇していた主婦は、新聞紙をまるめ、油を吸わせ、牛乳パックにつめて、やっとゴミとして出す、という大変面倒な作業をしていた。「生活上の問題」がそこに存在していたのだ。そして何とか解決したいと願っていた。

以上の情報から、開発する商品が応えるべき未充足の強い生活ニーズを「手軽に、手を汚さずに良心的に天ぷら油を処理したい」に設定した。

商品コンセプトの開発

「キーニーズ法」の手順に従って商品コンセプトを次のように開発した。

N：「手軽に、手を汚さずに、良心的に天ぷら油を処理したい」（**未充足の強い生活ニーズ**）

⬅

B：「手軽に手を汚さずに、良心的に天ぷら油を処理**できる**」

⬅

I：天ぷら油を固めるか、強力に吸わせて捨てやすくする

⬅

C：新聞紙や紙パックで処理する手間をかけずに、固めるか、強力に吸わせて油を捨てやすくする ――（I）

天ぷら油処理剤（新カテゴリー名）――（NCN）

なので、手軽に、手を汚さずに、良心的に天ぷら油を処理できる――（B）

商品コンセプトの受容性評価

使用済みの天ぷら油を庭木の肥料に利用している家庭の主婦を除いて、通常、流しに捨てている主婦と、面倒な作業をして良心的に捨てている主婦を別々にして、20代、30代、40代、50代の主婦を対象に計8グループ設定し、S-GDIを行った。

その結果、良心的に捨てている主婦から高い支持を得た。流しに捨てている主婦の多くは「お金の無駄

だ」と言って受容性を示さなかった。

量的なコンセプトテストは行わず、商品パフォーマンスの評価でまかなうことにし、商品パフォーマンス開発を急いだ。

商品パフォーマンスの開発

油を固めるということは技術的に容易であることから、固めるタイプの処方はすぐにできた。しかし、自治体によっては「固めるタイプ」をゴミとして認めないところがあったため、吸わせるタイプも考え、それはある女性用品をヒントに試作した。

商品パフォーマンスの受容性評価

商品コンセプトに受容性を示した20代、30代、40代の主婦各2グループ計6グループでS‐GDIを行った。あらかじめ家で使ってもらってから参加してもらい反応を得た。

「よくぞこんなに便利なものを作ってくれました」「私たちの苦労をこれを作ったメーカーの方はよくご存知でしたね」という反応に代表されるすばらしい評価であった。

油の固まり具合や吸わせる力にやや問題は指摘されたものの、これらの問題を便利さが大きく上まわっていた。「とにかくあの面倒な作業からこれで解放される」と喜んだ。

量的に確認するために、20代、30代、40代、50代の主婦３００人を対象に「Ｃ／Ｐテスト」（第３章参照）を行った結果、十分に満足いく反応を得た。

発売後の成績

１９８３年テレビ広告を投入して全国一斉に発売した。藤沢薬品（後にライオン）の「油っ子」はじめ数々のメーカーから後発商品が参入されたが、マスコミがこぞって記事として扱ってくれたため、少ない広告費で多くの知名率と購入率を獲得でき、カテゴリー代表度は50％を超え、現在もなおシェアＮＯ・１の座を保ちつづけ、35年間売れつづけている。

※なお、ケーススタディに出てきた各種手法については、第３章を参照されたい。

『MIP開発とアイスクリームの新商品開発』

一般社団法人　日本市場創造研究会
理事　荒生　均

●梅澤理論との出会い

私が梅澤先生と初めてお会いしたのは、1984年の日本能率協会主催の2泊3日の商品開発セミナーです。セミナーの内容は、「CPバランス理論」、および「キーニーズ法によるコンセプト開発」などの内容で、MIP開発理論はまだ、確立していませんでしたが、市場分析と他社商品とのスペック比較で行うのではなく、あくまでも、生活者の消費行動分析により未充足なニーズを発見し、解決するアイディアを考えるプロセスが商品開発である、と強調していたことがとても印象的で、納得感のあるセミナーでした。

●「消費者の生活ニーズ」を起点とした新しいアイスクリームの開発

その後、アイスクリームの新商品開発のコンサルをお願いした際は、MIP開発のためには開発起点は、あくまでも「消費者の生活ニーズ」から始めなければいけないことを徹底的に叩き込まれました。新商品開発担当者の日常業務は、自社の経営・関連部署との会議だけでなく、お得意様である流通へのプレゼンテーションの頻度がかなり多く、そのための資料作りに忙殺されます。このため、市場状況や他社を含めた商品情報にはとても詳しくなるため、売れている他社商品と差別化した改良アイディアは何の苦労もなく発想できます。

また、今100売れている商品であることから、明らかに優れているので、100以上の売上が期待できるだろうと周りも錯覚しがちです。それを梅澤理論は、後発商品が先発商品よりも優れていたとしても、先発商品で満足している多くの消費者は、ブランドスイッチを行わない。新商品を市場導入するのであれば、「消費者の生活ニーズ」を起点としたMIP（新市場創造商品）でなければ意味がない、と教えていただきました。

具体的には、現在のアイスクリームでは満たしていない未充足の強い生活ニーズを発掘し、他の食品カテゴリーをヒントにアイスクリームが考えられないか、との分析を丁寧にご指導いただきました。その成果が、「マイナス8度飲むアイス」というカテゴリー名の「クーリッシュ」の開発に繋がり、10年以上たった今も、定番商品として、消費者の皆様に愛されている典型的なＭＩＰです。

●ロングヒット商品開発の難しさ

また、梅澤先生は、「商品開発は誰でもできる。私の幼稚園児の孫も毎日お菓子の商品開発をしている。しかし、ロングヒット商品の開発はとても難しい。」と、常々おっしゃっています。確かに、既存商品をベースにトレンド要素を加えて改良した新製品は、トレンドマガジンの編集同様、比較的短時間で作ることが可能ですが、時代に左右されることなく読み継がれる純文学は短時間で描き切れるものではありません。新市場創造型商品（ＭＩＰ）の開発は、日々変化する商品ではなく、人間の喜怒哀楽同様、普遍性のある消費者ニーズを発想の起点としている点で開発された新商品のロングヒット化を保証していると言えます（図）。

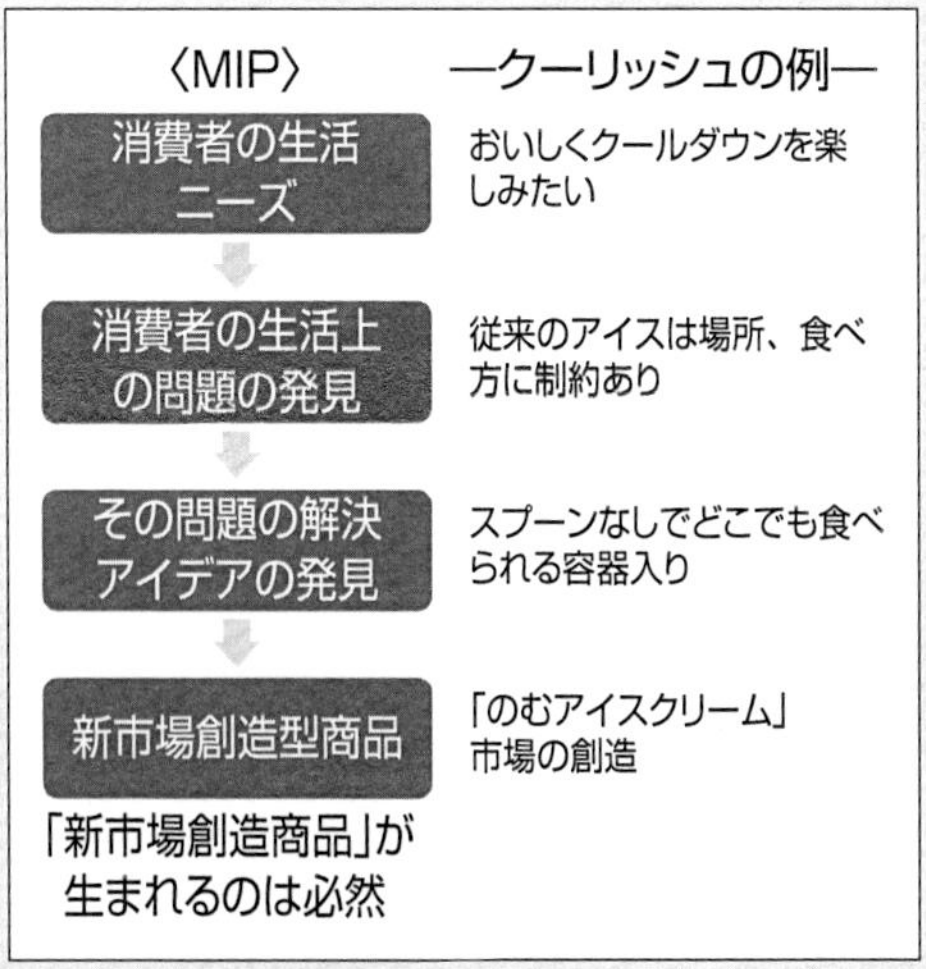
〈MIP〉
―クーリッシュの例―
消費者の生活ニーズ
おいしくクールダウンを楽しみたい
消費者の生活上の問題の発見
従来のアイスは場所、食べ方に制約あり
その問題の解決アイデアの発見
スプーンなしでどこでも食べられる容器入り
新市場創造型商品
「のむアイスクリーム」市場の創造
「新市場創造商品」が生まれるのは必然

図：ＭＩＰ思考プロセスにのっとった「クーリッシュ」の開発

4 ＭＩＰが成功率を向上させる

1 ＭＩＰ成功の条件

成功の定義は、長期間（10年以上）シェアＮＯ・1を保ちつづけることとすると、ＭＩＰの成功率は1／2であり、それは後発商品の成功率が1／200であることから、100倍の成功率といえる。

このように、元々、ＭＩＰを開発すること自体が成功の条件であるが、ここではそのＭＩＰを更に成功させるための条件を整理する。大別して、商品開発上の条件と、発売後の条件およびバックアップの条件がある。

1 商品開発上の条件

ＭＩＰが長期間シェアＮＯ・1を保つための**商品開発上の条件**には大別して3つある。

(1) 商品力を高める

この条件はＭＩＰに限らず、すべての商品の成功にとって不可欠の条件であり、いわば基本的な条件である。商品力は商品コンセプト（Ｃ）と商品パフォーマンス（Ｐ）によって構成される。

① Ｃ／Ｐバランスが良い新カテゴリーである

商品力を構成する要素の内の商品コンセプト（Ｃ）は、消費者ニーズに合致すると初回購入（試し買い）が発生する。そして、初回購入した消費者（つまり購入者）は、その商品のパフォーマンス（Ｐ）に満足すると再購入や継続使用、そしてよい口コミを広げる。

すなわち、商品力（ＣとＰ）が高く、新カテゴリーであると、初回購入も再購入も高まり、「ロングヒット」の成功商品となりうる。それ故、商品コンセプト（Ｃ）と商品パフォーマンス（Ｐ）がともによく仕上がった新カテゴリーであることは重要な条件である（94頁「Ｃ／Ｐバランス理論」参照）。

② 未充足の強い生活ニーズに応える

「○○したいができない」という未充足の強い生活ニーズに応える商品コンセプトは魅力的になるし、その商品が発売されると初回購入が高まる。つまり、２つ目の商品開発上の条件は「未充足の強い生活ニーズ」に応える、ということである（１０２頁「未充足ニーズ理論」参照）。

(2) 参入市場を配慮する

ＭＩＰの２つに１つが10年未満でシェアＮＯ・１の座を奪われるのであるが、その要因は前項（本章第２節◇3）のとおり３つあり、そのうち２つは予め避けることが可能である。それらはいずれも後発商品によってシェアNO・1を奪われないための〝参入市場〟の配慮である。

すなわち、「追いかけ効果」（後発が有利になる効果）の高いカテゴリー避け、「類似市場優位効果」（後発でも優位な効果）を予め避けることで、ＭＩＰがシェアNO・1の座を奪われることのないよう配慮する。

(3) 新カテゴリー名を妥当に決める

ＭＩＰは「新カテゴリー商品」である。

ＭＩＰ開発において3つ目の重要な条件は「新カテゴリー名」を妥当に決めることである。

ＭＩＰは初めての商品であり、かつ初めての商品カテゴリーである。初めての商品カテゴリーであるということは「その商品が何であるか」ということを消費者や流通業者に明確に伝えなければ買ってくれようがない。

「新カテゴリー名」を妥当に決めることは、ＭＩＰを成功させるための重要な条件なのである（第3章で方法論を解説）。

2 発売後の条件

ＭＩＰが長期間シェアNO・1の座を保ちつづけるための**発売後の条件**には大別して2つある。

(1) 早期のブランドイメージ確立

新カテゴリーの商品として初めて登場するＭＩＰは、そのブランドがその市場の最初の商品であり、そ

の市場を代表する商品であるという「カテゴリー代表イメージ」を、できるだけ早期に確立する必要がある。そのためにも「新カテゴリー名」を妥当に決める作業は非常に重要なのだ。

もしそれが達成できない場合は、後発商品によって「類似市場優位効果」や「大砲による逆転効果」を発揮されてしまう可能性がある。まして、のちに出た後発商品の方がいいと思われているエレクトロニクス関係の市場に多くみられる「追いかけ効果」の高い市場であれば、**「カテゴリー代表イメージ」が早期に確立されなければ、まずまちがいなく後発商品にシェアＮＯ・１の座を即座に奪われるであろう。**

したがって、商品開発上の条件を満たしたうえで、可能な限り、広告、パブリシティー、販促活動を通じて早期のブランドイメージ確立（早期の「カテゴリー代表イメージ」確立）を果たすことが必要な条件となる。

(2) ブランド強化戦略

ブランドの強化とは、当該ブランドが属するカテゴリーの代表度を高めることである。代表度を高めるためには現在、代表度がどの程度になっているかを知らなければならない。そのためには当該ブランドが代表となりうる「新カテゴリー名」を妥当に決め、そのカテゴリーの中で当該ブランドのカテゴリー代表度（カテゴリー連想価）を調査によって明らかにする必要があるのである。

※「ブランド強化戦略」については、梅澤伸嘉『消費者心理のわかる本』（同文舘出版、２００６年）および『戦わずロングセラーにする「強い売りモノ〈ＭＩＰ〉」の創り方』（同文舘出版、２０１６年）を参照。

(3) 早期の配荷達成

ＭＩＰとして長期間シェアＮＯ・１を保つためには、いうまでもなく消費者に購入されなければならない。そのためには商品が、求める消費者に買われるよう店に配荷されていることが条件である（無店舗販売は別であるが）。

しかし、商品開発上の条件を満たし、早期のブランドイメージの確立ができたＭＩＰはまず普通の販売活動によって早期の配荷も達成できることが多いので、この条件は割合容易に達成できる。

3 バックアップの条件

(1) 求められる真のＭＩＰ開発者の特徴

ＭＩＰ開発を成功させるためには、手法やシステムを完備するだけでは不十分である。ＭＩＰ開発システムを先導し、責任をもつ人は次のような特徴をもつことが求められる。

① 「人の行かない道なき道」を開拓していくことを喜びとする人。
② 「まだ誰もやっていないからやりたい」と思える人。
③ リスクを避けるより、リスクに挑戦できる人。
④ 追随するより、追随されることを好む人。
⑤ 目的（ゴール）が決まればそれを達成することを優先し、手段を自主的に変えられる（または試行錯誤をいとわない）人。

⑥「作れるもの」を作るのではなく、無理難題でも「消費者の未充足の強い生活ニーズに応えるもの」を作りたいと思える人。
⑦人々の生活向上や生活変化をもたらすことに至上の喜びを見出せる人。

以上の特徴のうち、①、②、③、④はフロンティア精神とかパイオニア精神とかチャレンジャー精神と呼べるものである。⑤は目的志向、そして⑥、⑦は消費者志向である。

これらの特徴を1つでも多くもつ人が、MIP開発の先導者となるべきである。しかし、このような特徴をもつ人の中には往々にして企業の中の人間関係が上手にできない人もいる。調整能力に優れたスタッフを配置することと、トップマネジメントに直結する組織形態にすることによってそれを解決できるであろう。

(2) トップマネジメントのサポートの重要性

MIP開発に限ったことではないが、トップマネジメントの精神的なサポートはMIP開発の成功にとって不可欠の要因である。**なぜなら、新商品開発、とりわけMIP開発は新しいことに挑戦するリスクが伴うわけで、トップマネジメントのサポートなくして、失敗を恐れず勇気をもって開発を前進させることには限界があるからである。**

図表1-14　成功率の公式

$$z = \frac{y}{x} \quad \begin{cases} z = \text{成功率（失敗率）} \\ y = \text{成功商品の数（失敗商品の数）} \\ x = \text{発売新商品数} \end{cases}$$

2 成功率の実態

本章の締め括りとして、①成功率の定義と②成功率の低い要因を踏まえて、③ＭＩＰを意図して開発することが成功率向上のベストウェイであることを示したい。

1 成功率の定義

発売した新商品のうち、いくつが「成功商品」となったかを、ある期間ごとに区切って算出したものを「成功率」と定義できる。一方、「成功率」のみでなく「失敗率」も同時に算出しておくことは経営上非常に役立つ。

図表1‐14に示したように「成功率（ｚ）」は成功商品（または失敗商品）（ｙ）を発売新商品数（ｘ）で割った値である。それ故、「成功率（ｚ）」を高めるためにはｘを減らすか、またはｙを増やすしか方法がないことがわかる。しかしながら多くの経営者や開発担当者は、ｘを増やそうとする傾向が強い。それはｘを増やすことによってｙが

増えると信じているからである。すなわち、ｘとｙは比例すると信じている人々が多いのだ。「数打ちゃ当たる」と。

2 成功率の実態

しかし、７１４３商品を対象とした調査の結果は「数打つから当たらない」ことを示した。詳細は拙著『ヒット商品打率』（同文舘出版、２００８年）に譲るとして、概略は次の通りであった。

(1) 10年間でどれだけの新商品が死亡（終売）するか

まず、新商品が10年間でどれだけ死亡（終売）するかを調べてみると、３年未満で50％の新商品が終売を迎え、10年未満で70％が終売となる（図表1-15-(1)参照）。

(2) 発売数の多い年に生まれた新商品の寿命は短い

次に、毎年の発売数が商品の寿命にどう影響するかを調べてみると、年平均発売新商品数が増えると寿命が短命化する傾向が発見された（図表1-15-(2)参照）。すなわち、発売数と成功率や失敗率の関係が示唆された。

(3) 発売数が増えると「失敗率」は高まり「成功率」は低下する

そこで発売数が増えると成功商品と失敗商品の数がどうなるかという直接的な関係を調べてみると、数多く発売しても「失敗商品」の数がどんどん増えるだけで、「成功商品」の数はほとんど増えず、減っていく傾向が見られた（図表1-15-(3)参照）。

図表1-15　成功率の実態

(1) 10年間で死亡する新商品数の変化

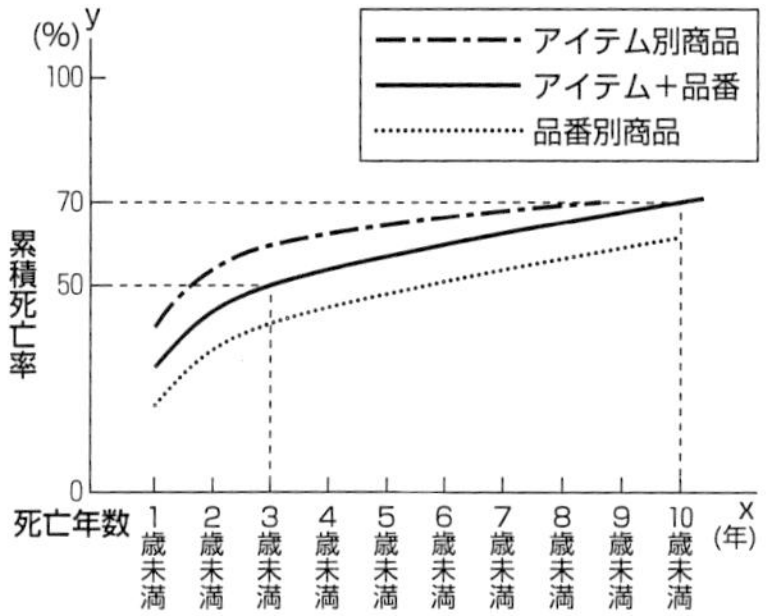

(2) 発売数の多い年に生まれた新商品の寿命は短い

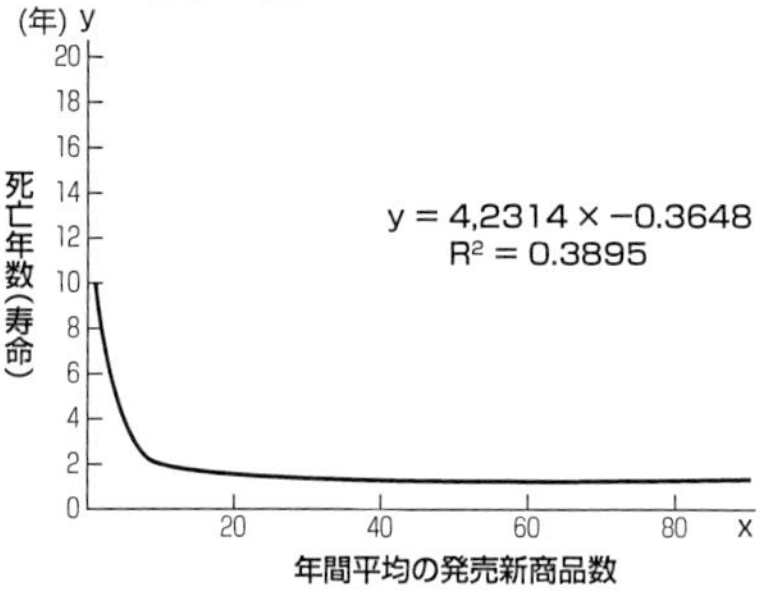

(3) 発売数が増えると「失敗率」は高まり、「成功率」は低下する

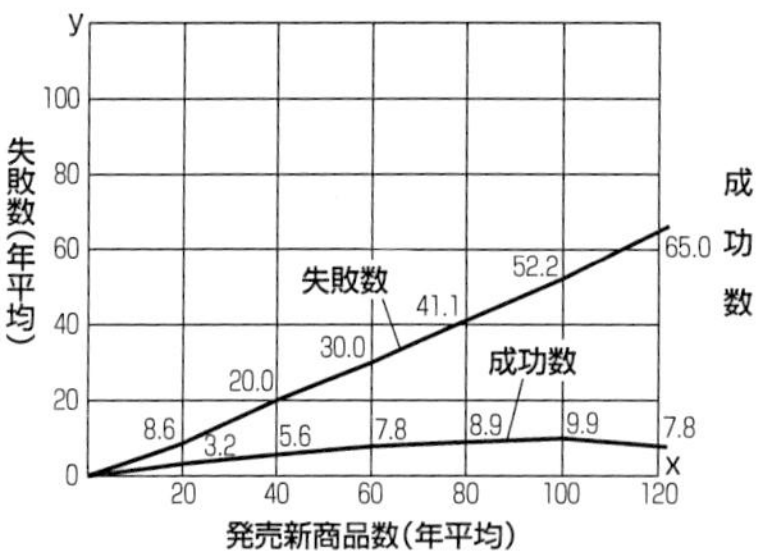

(4) 「失敗率」は発売数に比例し、「成功率」は反比例する

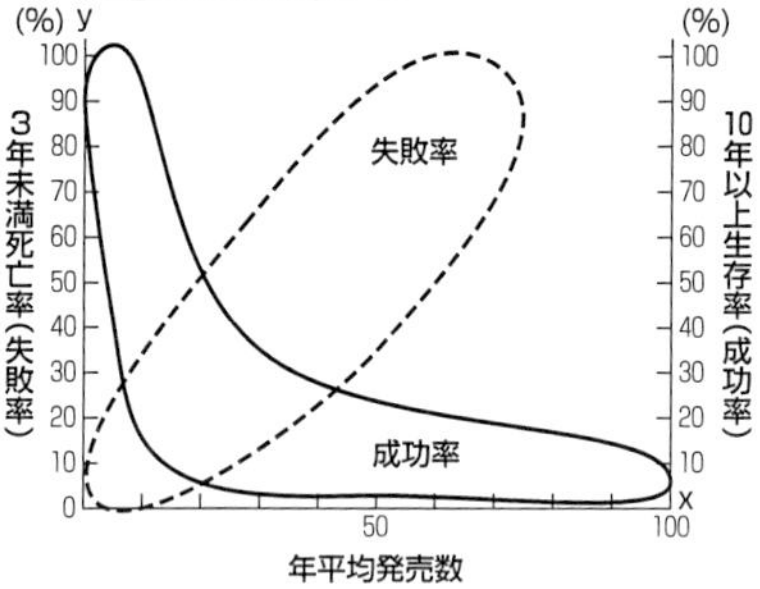

(5) 「成功率」が高く、「失敗率」の低い企業は例外なく発売数が少ない

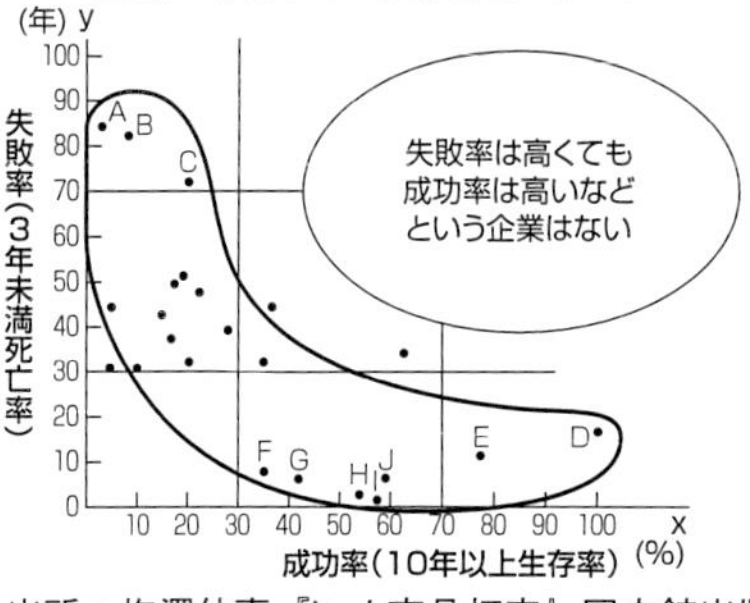

出所：梅澤伸嘉『ヒット商品打率』同文舘出版、2008年。

(4) 「失敗率」は発売数と比例し、「成功率」は反比例する

次にこの傾向を別の視点から確認するために、個々の企業の年平均発売数と「成功率」、「失敗率」をプロットしてみたところ、「失敗率」は発売数と比例し、「成功率」は発売数と反比例し、多く発売するほど「成功率」は低下することが確認された（図表1-15-(4)参照）。

(5) 「成功率」が高く「失敗率」の低い企業は例外なく発売数が少ないという特徴がある

図表1-15-(5)に示されるように、「成功率」の高い企業は「失敗率」が低いという関係も重要だが、さらに重要なことが、このグラフに年平均発売数を重ねたときに見出された。すなわち、「成功率」が高く、「失敗率」の低い企業は例外なく発売数が少ないという特徴があるのだ。

以上(1)から(5)より、**発売数が増えると「成功率」は低下し、「失敗率」は上昇するというのが実態なのだ。つまり「数打つから当たらない」のである。**

この事実は優れた経営者や開発担当者には薄々予想されていたことであろう。

『ハウス食品グループのロングヒット商品と梅澤理論』

ハウスウェルネスフーズ株式会社
代表取締役社長　広浦　康勝

ハウス食品グループにおいても、ロングヒット商品が長期に渡り、売上と利益を安定的に生み出しています。代表的なロングヒット商品を表に整理しました。

表：代表的なロングヒット商品

ブランド・商品名	カテゴリー名	発売年	継続年数
バーモントカレー	カレー・シチュー	1963年	54年
シチューミクス	カレー・シチュー	1966年	51年
ジャワカレー	カレー・シチュー	1968年	49年
フルーチェ	デザート	1976年	41年
とんがりコーン	スナック菓子	1978年	39年
北海道シチュー	カレー・シチュー	1996年	21年
ウコンの力	健康食品	2004年	13年

※継続年数は2017年時点で算出。

香辛調味加工食品事業において、発売年度による売上構成比を整理すると（2014年時点の整理）、発売20年以上の商品で65%、発売10年以上20年未満の商品で25%、直近10年発売商品のウェイトは僅か10%の構成となっています。まさに、ロングヒット商品が現在の売上基盤を作り上げているのです。

「バーモントカレー」を事例にロングヒット商品への要因を以下にまとめます。バーモントカレーの発売は1963年で発売54年となります。ハウス食品グループの中でも、最も長いロングヒット商品です。現時点においても、家庭用カレー市場において、No．1シェアのポジションを維持し続けています。

●新市場創造としての新商品投入

開国に伴い海外から入ってきたカレーライスは、外食の洋食メニューとして普及していった経緯より、辛くてさらっとした（汁状）大人・男性向けの、そして外食中心の食べ物の位置づけでした。そして、高度成長期に入った昭和30年代後半、固形ルウの登場で、一般家庭の内食において市場機会が生まれていったのです。

このような市場環境において、子ども・女性向きの固形ルゥカレー、家族で食べるカレーライス市場を創る狙いをもって、バーモントカレーが1963年に発売されました。「バーモント」の名前は、米国バーモント州の健康法を由来としています。「リンゴとハチミツ」を使った、「子供、女性向けのマイルドなとろりとした」カレーとして、それまでのカレーの概念の常識を覆すコンセプトでした。発売以降、「家庭で食べるカレー」としてターゲットを拡大し、国民食へのスタートを切ったのです。

発売当初のアプローチを振り替えると、ターゲットを子ども、女性に当てたことで、「家族みんなでカレーライスを食べたい」という、これまでは実現されていなかった生活ニーズへの対応が図れたといった点でMIP理論と符合します。ロングヒット商品はMIP開発によってもたらされるといえるでしょう。

● 一貫したブランドイメージづくり

ブランドの理念、提供価値は何かを定め、お客様に対する一貫したコミュニケーションが大切です。失敗なく手軽に作れ、安心して家族に出せる定番ブランド「カレーと言えば○○」であり続けること。お客様の言葉で表現すると、「大好き」「使い続ける」「無いと困る」このレベルまでの「強い絆」をつくりたいと考えています。

バーモントカレーの理念は、「子どものココロとからだを元気にするブランドでありたい」と定め、また「リンゴとハチミツのマイルドなカレー」という一貫したブランドイメージをベースに、広告、イベント、パブリシティー、セールスプロモーションに一貫性をもたせ展開しています。現在も展開しているイベントの1つに、「はじめてクッキング」があります。1996年から毎年開催し22年目を迎え、述べ695万人園児が参加、カレー入門層の獲得に繋げています。

● 継続した商品力向上への取り組み

技術の押しつけではなく、お客様の変化に合わせた商品力の向上が、ロングヒットへの条件となります。特に食品においては、お客様にとって変わらない美味しさ、繰り返し買っていただける美味しさづくりの追及が必要です。お客様の嗜好の変化に合わせ、お客様が変わったと思わないレベルでの改良を継続的に実施しています。また、容器の2分割容器の採用、プライムカレーでの少量調理対応等、使い勝手の向上にも取り組んできました。

新しい包装材料、新しい製法等の新技術開発がこれらを可能にしています。

（写真提供：ハウス食品）

『牛乳市場ナンバーワン　明治おいしい牛乳』

（2002年発売、2018年リステージ発売）

株式会社明治　市乳商品開発部　部長　本多　健志

●明治おいしい牛乳の商品開発

少子高齢化によって牛乳飲用量を支える若年世代の減少とともに、お茶飲料や機能性飲料の登場によるお客様の牛乳離れなどによって、牛乳市場は1994年ごろから縮小傾向にあり、今後もその傾向は継続することが予測されます。また、店頭に目を移すと、牛乳に求められるものは「品質」と「安さ」であり、特に大型スーパーの増加により低価格競争が過熱するなど、近年の牛乳を取り巻く環境はとても厳しいものがあります。

こうした中、十余年の研究開発を経て、2002年に全国発売した「明治おいしい牛乳」は、210円以上の適正価格を維持し続けながら、普通牛乳NB商品の中でトップシェアを獲得しています。

私たちは、1984年より梅澤先生から、MIP理論の基礎を学んでおり、本商品も間違いなくMIPに他ならないと自負しています。

「牛乳」は、食品衛生法や公正競争規約では、加工乳や乳飲料などとは区別され、使用できる原材料は「無脂乳固形分8.0％以上、乳脂肪分3.0％以上の成分の生乳※」のみとされ、水や他の原材料を混ぜてはならないなどといった厳しい制約があり、差別化の難しい飲料とされていました。

※「生乳」とは、搾取したままの牛の乳。

研究開発において、「牛乳嫌いな人が牛乳を嫌う原因を解消すればよいのでは」という発想がヒントとなり、生乳を加熱殺菌する際の溶存酸素による酸化が風味の劣化を招いているのではないか、という新しい研究視点が生まれました。その結果、生乳中の溶存酸素を低減させた状態で加熱殺菌を行い、成分の酸化を抑制し、牛乳の風味を向上させる技術（ナチュラルテイスト製法）を確立することができたのです。それによって、「牧場で飲む搾りたての生乳のおいしさ」を開発目標として、「自然でさわやかな香り」「ほのかな甘味」「まろやかなコクはそのままにすっきりとした後味」という明快なおいしさを実感することができるようになりました。そして、加熱臭や後味のべたつき感が少なく、牛乳が苦手な人でも飲みやすい、という「明治おいしい牛乳」の味の特長をつくりあげることができました。

さらにネーミングの開発にあたっては、ナチュラルテイスト製法による味に対する自信を最もストレートに伝えるものであることや、老若男女の誰にでもわかりやすいこと、加えて誰もが一度は試してみたくなること、といった考え方から「明治おいしい牛乳」に決定しました。

また、パッケージデザインの開発にあたっては、「牧場で飲む搾りたての生乳のおいしさ」という中身の開発目標を反映するために、「できるだけ手を加えないように見える、新鮮なイメージと品質感を重視した」デザインを目指しました。

これらによって、牛乳という制約の大きい商品群の中で、革新的な独自化を図ることができ、「強くて未充足なニーズ」に応えることができたと考えています。

●明治おいしい牛乳のさらなる進化

この度、生乳を工場に受入れた後すぐに酸素を取り除きさらに酸化劣化を抑える、といった従来のナチュラルテイスト製法をより進化させるとともに、従来容器より遮光性や乳香保持に優れ、より開けやすく注ぎやすいといった利便性にも優れた新容器を開発しました。こうした「製法の進化」「新容器」によって、さらにおいしさが増した新「明治おいしい牛乳」を2018年3月より全国発売しました。

●梅澤理論を学び、商品開発に活かす

梅澤先生より、コンセプト開発の重要性や、成功を妨げる最大の「カベ」である「アキラメ」の排除を学ぶ中、特に商品開発を続ける勇気を常にいただいています。

今後とも、私たち市乳商品開発部は梅澤理論を活用し、MIP開発に挑戦していきます。

（写真提供：明治）

『ベトナムにおける新市場創造と梅澤理論の実践』

エースコック-ベトナム株式会社
取締役社長　梶原　潤一

●梅澤理論との出会い

私が初めて梅澤理論に出会ったのは30年以上前のことで、ある日書店で何気なく立ち止まり『消費者ニーズをヒット商品にしあげる法』（梅澤伸嘉著、ダイヤモンド社、1984年）を読んだときでした。数ページ読んだときに正に目から鱗…状態ですぐに購入して読み、社内にも紹介させていただきました。

それからは当社の商品開発は梅澤理論をバイブルにして進めてきたことでいくつものロングヒット商品も生み出すことができたと考えています。

例えば1988年に、当時はスナックや軽食という位置づけになっていたカップ麺に対し「1食でしっかり満足感を得たい」という未充足の強い生活ニーズに応える商品として発売した「スーパーカップ」というカップ麺に「1・5倍大盛りカップ麺」というカテゴリー名を冠して発売し、その分野では発売から30年近くたった今もカテゴリーのトップブランドとして消費者の支持をいただいています。

また2000年に発売した「スープはるさめ」は「食べるスープ」というカテゴリーを形成し、カップスープの市場を飛躍的に拡大させるとともにカップスープのトップブランドとして今も当社に大きな売り上げと利益をもたらしています。

ブランド名：「スーパーカップ」

ブランド名：「スープはるさめ」

●ベトナムで梅澤理論の実践

私は現在ベトナムに駐在していますが、当社がベトナムのホーチミン市に子会社を設立したのは1993年で、2年後に工場も完成し生産販売を開始しました。

設立の前からベトナムの即席麺市

場を調査研究し消費者の使用実態も知ることができましたが、当時は袋麺しかなかったベトナムでユーザーは即席麺（袋麺）を鍋で煮ることはせず器に入れて熱湯をかけるだけの調理方法が一般的でした。ただベトナムの既存の設備で製造する袋麺の場合はこの調理方法には不向きで麺の戻りが悪かったりムラができる状態であったにもかかわらずユーザーは不満を言うことなく食べているという半ば諦めに近い状態であり、正に未充足の強い生活ニーズがあることに気づいた瞬間でした。

当社はここに注目し袋麺の設備ではなく煮炊きせずにお湯で戻る麺を作るためのカップ麺用の製造設備を導入し、カップ麺用の麺を袋に入れて発売をすることで当社商品のパフォーマンスは際立って優れたものになりました。

もう1つ実行したのがプレミアム商品としての位置づけをすることでした。日本品質にこだわっていた当社は小麦粉をはじめすべての原材料を輸入に頼っていたために高コストとなり、競合品が現地通貨700ドンから1000ドンで販売されていたところに、当社が発売したのは3倍近い2000ドンの価格の製品で、日本から来た企業が作る安全で安心して食べられるうえにムラなく戻って非常に美味しい麺類として提供しました。

ただ販売開始から5年間は一部の富裕層だけが購入する商品であり一般大衆には噂は広まっても購買にはなかなか繋がりませんでした。

しかしそれは最初から既に計画に織り込み済みのことで、5年間かけて現地のサプライヤーの技術指導をすることで品質の改善ができた原材料から現地調達に切り替えていくことで品質を守りながら大きくコストを下げることに成功しました。そして大半の原料を現地調達化することができた2000年に、ベトナム人にとって馴染みのある家庭料理の味を再現した新商品を品質を維持したまま1000ドンというリーズナブルな価格で発売しました。

ブランド名：「HaoHao（ハオハオ）」

「HaoHao（ハオハオ）」という〝良い〟や〝好き〟という意味合いをもつブランド名のこの商品は発売直後から大きなヒット商品になり、その後の10年間はいくら作っても足りないという状態が続きました。

進出当時ベトナムでの即席麺の総需要は年間12億食程度でしたが、その後2010年には約50億

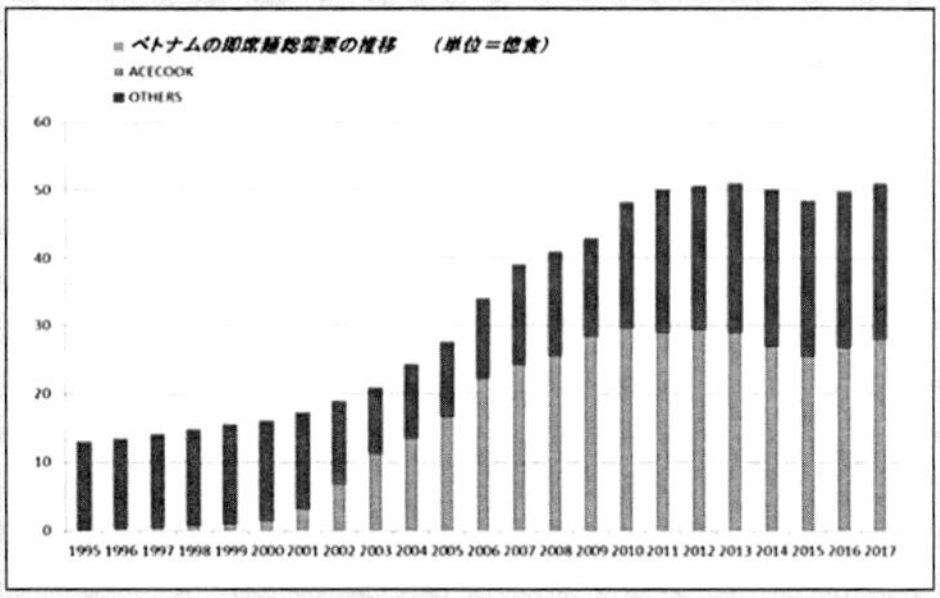

図：ベトナムの即席麺総需要とエースコックの販売量の推移

食の規模にまで拡大しました（図参照）。

当社がベトナムで目指したものは競合他社と同様の商品を作って価格競争による泥沼のシェア争いをすることではなく、既存の即席麺とは異次元の品質と味をもつ新しい食品として受け入れていただくことでした。

今では当社のベトナムでの販売量は年間で30億食弱に上りますが、他社も20億食程度販売しています。

当社の「HaoHao」はあたかもベトナムにおける「即席麺のドイモイ（革新）」ともいえる新しい食品の代名詞として新市場を創造したことによって成長できたと思っています。

（写真提供：エースコック-ベトナム）

第2章

MIPを成功させる梅澤理論

1 売れる商品とは何か ――「Ｃ／Ｐバランス理論」（１９８４年）

① 売れる商品の基本要素

ＭＩＰ開発を成功させるための理論の１つが「Ｃ／Ｐバランス理論」である。これは「売れる商品」の構成要素が何であるかを教えてくれる。

「Ｃ／Ｐバランス理論」は、私が10年間の相関研究をもとに１９８４年に発表し、その後30年にわたって検証してきた「売れる商品」を説明する理論である（梅澤伸嘉『消費者ニーズをヒット商品にしあげる法』ダイヤモンド社、１９８４年他参照）。商品力を測定する「Ｃ／Ｐテスト」もこの理論がベースとなっている。

商品力を構成する要素は「買う前に欲しいと思わせる力」と「買ったあとに買ってよかったと思わせる力」からなっており、前者を「商品コンセプト」（Ｃ）、後者を「商品パフォーマンス」（Ｐ）と定義する。このＣとＰがともに高くないと「売れる商品」にならない（図表２-１参照）。

図表2-1　C／Pバランス理論の基本図（1984年）

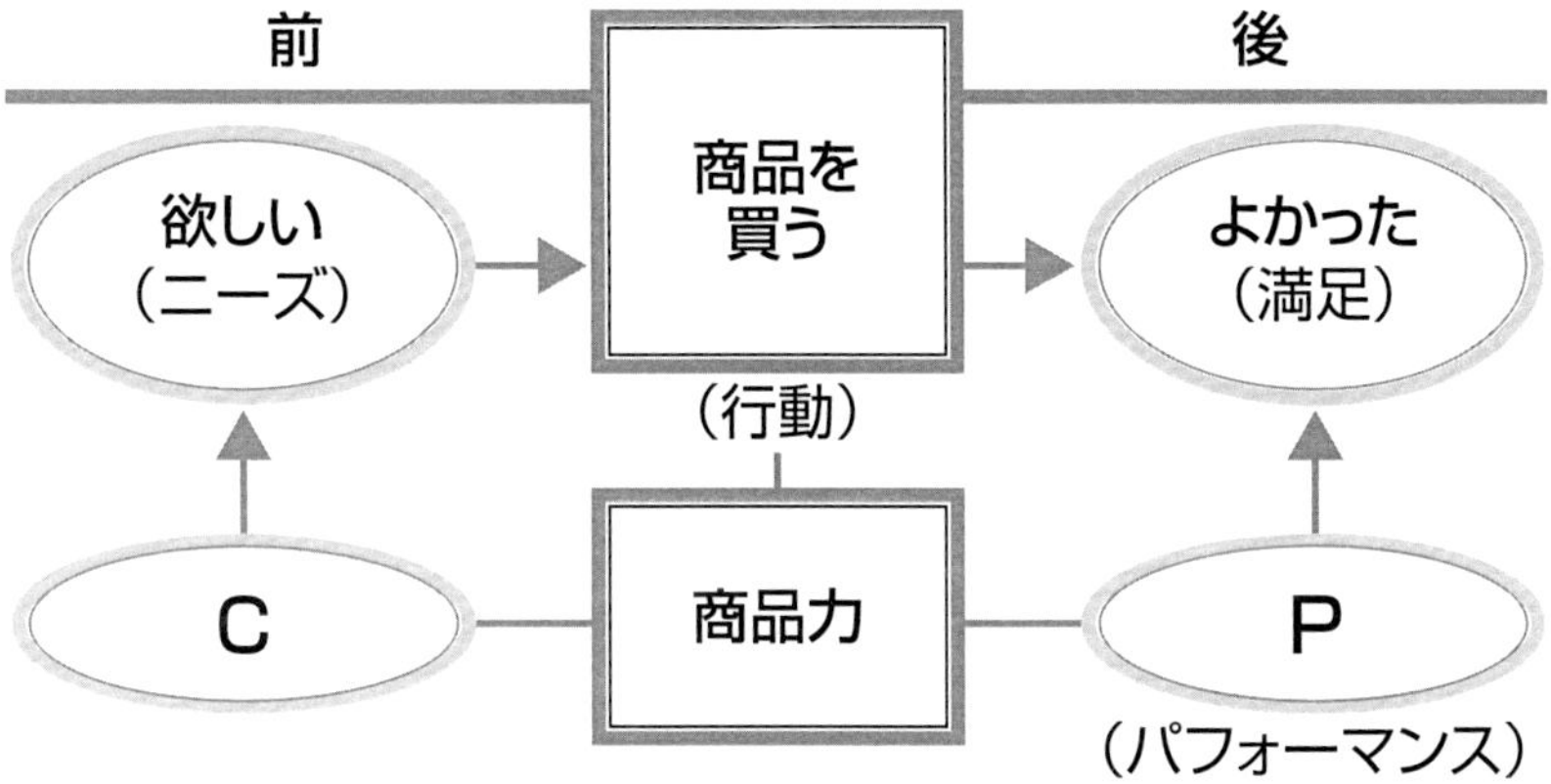

出所：梅澤伸嘉『消費者ニーズをヒット商品にしあげる法』ダイヤモンド社、1984年。

消費者は商品を買うという行動を挟んで前後1回ずつ、計2回評価する（梅澤伸嘉『消費者は二度評価する』ダイヤモンド社、1997年参照）。1回目の評価が「欲しい」か否かで、コンセプト（C）の魅力に依存する。2回目の評価が「買ったあとに買ってよかった（満足）」か否かで、パフォーマンス（P）に依存する。このCとPがともに高くないと商品は売れ続けてはいかない。これが「C／Pバランス理論」のもっとも基本となる部分である。

1960年代の後半、映画『女は二度勝負する』がヒントとなって生まれた理論であり、それまで失敗ばかりしていた私を救った理論である。

2 売れる商品と消費者心理、行動のつながり

図表2-2には「売れる商品」の構成要素（CとP）と、それぞれ消費者心理（ニーズと満足）および消費者の購買

行動（初回購入と再購入）との関係を示した。初回購入は商品コンセプト（Ｃ）の力、再購入やマルチ購入は商品パフォーマンス（Ｐ）の力によって引き起こされることがわかる。

この関係を一層よく理解するために、図表2-3を示した。縦軸を「買う前に欲しいと思わせる」商品コンセプト（Ｃ）の力とし、横軸を「買ったあとに買ってよかったと思わせる」商品パフォーマンス（Ｐ）の力とした。ともに上や右に行けば行くほど、消費者にとって魅力的な力をもっていることになる。

そして世の中にあるすべての商品は、この図表のどこかに位置づけることができる。それぞれ4象限の説明は図表中に記した。自社商品はどこに入るだろうか。長い間企業に利益をもたらし続けている商品がなぜ売れているのか、発売したが残念ながら終売してしまった商品がなぜ売れなかったのかがわかっていただけるだろう。商品の構成要素のＣとＰに関して典型的な4つの商品が図表の四隅に×印で示されている。これからは右上の「成功商品」（商品コンセプトの力も商品パフォーマンスの力も共に魅力的な商品）を開発していくことが大切だ。

すべての商品は発売する時点ですでに商品力（ＣとＰ）によって売上のパターンが運命づけられているのである。すなわち、販売や広告の力によって崩すことはできない。販売や広告はこのパターンの範囲で売上を最大化させる役割なのである。

以上より、ＭＩＰに限らず、すべての商品は、商品コンセプト（Ｃ）が魅力的に仕上がっており、商品パフォーマンス（Ｐ）がよくできている、ということがその成功にとって不可欠なのである。

図表2-2　C/Pバランス理論の概念図（1984年）――10年間の相関研究の結果を元に作成した図

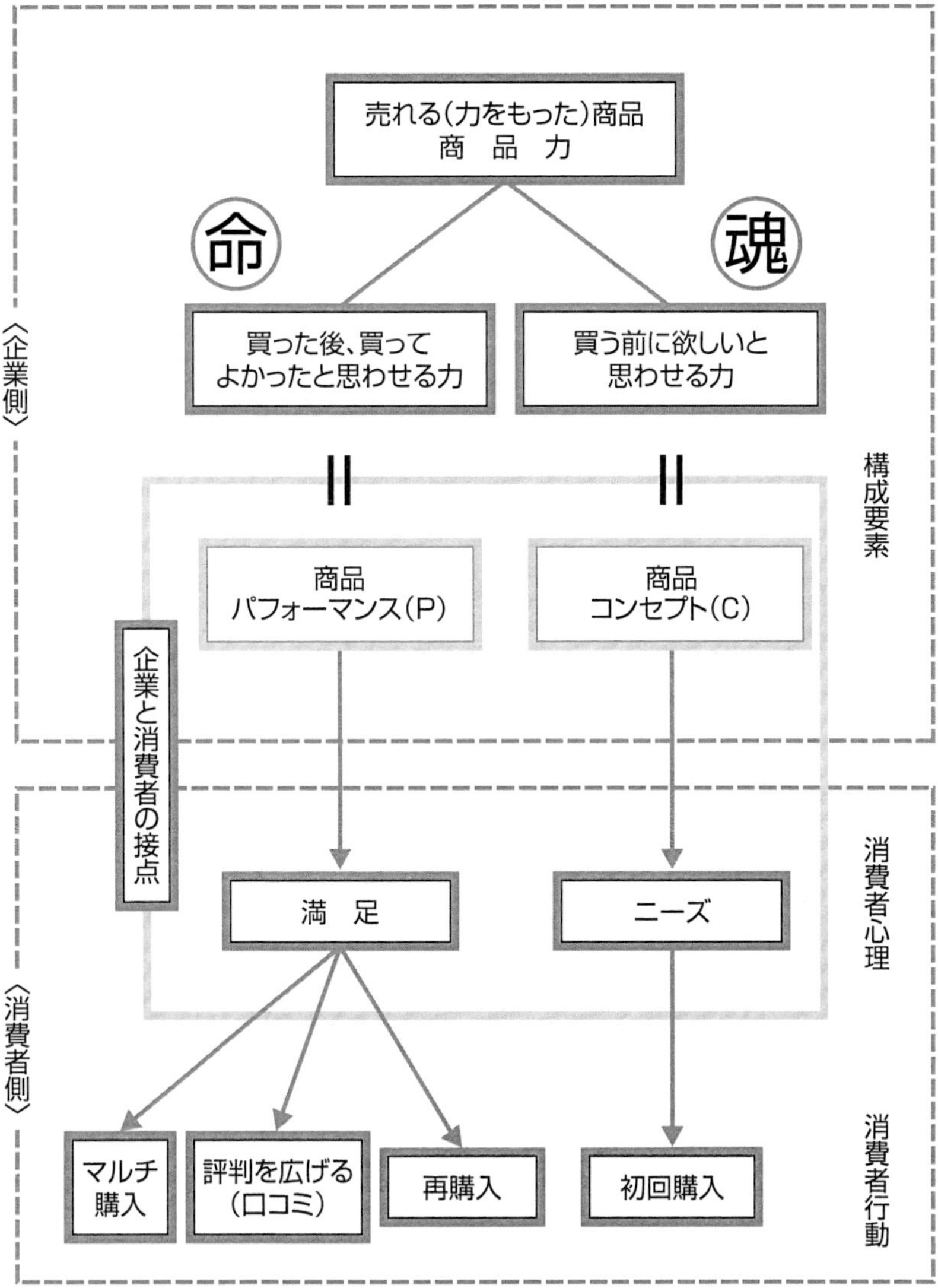

出所：梅澤伸嘉『消費者は二度評価する』ダイヤモンド社、1997年。

図表2-3　商品力(C/P)によって運命づけられた売上パターン(1984年)

C/Pバランス理論の田んぼ
すべての商品は下図の二次元上のどこかに位置づけられる

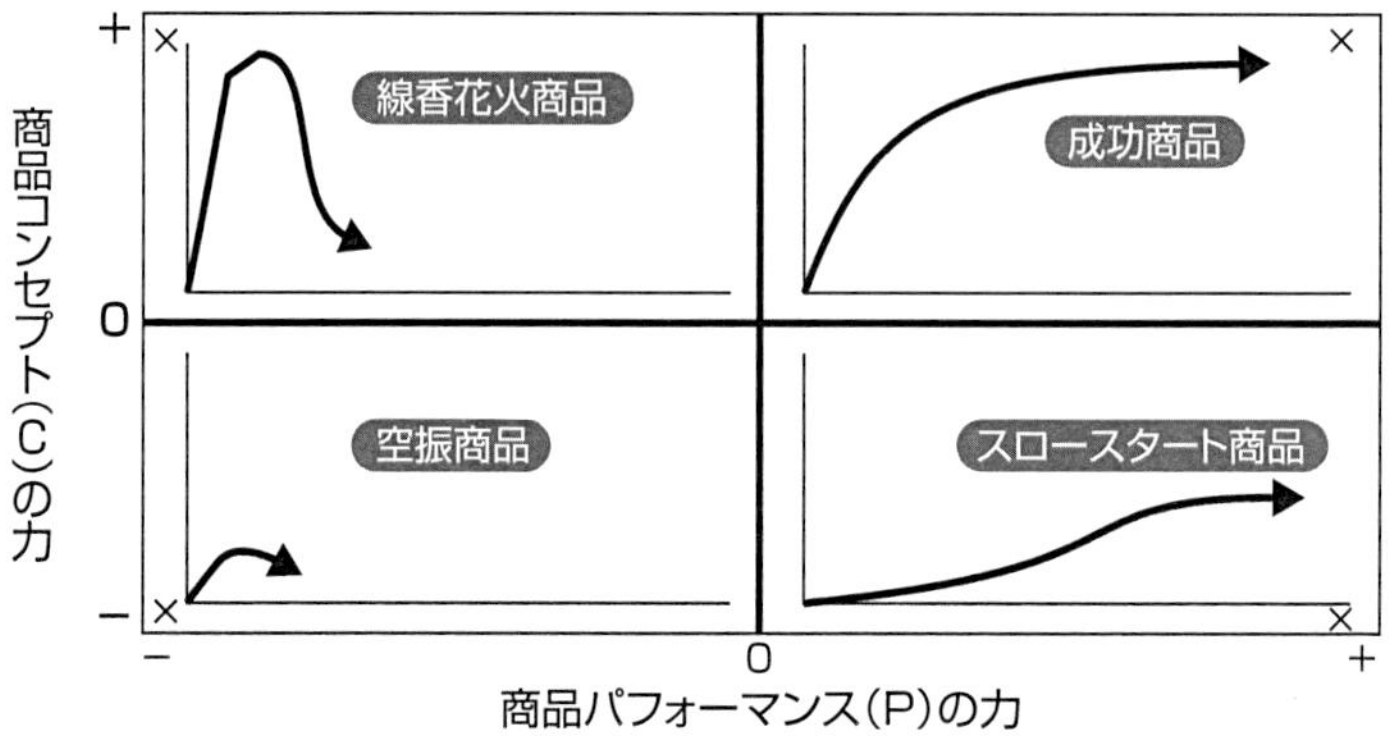

〈C/Pバランス理論の田んぼ〉

◆成功商品(初回購入する人も再購入する人もともに多い)

販売力や広告力は一層早く、一層高い売上を長期間にわたって持続させることに貢献する。

◆線香花火商品(多くの人が初回購入するが、再購入されない)

販売力や広告力が影響力を発揮できるのはピーク時の高さと、ピーク時を早めることの2点である。どんなに販売力や広告力が強くても急激なダウントレンドを防ぐことは不可能である。実際の現場では、あんなによく売れた商品が突然売れなくなるワケが理解できず、ほとんどの場合、その時点までに稼いだ大金を投入して何とか盛り返そうとしてしまう。しかし、パフォーマンスが改良されない限りどんなに販売や広告に金を投入しても効果は発揮されない(ダウントレンドは止められない)のである。

◆スロースタート商品(再購入する人は多いが、初回購入する人が少ない)

販売力と広告力によってスロースタート商品の売上パターンを変えることは不可能ではない。スロースタート商品はパフォーマンスはよいのにコンセプトが悪いのであるから、広告によって(コンセプトにとらわれずに)とにかく一度買わせることができれば、一挙に成功商品のパターンに移行させることは可能である。しかし、こういうことは稀である。このパターンの場合、販売力のみではパターンを変えることはできない。販売力とはできるだけ早く多くの店に多くの商品を配荷する力と定義すれば、どんなに多くの店に商品が並んでも、それが手に取られ、買われなければ意味がないのである。

◆空振商品(初回購入する人も少ないし、再購入する人も少ない)

主として広告の力(それも運のみで確率は低いが)によって初期の売上を高めることは不可能ではないが、線香花火同様、急激なダウントレンドを止めることはできない。

出所：梅澤伸嘉『消費者は二度評価する』ダイヤモンド社、1997年。

図表2-4　「ヒット商品」と「ロングヒット商品」の違い

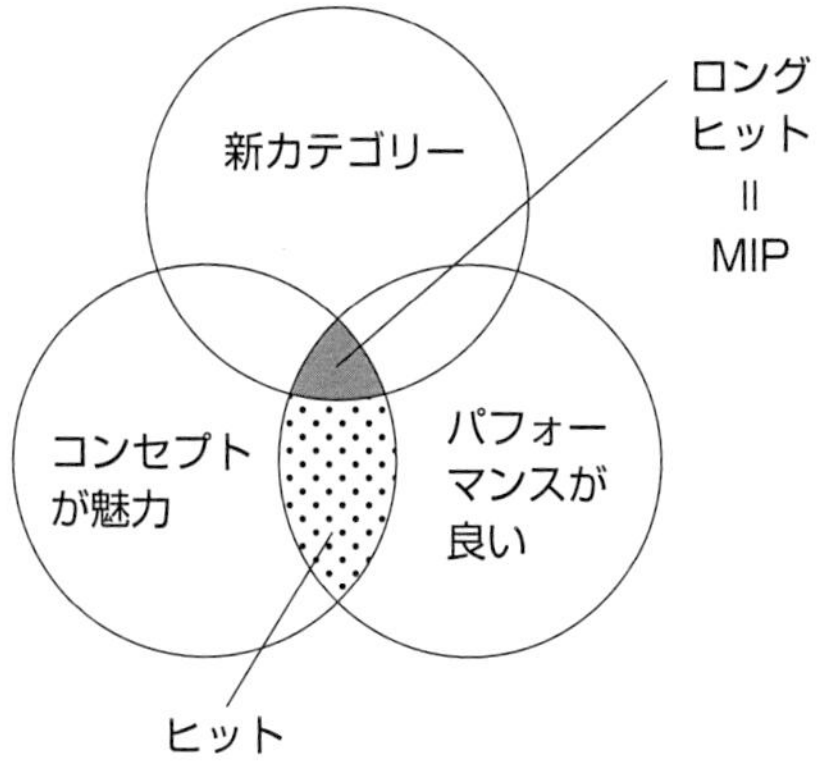

出所：梅澤伸嘉『戦わずロングセラーにする「強い売りモノ〈MIP〉」の創り方』同文舘出版、2016年。

③ 「ヒット商品」と「ロングヒット商品」の違い

長くよく売れつづけている「ロングヒット商品」と一時的によく売れても短命な「ヒット商品」の根本的な違いは〝新カテゴリー〟であるか否かである（図表2－4参照）。

新カテゴリーを開発しないと「ロングヒット商品」には恵まれないのだ。

そして「MIP」は新カテゴリーであるため「ロングヒット商品」になりやすいのである。

『ダイレクトマーケティングとリピート向上に役立つ梅澤理論』

やずやグループ株式会社未来館
取締役社長　西野　博道

●ダイレクトマーケティングとは

近年のダイレクトマーケティングの中心となっているEC業界においては拡大の傾向が続いており2020年には25兆円まで伸びるといわれていますが、それに伴い競争はますます激しくなり初回顧客の多くが離脱している現状があります。

ここでダイレクトマーケティングについておさらいをしたいと思います。

そもそも、ダイレクトマーケティング（Direct Marketing）は1960年代にアメリカの広告会社ワンダーマンの創業者であるレスター・ワンダーマンが提唱した概念です。

このダイレクトマーケティングをアメリカ・ダイレクトマーケティング協会では次のように定義しています。

「ダイレクトマーケティングとは、1つもしくはそれ以上の広告媒体を用いて、測定可能なレスポンスや取引をいかなる場所においてももたらす対話方式のマーケティングのしくみである」

この定義からダイレクトマーケティングの重要な要素を読み取ると、①顧客にレスポンスの機会を与えること、②レスポンスが測定可能であること、③あらゆる機会と媒体が利用可能なこと、④双方向のコミュニケーションが可能なこと、の4つです。

これら4つの特徴からダイレクトマーケティングでは、顧客とのリレーションシップに関するデータベースを構築することが可能で、このデータベース活用こそが売上増加の鍵となります。

しかし、競争が激化する中で新規顧客を集客することだけに意識がいき、新規顧客になったあとのデータベース活用はほとんどできていないのが現状です。

そのため新規顧客の多くは2回目の購入に至ることがありません。

その結果、新規顧客がリピート顧客として累積されないために売上が伸びない結果となっています。

●やずやとC／Pバランス理論

ここで売上の伸び悩みから抜け出す方法として注目していただきたいのがC／Pバランス理論です。『消費者は2度評価する』（梅澤伸嘉著、ダイヤモンド社、1997年）で「売れる商品」を次のように定義をしています。

「売れる商品とは、買う前に欲しいと思わせる力（コンセプト）が強く、買った後買って良かったと思わせる力（パフォーマンス）も強い商品である」

「再購入の特徴は、初回購入によってすでに満足を味わっており、実感した満足を再び味わうために金を払っ たり、繰り返し使う、という点である」

この「売れる商品」をつくる考え方こそがC／Pバランス理論なのです。

1997年当時、やずやが売上低下に陥ったときに、このC／Pバランス理論を参考にして顧客との関係性に注目し「顧客ポートフォリオマネジメント理論」として独自に体系化し売上低下から脱出させました。

顧客ポートフォリオマネジメント理論では、梅澤理論の「長く売れ続ける商品」は「末永くつきあえる顧客」に、「魅力的なコンセプト開発」は「魅力的なリレーションシップ」に、それぞれ置き換えたのです。

そして、顧客自身が気づいていない未充足の欲求に応えることで顧客との強い関係性を築きあげリピート率を向上させ、「初回顧客」から、「よちよち顧客」「流行顧客」「コツコツ顧客」「優良顧客」へと、初回顧客を離脱させることなく累積していくリピートの仕組みでとして完成させました。

ダイレクトマーケターの多くは商品開発よりマーケティングに関心が高く、広告力だけで売上を獲得しようとしますが、広告力は「買う前に欲しいと思わせる」だけです。顧客が再購買をするには「初回購入での満足を味わう」ことが不可欠となります。

まさに、コンセプトとパフォーマンスのバランス（C／Pバランス）が顧客を再購買へと向かわせる原動力となるのです。

このように、ダイレクトマーケティングの成功率を高めていくには、データベースを活用し初回顧客を優良顧客へと導く「顧客ポートフォリオマネジメント理論」と、「C／Pバランス理論」を基本とした梅澤メソッドに基づく「ロングヒット商品開発」の考え方を忠実に実行することだと考えています。

2 どんなニーズに応えたら売れるのか——「未充足ニーズ理論」（１９８６年）

① 消費者の初回購入を動機づけるニーズは何か

「未充足ニーズ理論」は私が数々のコンセプトテストと市場での成績との相関研究をもとに１９８６年に発表した「どんなニーズに応えたら売れるか」を説明する理論である（梅澤伸嘉『ヒット商品づくりの文法』ダイヤモンド社、１９８６年参照）。

この理論のきっかけは、ミートゥー商品（後発商品）は立派に消費者ニーズに応えているのに、先発商品と比べると非常に売れ行きが悪いという事実を説明しようとして気づいたことにある。

消費者ニーズとは、消費者自ら満足を得るために行動を駆り立てる動因機能および状態である（梅澤伸嘉『消費者ニーズの法則』ダイヤモンド社、１９９５年参照）。

行動は明らかにニーズによって駆り立てられるが、どのニーズが直接行動（購買行動）を引き起こしていて、それはどんなニーズなのか。図表2-5に示した「消費者ニーズの深層構造」を用いて説明しよう。

図表2-5　消費者ニーズの深層構造（1995年）

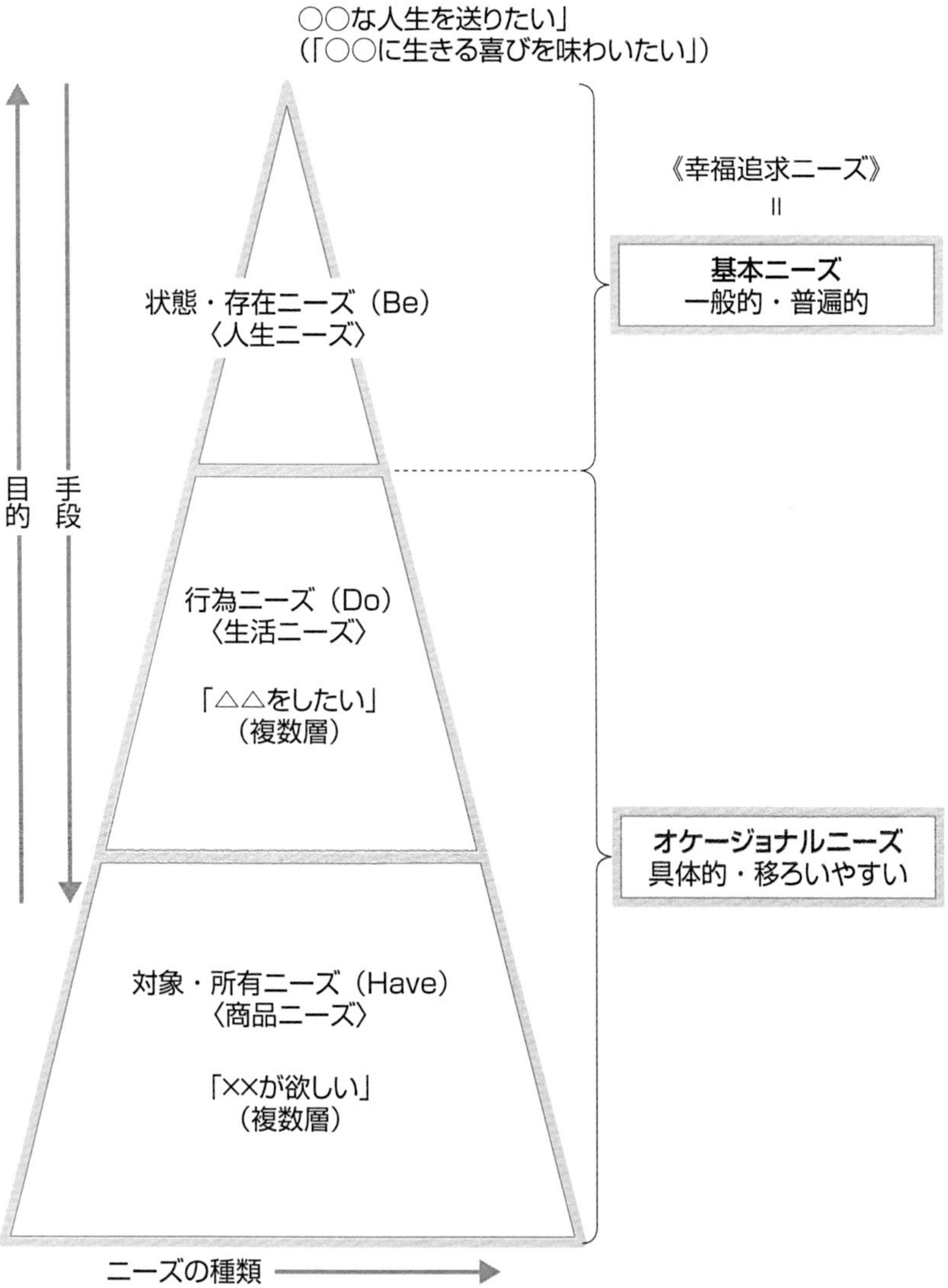

出所：梅澤伸嘉『消費者ニーズの法則』ダイヤモンド社、1995年。

2 消費者ニーズの深層構造

消費者ニーズの深層には普遍的な「基本ニーズ」（人生ニーズ）があって、それを満たすために「行為ニーズ」（生活ニーズ）が発生し、そのニーズが商品やサービスに触れると「欲しい」という「対象・所有ニーズ」（商品ニーズ）を発生させる。

つまり、商品に触れて「欲しい」（商品ニーズ）と思ったときはその背後に「行為ニーズ」（生活ニーズ）があり、その背後には「基本ニーズ」（人生ニーズ）が隠れているのである。このように3種類のニーズが互いに目的――手段の関係でつながっている。

この基本ニーズ（人生ニーズ）は「幸福追求ニーズ」である。すべてのニーズは幸福追求のために発生し、すべての行動も幸福を追求するためなのだ（詳細は、梅澤伸嘉『消費者ニーズハンドブック』同文舘出版、2013年参照）。

3 未充足の強い生活ニーズ

しかし、商品に触れればすべて「欲しい」と思うわけではない。「行為ニーズ」の「したい、やりたい、でもできない」という「強くて未充足の生活ニーズ」に商品が応えたとき、消費者はその商品を無条件で

「欲しい」と思うのである。

「行為ニーズ」にはこの「強くて未充足」(◎―◎)に加えて、「強いが未充足でない」(◎―×)、「弱いが未充足」(×―◎)、「弱いし未充足でない」(×―×)という4種類がある(図表2-6参照)。

- 強くて未充足のニーズに応えた商品コンセプトは消費者を「とにかく欲しい」という気持にさせる。――**〈天才コンセプトの商品〉**
- 強いが未充足でないニーズに応えた商品コンセプトは消費者に「他になければ欲しいけど他にあるから間に合っている。安くするなら買ってもよい」という反応をもたらす。――**〈凡人コンセプトの商品〉**
- 弱いが未充足のニーズに応えた商品コンセプトは消費者に「めずらしくおもしろいけど欲しくない」という反応をもたらす。――**〈変人コンセプトの商品〉**
- 弱いし未充足でないニーズに応えた商品コンセプトは消費者に「めずらしくも欲しくもない」という反応をもたらす。――**〈出来の悪い凡人コンセプトの商品〉**

以上のように、消費者に無条件で「欲しい」と思わせるためには〈天才コンセプトの商品〉である必要があることがわかる。それは「したい、やりたい、でもできない」という「強くて未充足」の生活ニーズに応えることで達成できるのである。

図表2-6　ニーズの強さと未充足度によるDoニーズの分類とそのニーズに応えた商品に対する消費者の反応（Haveニーズ）

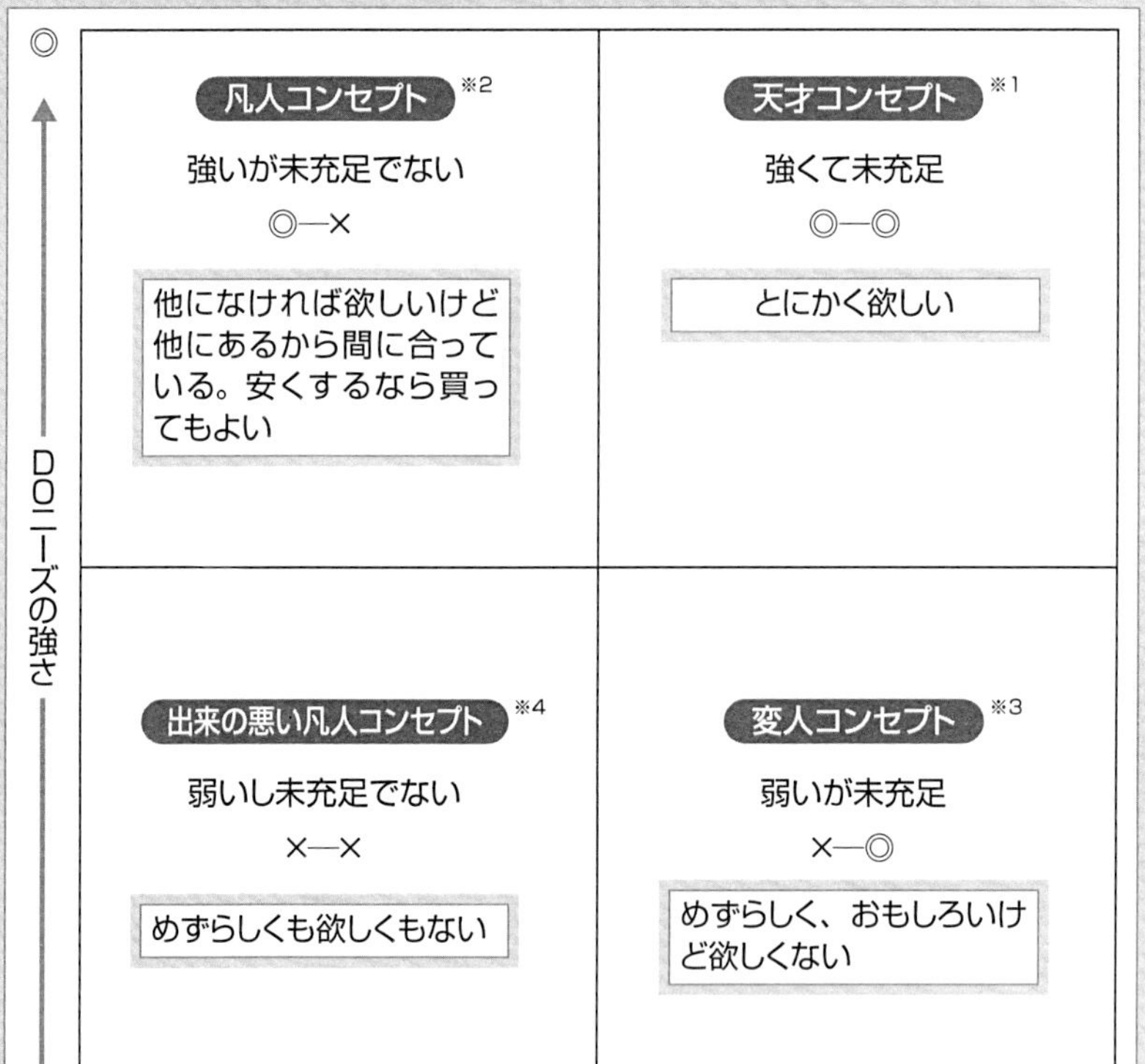

※1　「強くて未充足のニーズ」に応えた「天才コンセプト（◎―◎）」の場合のみ、知名率や配荷率の上昇につれて比例的に初回購入が上昇する。

※2　世の中の90％以上の商品は「凡人コンセプト（◎―×）」の商品である。「未充足」という概念を軽視した商品開発、モノマネ志向の商品開発によって生まれる。

※3　「弱いが未充足のニーズ」に応えた「変人コンセプト（×―◎）」の商品は、技術偏重の会社が出しがちな失敗商品で、消費者ニーズを軽視した商品開発によって生まれる。応えるニーズを変えることによって「天才コンセプト（◎―◎）」に変わる可能性をもっている。

※4　「弱いし未充足でないニーズ」に応えた「出来の悪い凡人コンセプト（×―×）」の商品も失敗する商品で、消費者ニーズを軽視した商品開発によって生まれる。

出所：梅澤伸嘉『ヒット商品づくりの文法』ダイヤモンド社、1986年。

④ 未充足だけでは売れない――「天才コンセプト」を作れ

非常に多くのマーケターがほとんど無視しているのが、消費者のニーズが「未充足か否か」という点である。未充足か否かによってはニーズが強くても「天才コンセプト」か「凡人コンセプト」かに分かれてしまい、「売れる」か「売れない」かに分かれてしまうのだ。

ＭＩＰを含む先発商品はその性格上「未充足ニーズ」に応えなければならない。すなわち、先発商品は「天才コンセプト」の商品か「変人コンセプト」の商品かという2通りの可能性をもっている。故に成功させるためには、生活ニーズを強くもつ人々が明らかに多く存在することを確認して「天才コンセプト」の商品にする必要がある。

「変人コンセプト」でスタートしても成功しない。ＭＩＰは「キーニーズ法」で「強くて未充足」のニーズに応えるよう仕上げられ、その上「コンセプト・スクリーニング・テスト（ＣＳＴ）」によってその消費者受容性が確認されるので、「天才コンセプト」に仕上がるのである。

「天才コンセプト」でなければ、たとえどんなに多量の広告投入をしても発売初期から売れず、市場を創造するに到らない。そして「天才コンセプト」を開発する具体的手法が「キーニーズ法」（２４２頁参照）なのである。

『小林製薬における市場創造の軌跡と梅澤理論について』

小林製薬株式会社　元取締役副社長　辻野　隆志

●梅澤理論との出会い

先生にお目にかかったのは1990年前後、キーニーズ法の講話をいただいたのがはじめでした。弊社においては開発先行型企業の社是のもと、多くの新製品開発が求められ、アイデア開発もブレーンストーミングに始まり、オズボーン法、KJ法、NM法などいろいろな方法を試していました。ニッチ開発に市場機会を見出すという開発方針をもっていましたので先生のおっしゃるMIP（Market Initiating Product）という開発コンセプトに惹かれ、キーニーズ法という発想技法に関心をもったという経緯があります。

●MIPと流れを一つにする製品

ニッチ戦略という方針のもとに私どもはアンメルツ（外用消炎鎮痛剤）、ブルーレット（水洗トイレ用芳香消臭剤）、サワデー（トイレ用芳香消臭剤）、のどぬ～るスプレー（口腔内殺菌薬）、糸ようじ（歯間清掃具）、熱さまシート（熱冷却シート）、アイボン（洗眼薬）、サラサーティ（おりもの専用シート）、ブレスケア（口中清涼剤）、ケシミン（シミ対策化粧品）、生葉（歯槽膿漏予防ハミガキ）、命の母（女性保険薬）、チクナイン（蓄膿／慢性鼻炎用漢方薬）、ナイシトール（肥満症対策薬）、アットノン（傷あと、やけどのあと改善薬）、Saiki（乾燥肌治療薬）、サラシア100（特定保健用食品）、などのカテゴリーを開拓してきましたが、先生のMIPというお考えと流れを一にするものではないかと不遜ながらも考えております。

●製品開発の原点は〝心〟

生活者の購買行動を引き出すものは心です。例えばナイシトールを買ってくださるその裏側にどんどんお腹が出てくるという事象の認識があり、さらには日頃体力の衰えを感じ、将来に向かって健康不安を感じているという心があります。こういった事象があっても気にしない人は認識しませんし、当然購買には至りません。この心のあり方を思いやることが開発の原点ではないかと考えます。

この点に関しては先生が消費者ニーズの層構造としてH

AVEニーズ／DOニーズ／BEニーズとお示しいただいているものに類似しているのではないかと思います。おそらくこれら3つのニーズは相互に影響を及ぼしながら同時性をもって心に浮かび、その総量がニーズの深さ、大きさになるものではないかと思っています。

　これを開発の原点として、コンセプトとして言語化し、生活者の共感を惹起し、そこにあるであろう期待を想定して製品のパフォーマンス目標を設定します。あわせてコンシューマーリサーチ、マーケットリサーチを繰り返し発売にこぎつけますが、これらはテクニックであり、多くの成書がさまざまな方法を教えてくれます。開発技術もクラウド環境下での夥しい情報結合により著しく多様化し、時々刻々といわれるほど変化し、進歩しています。

　しかし原点である心の洞察についてはなかなか思い至らず、この点においても詩人でもいらっしゃる先生の洞察に私どもは常に大いに啓発されます。近年では言語によるコミュニケーションにとどまらず、WEBやiPhoneを用いた絵文字やインスタグラムという新しいコミュニケーションがマーケティングの最前線になりつつあります。消費者行動を単に経済合理性で推測するのではなくもっと深い心理的洞察が求められる今日、多様化する生活環境や生活感情をどれだけ想像できるかが開発者たり得る生命線になるものと思います。

（写真提供：小林製薬）

3　ＭＩＰ開発の対象は消費者の「生活上の問題」──「新市場創造理論」（2001年）

ＭＩＰが応えている「未充足の強い生活ニーズ」は「生活上の問題」を解決することによって満たされる（梅澤伸嘉『長期ナンバーワン商品の法則』ダイヤモンド社、2001年参照）。

つまり、ＭＩＰは「未充足の強い生活ニーズ」を満たすための生活行為に伴う問題、すなわち「生活上の問題」を解決して売れ続けている。

ＭＩＰが応えた「未充足の強い生活ニーズ」は、従来のどんな商品やサービスでも満たすことができず、もっぱら生活行為によって満たすしか手段がなかったし、それには解決されるべき問題（それが「生活上の問題」）が伴っていた。

その問題を解決し、消費者に生活変化を与える初めての商品がＭＩＰなのである。

それ故、ＭＩＰの開発は、従来の商品やサービスでは満たすことのできなかった「未充足の強い生活ニーズ」に応える「新しい市場の創造」なのである。いいかえれば、**「生活上の問題」を解決する新商品開発がＭＩＰ開発なのである。**それに対して従来のほとんどの新商品は「商品上の問題」を解決する形で開発されている。以上を図解すると図表2‐7のとおりである。

図表2-7　MIPは消費者の生活(ニーズ充足行動)上の問題を解決する
(「CAS分析」によるMIPの判別)

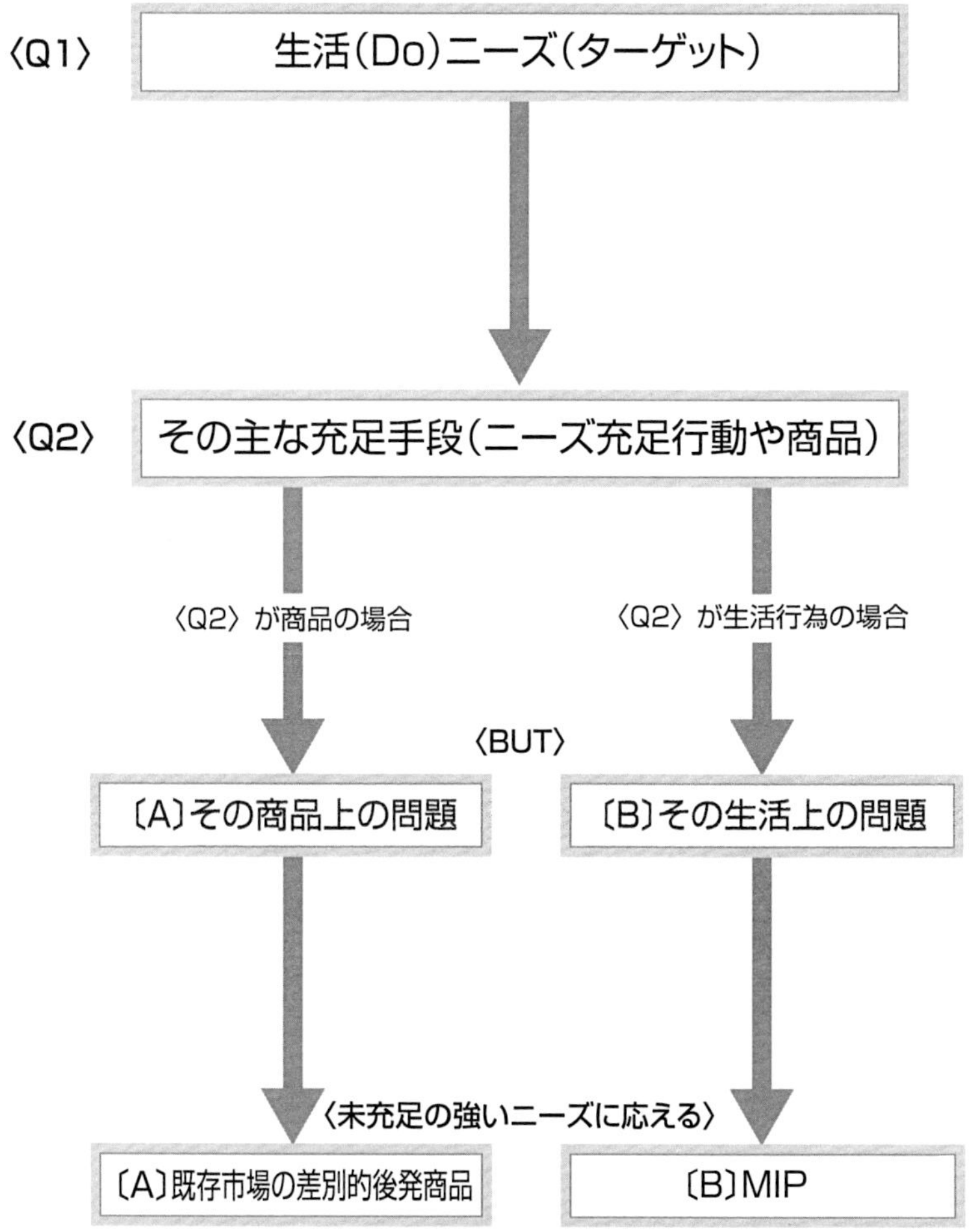

出所：梅澤伸嘉『長期ナンバーワン商品の法則』ダイヤモンド社、2001年。

1 世界で売れている世界初のＭＩＰはどんな「生活上の問題」を解決したか

世界で売れているＭＩＰが解決した「生活上の問題」と、それまでの生活行為の例をいくつか示そう。

①　タンポン「タンパックス」（1934年、アメリカ、タンパックス社）
—毎月の経血のために運動や仕事が制約されるし、気分が悪い。—生活上の問題。

—毎月の生理時、ナプキンや綿など当てがって、頻繁にトイレで洗っていた。—それまでの生活行為。

②　インスタントカメラ「ポラロイド」（1948年、アメリカ、ポラロイド社）
—撮った写真がすぐに見られない。
—一眼レフで写真を撮り、全フィルム撮り終えてから現像に出す。

③　テレビ用リモコン「レイジーボーンズ」（1950年、アメリカ、ゼニス社）
—ＴＶチャンネルを変えるたびに席を立たねばならなくて面倒だ。
—ＴＶチャンネルを変えるたびに席を立って往復。

④　面ファスナー「ベルクロ」（1952年、フランス、ベルクロ社）
—金属など固い表面同士を着けたりはがしたりが大変だ。
—表面を固定させるために強力に接着させる。

⑤　修正液「リキッドペーパー」（1955年、アメリカ、リキッドペーパー社）
—正式・公式の文書や図面は一箇所でも間違えるとまた作り直すしかない。
—間違えるたびに初めからやり直し、間違えないよう細心の注意で書く。

⑥　複写機「ゼロックス」（1959年、アメリカ、ゼロックス社）
—図面や文書を正確に写しとるのは大変な手間と時間がかかる。
—複数必要な時、細心の注意と技量で写し取る。

⑦　紙おむつ「パンパース」（1961年、アメリカ、P&G社）

―毎日何回ものおしめ洗いが大変。
―毎日何回も取りかえ、洗って再使用する。
⑧ 携帯電話（1973年、アメリカ、モトローラ社）
―受発信の場所が拘束される。
―電話機がある所からある所へ電話をする。
⑨ のり付きメモ「ポストイット」（1979年、アメリカ、3M社）
―仕事上のメモをいちいちセロテープなどで貼らなければならない。
―メモが飛ばないようセロテープなどで貼る。

以上のように、いずれも従来の商品の問題を解決するのではなく、「未充足の強い生活ニーズ」を満たすための生活行為に伴う問題、すなわち「生活上の問題」を解決していることがわかる。

2 商品上の問題解決に終わっているほとんどの新商品

世の中に登場する新商品のほとんどは「商品上の問題解決」に終わっている。

今①で述べたような「生活上の問題解決」といったような視点での新商品開発はきわめて少ない。つまり、生活をヒントにするより、商品をヒントにした新商品開発がほとんどだ、ということである。この「商品開発の事実」がMIPが少ない「市場の事実」となって表れている。

むろん、「商品上の問題解決」による新商品（既存市場への後発商品）は消費者にとっても、経済にとっても好ましいものである。それは、消費者には「より良い」、「より安い」、「より特徴をもった」商品であり、したがって消費者のニーズにより一層キメ細かく対応してくれるからである。そして経済にとっては市場が拡大し、市場が活性化するという効果をもたらすからである。

しかし、だからといって後発商品を過大視してはならない。

そもそも上記の消費者へのメリットや経済への効果も、そのもとをたどれば、「生活上の問題を解決した」ＭＩＰがもたらしているのであるし、後発参入競争に明け暮れると安売り合戦になって利益が減るし、市場の衰退の原因にもなる、という事実を再認識しなければならない。

3 現市場の外に新市場を作れ

1 市場発生史

すべての市場はＭＩＰによって創造され、そしてこれからも新しい市場はＭＩＰによって創造される。このようにして市場の種類は拡大していく。その市場拡大のプロセスの中でそれぞれの市場は図表2−8のように誕生する。ＭＩＰには3つのタイプがある。それらの特徴は次の図表2−9のとおりである。

●まず、それまでは一切の商品がなく、したがって満たすことのできなかった「未充足の強い生活ニーズ」を満たす**「革新的ＭＩＰ」**が生まれる。これがすべての市場の始まりである。

図表2-8　市場の発生史と消費者と市場にとっての意味

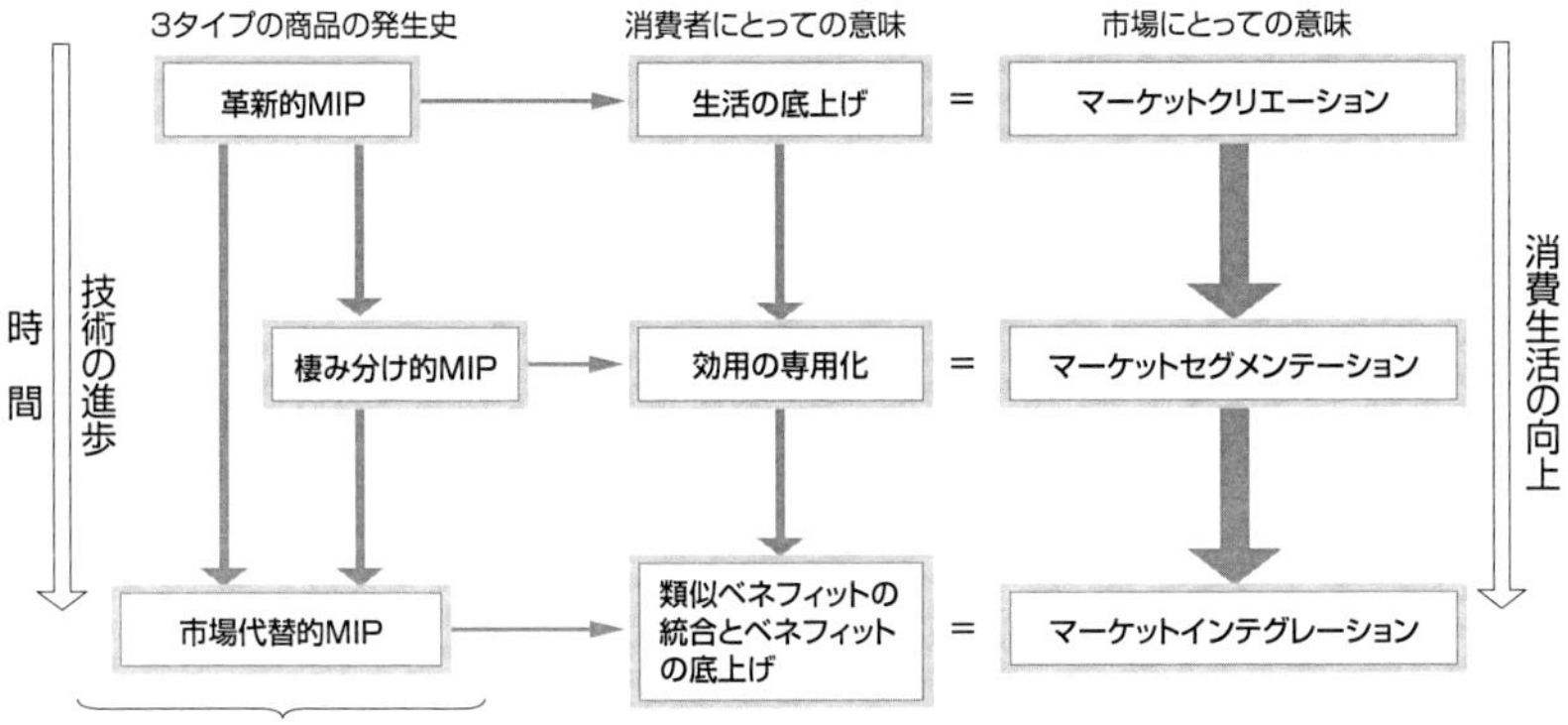

この「革新的」→「市場代替的」および「革新的」→「棲み分け的」→「市場代替的」という商品の発生史に関する知見は非常に重要な意味を持っている。なぜなら長期間的な商品の予測を可能にするからである。

出所：梅澤伸嘉『長期ナンバーワン商品の法則』ダイヤモンド社、2001年。

●次に、そのカテゴリーが普及していくにつれて消費者の生活が変化する。それにつれて周辺の新たな「未充足の強い生活ニーズ」が発生する。それはいわば「専用化」的ニーズである。そのニーズを満たす**「棲み分け的MIP」**が生まれる。

●やがて、それまでの商品（革新的、棲み分け的）のベネフィットを、非連続的な技術によって達成してそれらの市場をほとんど取り込んでしまう**「市場代替的MIP」**が登場する。

以上の3タイプのMIPの誕生を縦糸とすると、横糸としてはそれらをヒントにそれぞれの市場に後発商品が無数に参入し、規模を一層拡大させ、やがて市場内喰い合い競争が始まる。

図表2-9　MIP3タイプの内訳と特徴のまとめ

タイプ	特　徴	商品（市場）の内訳
革新的MIP (71.3%)	●それまでは専用商品では満たせなかったベネフィットをもっている ● 既存類似市場がなかった ●消費者にとっては、“生活の底上げ” ●マーケットクリエーション	電気洗濯機、電子レンジ、石けん、洗剤、冷凍食品、国内航空、電話、コピー機、パソコン、テレビ、VTR、香水、化粧品、ビール、アイスクリーム、チョコレート、ヨーグルト、バター、チーズ、天ぷら油処理剤、カビ取り剤など
棲み分け的MIP (21.5%)	●類似市場はあるが取り込みも取り込まれも少ない ●既存市場のカテゴリー名がつく ●「革新的MIP」が創造した市場がヒント ●消費者にとっては、“効用の専用化” ●マーケットセグメンテーション	リチウムイオン電池、液晶テレビ、普通紙ファクシミリ機、一眼レフカメラ、電動工具、軽自動車、缶コーヒー、プレハブ住宅、ツーバイフォー住宅、システムキッチン、ボールペン、ファミリーレストランなど
市場代替的MIP (7.2%)	●類似市場のほとんどを取り込む ●「革新的MIP」が市場を完成させた後、イノベーティブな技術で取り込む ●「革新的MIP」に伴う新たな高次のニーズを満たす ●ベネフィットが画期的、広い ●取り込まれた商品より高価格 ●非連続的技術により生まれる ●既存市場のカテゴリー名がつく ●消費者にとっては、“類似ベネフィットの統合”と“ベネフィットの底上げ” ●マーケットインテグレーション	カラーテレビ、宅配便、練り歯磨き、総合感冒薬、携帯用カイロ、紳士上着、CDプレーヤー、コンパクトバイオ洗剤など

出所：梅澤伸嘉『長期ナンバーワン商品の法則』ダイヤモンド社、2001年。

2 ＭＩＰがいかに市場で優位であるかを経営者やマーケターが知らない理由

現在市場に存在していて、シェアＮＯ・１を長期にわたって保ち続けている商品の２つに１つはＭＩＰとして新市場を創造した商品であるが、多くの消費者はもとより、経営者やマーケターなど業界関係者すらも、それらがＭＩＰであることを知らない。

これはＭＩＰといえども他の新商品と同様、発売の翌年からは既存品となるからであり、すでに10年以上も市場に存続しつづけているからである。多くのマーケターが現市場のシェアＮＯ・１商品の半分はＭＩＰだといわれてもけげんな顔をするのはこのためである。

3 現市場の「外」に新市場を作れ

現市場内に新商品を導入したり、既存品を拡販したりする投資や努力を多くの経営者やマーケターは当たり前のことと考えている。そのために費やされるコストは妥当であるし、そのために費やされる努力は賞賛に値する、と考えて疑わない。〝マーケティングとは既存市場内での戦いである〟と無意識のうちに考えているからである。そして、その考え方は市場が成長していた20世紀後半までは半分は正しかった。

しかし、これからは以上のようなとらわれの身でいる多くの人々を尻目に、現市場では競争力の強い既存品のみを育成、強化し、新商品はもっぱら現市場の外に登場させるＭＩＰ戦略のみとする。それが短期的にも長期的にも企業により多くの利益をもたらす近道であり、王道である。

『「競争なき成長」という夢』

株式会社クォルム　代表取締役社長　栗原　富夫

●競争は敗者・勝者に血が流れると知る

私は以前、あるベンチャー企業で、草創期からの幹部として18年間働いていました。有名な創業者のもと、「ビジネスは戦いのゲーム」という方針に沿って、いかに同業他社との競争に勝つかを日々考えていたのです。その後、会社は競争に勝ち抜き、大きく成長。年商は数千億円規模になり、株式上場も果たすことができました。小さなオフィスからスタートした事業が大企業へと飛躍していく過程に直接関われたことは、とても幸運だったと思っています。

一方、自社の発展の影で、競争相手だった同業他社は次々に倒産。関係者は散り散りになっていきました。親しい人もいましたが、彼らのほとんどは、自分の理想と異なる道へと転じていったのです。勝者であったはずの自社でも、同僚や部下の多くが途中で去っていきました。激務やストレスだけが理由とはいえませんが、同じ時期に一緒に働いていた幹部の何人かは病に倒れました。競争は敗者には非情、勝者に栄光をもたらすだけではなく、両方に多くの血が流れるのを知りました。

●梅澤理論との出会いと夢

その後、異業種で独立し、10年以上が経過しました。これまでの反動もあって、できるだけ競争のない分野を探し、規模は小さくても継続的に成長したいと考えたのです。しかし最初はうまくいっても、ほとんどの方法は、すぐに陳腐化してしまいます。どのような分野でも、同じように真似する相手が現れ、結局は競争に巻き込まれてしまうのです。競争に対し、どのように対応していけばいいのか悩み、さまざまな手法を学びましたが、心から納得できるものにはめぐり会えませんでした。

そうした中、梅澤先生との出会いがあり、ＭＩＰについて学ぶことになりました。先生が説く「競争せずに繁栄する」という考えは、まさに自分も長年求めていたものでした。しかし、正直なところ、すぐにその理論を理解できたわけではありません。「ＭＩＰの課題を挙げよ」と問われれば、「理解しマスターするためには、相応の時間とエネルギーが必要なこと」といえるかもしれません。成果が出るまではかなり時間もかかり、霧の中を歩いているような気になることが何度もありました。

当初は、競争という考え方から離れることができず、お客様の心理に対して真剣に向き合う覚悟も足りていなかったのでしょう。学ぶうち、成長してきた会社には共通してＭＩＰがあったこと、お客様の心理に対して真剣に向き合い応えようとしてきた歴史があったことなどもわかりました。自分たちについても、過去から今までを客観的に振り返り、「強み」を整理することができました。さらに、ＭＩＰの「聖域化」理論を学ぶことで、「競争なき成長」への確信がさらに強まってきました。

ＭＩＰは、競争なく成長するための原理原則が理論化・メソッド化されており、誰でも学び、再現することができます。一方、単なる商品開発やマーケティングスキルではなく、梅澤先生の人生観と情熱が反映された、思想であり哲学であるとも感じています。夢の実現のためには、時間とエネルギーをかけ、学び、実践し続けることが必要なのだと思います。自分たちもまだ途上ですが、競争なく成長し、お客様とスタッフの幸せを実現するという夢に、確実に近づいていることを実感しています。

4 ＭＩＰ開発を助けるその他の理論

「Ｃ／Ｐバランス理論」（94頁参照）、「未充足ニーズ理論」（１０２頁参照）、そして「新市場創造理論」（１１０頁参照）はＭＩＰを成功させるために理解し、ふまえなければならない理論である。

更にそれらに加えて、本節の理論は、ＭＩＰ開発をスムーズに進めるためのいろいろな手法のベースとなっている理論である。

1 「商品コンセプト創造理論」（2001年）

ＭＩＰコンセプトをシステマティックに開発する「キーニーズ法」は１９６９年に創始した手法であるが、その後、なぜ「キーニーズ法」はＭＩＰコンセプトをシステマティックに生み出すことができるのかを研究した結果、次の諸点が明らかになった。

それを整理したのがここで説明する「商品コンセプト創造理論」である。

1 商品コンセプト開発の意義――「誰のために何を作ったら売れるか」を教えてくれる

私が発案した、消費者が魅力を感じてくれる商品コンセプトをシステマティックにつくりだせる「キーニーズ法」（242頁参照）は「商品コンセプト開発」の手法である。とりわけ「MIPコンセプト」の開発には「キーニーズ法」に勝る手法は存在していない。

「商品コンセプト」の開発は「誰のために何を作ったら売れるのか」を教えてくれる、マーケティング上最重要な作業である。そして、MIP開発システムでは「商品コンセプト開発」を最優先の作業として位置づけているのでその後の開発作業がぶれずに進む。その意味からも商品コンセプトは商品の「魂」なのだ。

2 商品コンセプトが企業と消費者をつなぐ接点

商品コンセプトの公式は「C＝I＋NCN＋B」であり、第3章の「キーニーズ法」で説明されるが、この公式は理論的に、企業と消費者の接点が商品コンセプトであることを示している。

図表2-10に示したとおり、商品コンセプトを接点にして消費者と企業がつながっている。企業は技術を駆使して商品コンセプトのうち「I」（アイディア）を達成（実現）する「P」（パフォーマンス）を開発し、そのでき具合いは消費者満足を左右する。

消費者は「I」（アイディア）がもたらす「B」（ベネフィット）が自分の未充足の強い生活ニーズに合

図表2-10　商品コンセプトは企業と消費者をつなぐ接点

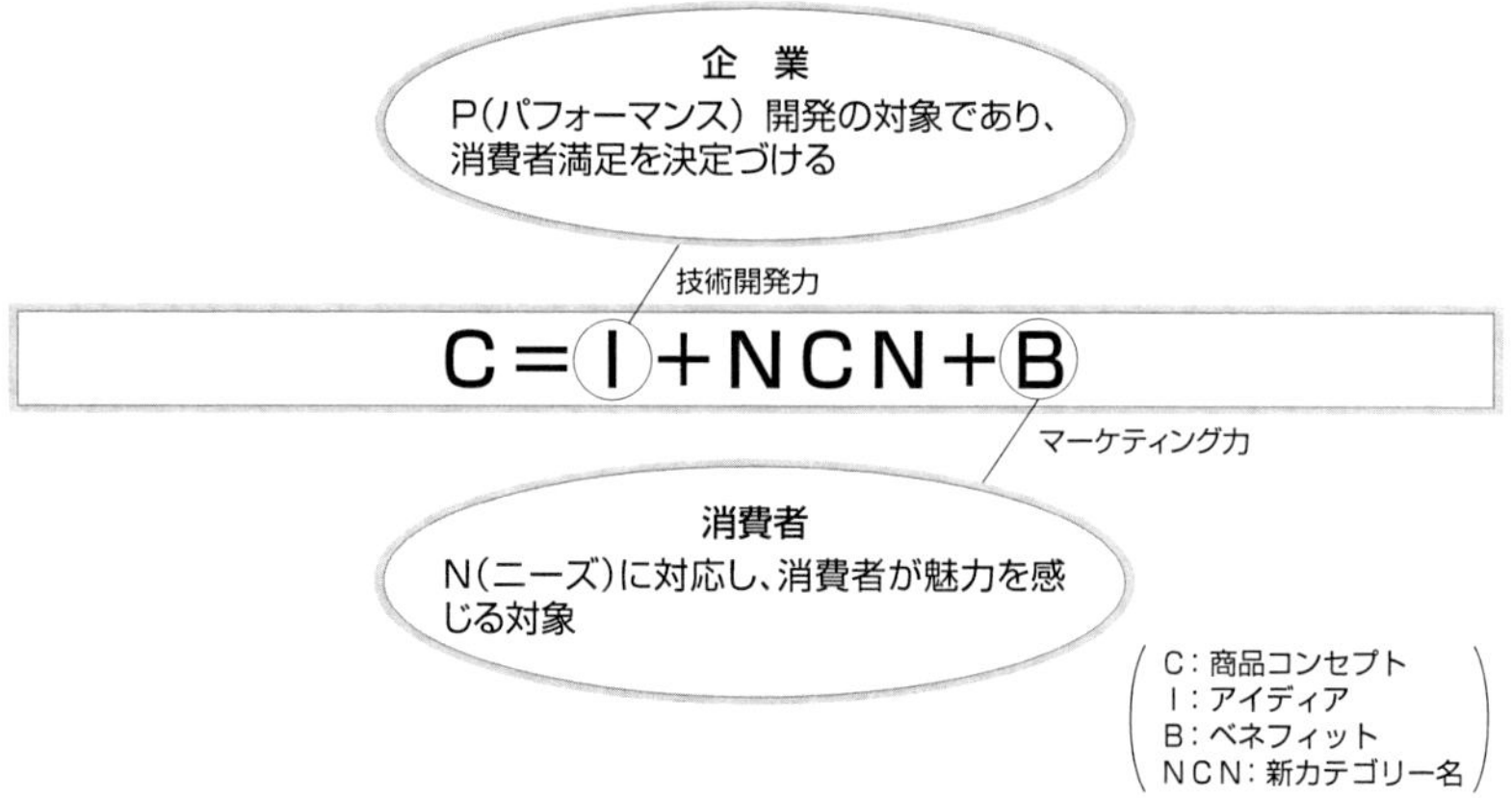

出所：梅澤伸嘉『成功商品開発マニュアル』日本能率協会総合研究所、1988年を修正。

致すれば魅力を感じ、初回購入を動機づけられる。その時「新カテゴリー名」（ＮＣＮ）がきちんと生まれていて、パッケージに明記されるとそれを店頭で見た多くの消費者は「それが欲しい」と動機づけられるのだ。Ｃ／Ｐバランスがよいと、初回購入した人の多くが再購入を続けるような成功商品になりうる。

そのためには、ニーズ探索力とベネフィット翻訳力の強いマーケティングとシーズ開発力の強い技術開発が不可欠である。

３　魅力的な商品コンセプトの条件

数々の「コンセプト・スクリーニング・テスト（ＣＳＴ）」（１６９頁参照）を積み重ねてきて、その受容性を高める条件が明確になっている。

(1) ベネフィット(B)が対応するDOニーズを強くもつ人々の人数が多いこと。
(2) そのDOニーズが発生する頻度が高いこと。
(3) DOニーズが強くて未充足なほど価格許容性が高まるので、できる限り、未充足の度合いが強く、DOニーズが強いこと。――以上、消費者要因
(4) 商品アイディア(I)はベネフィット(B)を与える最少必要限の、しかもベストなものであること(IとBの因果関係)。
(5) 商品アイディア(I)を一言でまとめた「新カテゴリー名」は、①今までなかった商品だというイメージを**明らか**に与える、②何である/何の目的に使う商品か**よく**わかるものであること、を条件とし、それを最短に表現すること。
(6) ベネフィットは「未充足の強い生活ニーズ」に応えること。

第3章で説明する「キーニーズ法」はこれらの(1)~(5)の条件をすべてクリアした手法である。特に「キーニーズ法」における「アイディアの独創プロセス」と「ベネフィットの独創プロセス」が、受容性の高いMIPコンセプトを生み出すポイントであることが最近明らかになってきたが、この2つの独創プロセスが以上のすべての条件をクリアすることに貢献している。

4　コンセプト開発軽視が低利益経営をもたらすカラクリ

経営者でもマーケターでも、コンセプト開発の重要性について否定する人は少なくなってきている。しかし、コンセプト開発軽視が低利益の経営をもたらすなどということを信じている人も少ない。ましてや、コンセプト開発軽視が倒産を招くなどとは考えている人はいないかもしれない。

しかし、実際には倒産という恐ろしい結末が待ち構えていることを次の図表2―11は教えてくれるであろう。

2　「売り上げ理論」（1986年）

ＭＩＰの開発システム（第3章参照）は、この「売り上げ理論」にもとづいて作られている。「商品が売れる」というのは、「商品力」と「販売力」と「広告力」のかけ算である。この考え自体は特段目新しくないが、「商品力」を基本要素、「販売力」と「広告力」を最大化要素と考えるところは新しいし、また非常に重要である。

すなわち、「商品が売れる」という結果は「商品」がなければありえないという点と、「商品力」が売り上げパターンを規定する（本章第1節参照）という意味から「商品力」を基本要素とし、「販売力」と「広告力」を最大化要素と位置づけることによって、それぞれの力の重要性が正しく理解されるのだ。

図表2-11　コンセプト開発軽視が利益低下をもたらすカラクリ～原因・結果の因果図～

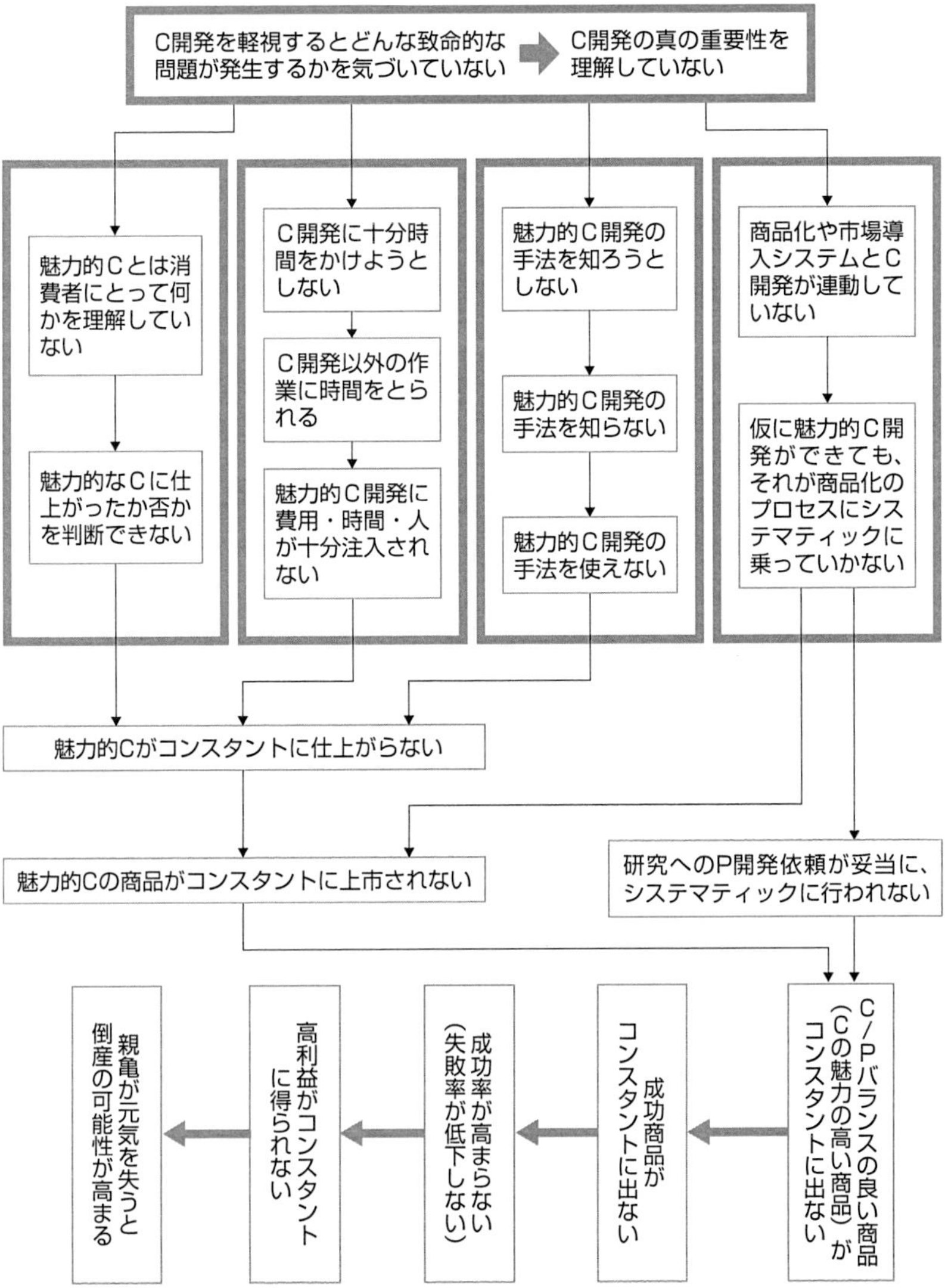

出所：梅澤伸嘉『ヒット商品打率』同文舘出版、2008年。

互いの立場で重要性の主張をしても水掛け論に終わる。商品力は基本要素として重要であり、販売力や広告力は最大化要素として重要であると理解すれば、「販売力」と「広告力」が強ければ「商品力」が弱くても成功するなどという、とんでもない誤った発言はなくなるであろう。

以上の考え方を総称して「売り上げ理論」とよぶ。

ＭＩＰ開発の中にパッケージや広告開発のための「表現コンセプト開発」を入れたり、「売り方開発」を入れているのはこの「売り上げ理論」のためである。整理すると図表2-12のとおりである。

3 アイディアの量と質に関する「デルタ理論」（1988年）

「未充足の強い生活ニーズ」に応えるということは簡単ではない。それはわがままニーズであり、無理難題ニーズだからである。

このニーズに応えるために「キーニーズ法」の独創プロセスがあるのであるが、そのベースにこの「デルタ理論」がある（梅澤伸嘉『成功商品開発マニュアル』日本能率協会総合研究所、１９８８年参照）。

「デルタ理論」とは、優れたアイディアを生むためには、すなわちアイディアの質を高めるためにはとにかく思いつきのアイディアをどんどん出さなければならない。「すぐれたアイディアが欲しければ、くだらないアイディアをたくさん出すに限る」という考え方である（図表2-13参照）。

この考えをベースにして、商品アイディアを考えるときには、とにかく数を多く出すようルールを徹底

図表2-12 「売れる状態」は商品力と販売力と広告力のかけ算である

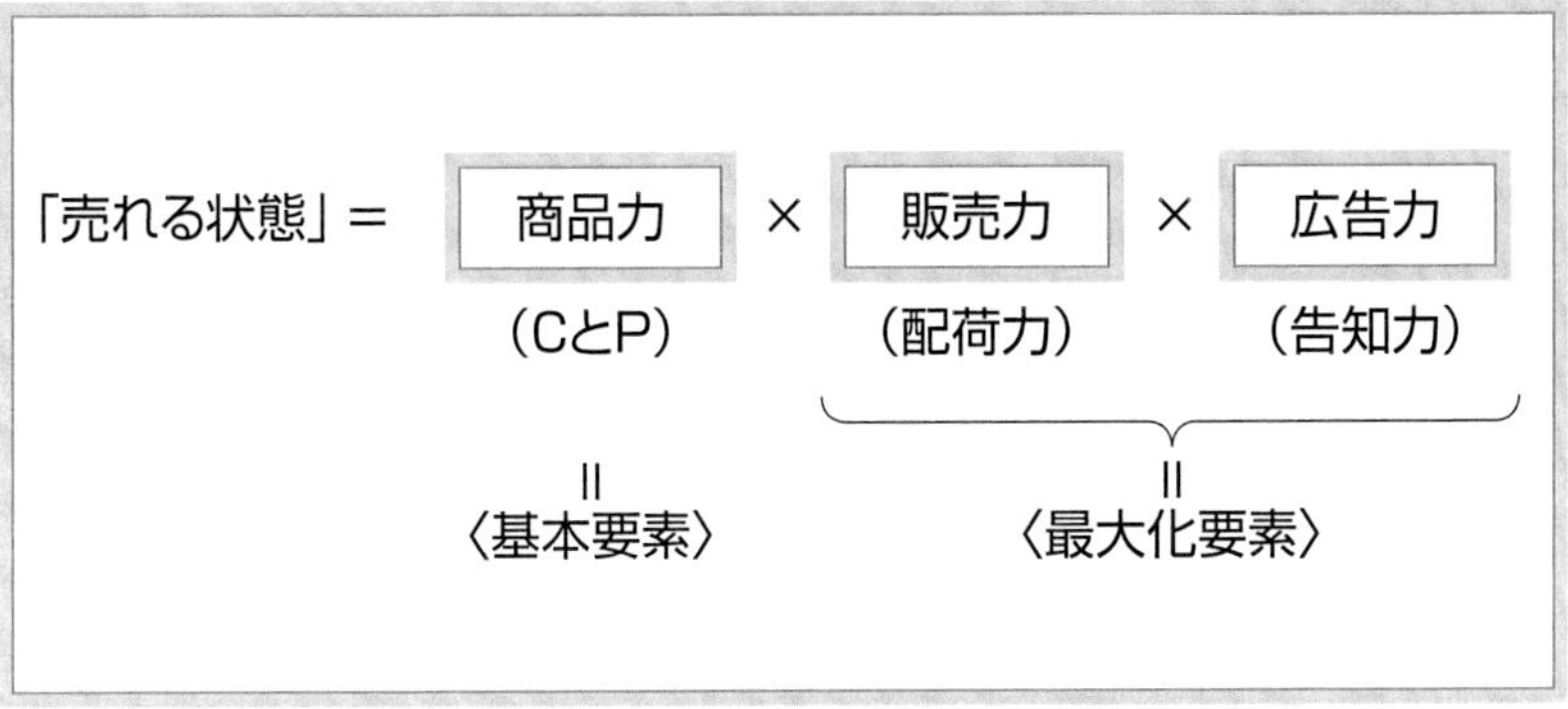

出所：梅澤伸嘉『成功商品開発マニュアル』日本能率協会総合研究所、1988年。

図表2-13 アイディアの量と質に関する「デルタ理論」

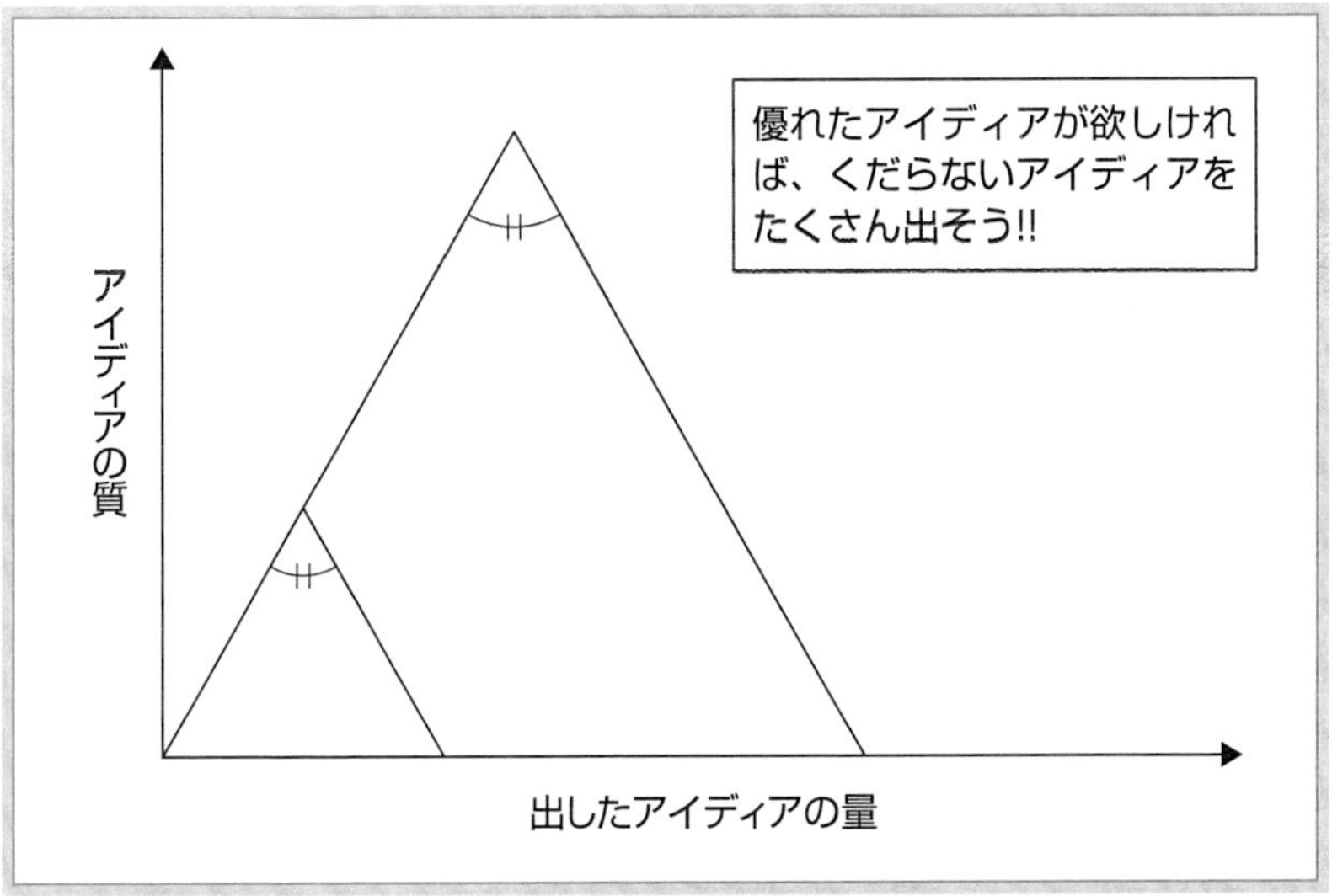

出所：梅澤伸嘉『成功商品開発マニュアル』日本能率協会総合研究所、1988年。

している。

天才は一人でも多くのアイディアが出せるし、むしろ一人の方がよいが、凡人はグループで天才の出す数に相当するアイディアを出す必要があるので、数が出やすいような話し合いのルールが必要なのである。それを「**アイディアを飛躍させる梅澤式話し合いの5つのルール**」と呼び、現在多くの企業でアイディア出しの際、このルールは実際に使われている。以下に5つのルールを示しておこう。

アイディアを飛躍させる梅澤式話し合いの5つのルール

①**批判厳禁**――他人や自分のアイディアを絶対に批判するな。
②**自由奔放**――バカげた思いつきでも自由奔放に。むしろ笑われるようなことをいうべき。
③**量が必要**――できるだけ数多くのアイディアを思いつくままに口に出そう。
④**結合改善**――他人のアイディアをヒントにひねったり、結合したりしよう。
⑤**ほめ合う**――どんなアイディアもほめ合う。

上司や部下など関係なく、このルールを徹底することによってよりたくさんの魅力的なアイディアが生まれる。ぜひ試してほしい。

※この5つのルールはオズボーン氏のブレーンストーミングのルールをヒントに修正、追加したものである。

4 「問題肯定理論」メラキ直りの発想（1992年）

この理論は、通常、「メラキアの発想」と呼んでいるものである（梅澤伸嘉『メラキアの発想』ダイヤモンド社、1992年参照）。「メラキア」とは「アキラメ」を逆に読んだもので、いわば「あきらめない」という意味である。

通常、我々は何かの目的を達成しようとしていて問題に直面すると、それを解決しようとする。そしてどうしても解決しなければ目的達成を「あきらめる」しかない。

しかし、私は、**それでも「あきらめず」、その問題を肯定してでも目的を達成しようとする**（Bタイプ）。もし、**それでも目的を達成するよいアイディアが得られないときは、その問題を一層肯定し、長所化し、その長所が生かせる新しい用途を開発する**（Aタイプ）。「問題は解決できなくてもよい。要は目的が達成できればよいのだ」、「欠点は活かすべき長所と考えよう」という「問題肯定」の発想法である。

このように「メラキアの発想」には、2つのタイプが考えられる。

Aタイプの例

偶然でき上がった接着剤は何回でも貼ることができるが、その反面とてもはがれやすい。これではとても接着剤にはならないということで没になりかけた技術が陽の目を見たのは、「はがれやすい方がむしろよい」、「はがれやすい方がよいという用途を考えよう」というメラキアの発想のおかげであった。３Ｍ社の「ポストイット」はメラキ直りの発想によって生まれたのである。

Bタイプの例

髪の毛が抜けて困っている。いろいろな手段をとっても解決しない。頭の毛が欲しい理由は、ヘアスタイルを好みの状態にしたいからであると気づく。ならば「抜けても構わない」、要は好みのヘアスタイルが得られればよい、と考え（メラキアの発想）、カツラをかぶることで解決する。

以上の例でわかるように、直面している問題が直線的な方法で解決しないときは「アキラメ」ないで、その問題を肯定（Ｂ：「〜でも構わない」、Ａ：「〜の方がむしろよい」）することによってブレークスルーできるのだ。問題を解決して目的が達成できればよし、問題が解決しなくても目的が達成できればよい。問題に立ち向かうときはこのような〝発想二刀流〟が役立つのである。

この「メラキア」の発想はＭＩＰ開発システムの随所で活発に用いられるが、特に商品コンセプトを開発する「キーニーズ法」の中で、そして商品パフォーマンスを開発する技術者の発想を助けるプロセスでかけがえのない力を発揮してくれる。

日本のことわざに照らし合わせるとＢタイプが**「押してもダメなら引いてみな」**であり、Ａタイプが**「災い転じて福となす」**に当たる。

Column

『MIP開発ケーススタディ ——ヒップウォーカー・スタイルアップパンツ』
（2005年秋発売）

株式会社ワコール　執行役員
人間科学研究所長　今井　浩

●はじめに

　弊社は人間科学研究に基づくものづくりを推進しています。それを具体的な行動レベルで紹介すると、人間を科学的に研究して人間に関する新しい知識を獲得し、その知識を活かして世の中に役に立つような新製品を開発したり、独自のコンサルティング販売を実施したりしています。その基礎的な土台作りを担っているのが人間科学研究所で、所員が好んで使っているのが、梅澤理論のコンセプトメイク手法「キーニーズ法」です。

　ニーズ調査といえば広告代理店任せという考え方が多い中、人間科学研究所は梅澤氏の指導のもと、体型データ把握済みの女性モニターを対象にグループインタビューを実施し、そのインタビュー結果を自分たちで読み込み、ニーズ構造図を作っています。その結果、ボディニーズはBe，Do，Haveにきっちり構造化され、女性が美しくなる（Be）ためにどのような行動（Do）をし、どのようなものを欲する（Have）のかについて論理的に理解できるようになりました。さらにこれをもとに、新製品を開発する際は、商品の購入対象となる人たちにとって強くてかつ未充足なニーズを探し出すことから始めるようになりました。

　一見遠回りのようなアプローチではあるが、このやり方に慣れ親しんだ我々は、いまや常にお客様視点で新製品を開発していけるようになったのです。

●開発の動機

　本品は、氏の指導を受けた女性研究員がMIP商品として作り上げた「毎日はいて歩くだけでキュッと引き締まったヒップになれる」というコンセプトに、とことんこだわって開発しました。開発着手当初は周囲の者から「そんなことはできるはずがない」といわれていたベネフィットでしたが、執念をもって行動し、約4年間で実現した夢のような商品です。

●商品コンセプトの開発

　開発商品のベネフィットは、従来のファンデーションのカテゴリーを越えるものでした。というのはファンデーションは「着用したときにヒップアップさせたりおなかを引っ込めたりして、プロポーションを美しく整えてくれる」というベネフィットなので、洋服を美しく着こなす上での必需品となって現在も多くのお客様に愛用されている商品です。ただ唯一の欠点は、プロポーションが美しいのはファンデーションを着用しているときだけであって、脱ぐと、もともとのプロポーションに戻ってしまうことでした。しかしそれはファンデーションというカテゴリーにおいては当然のことであり、そのことに誰も疑問を持ちませんでした。

それに対してこの商品は、「もともとのプロポーションそのものを美しく作り上げること」がベネフィットであり、ファンデーションとはまったく異なるカテゴリーを創造したのです。

美しいプロポーションを作るための手段、つまり商品アイデアは「はくことで歩幅の広い、後ろへの蹴りが強い歩き方をつくる」でした。このような発想は梅澤理論ならではのものでした。

●立ちはだかった壁と対処

ファンデーションの販売に慣れている弊社販売員にとって、この開発品のベネフィットをお客様にわかりやすく伝えることは非常に難しいことでした。というのは、商品のベネフィットをわかりやすく伝えれば伝えるほど、薬事法に抵触したり、景表法に抵触する可能性が高まるからです。この壁に対する対処として、今も表示内容は常に公正取引委員会に確認したうえで決定しています。

また歩幅を広げる効果がありすぎて、過去に腰や膝を痛めたことのある人が着用すると古傷を痛めやすくなるという問題点も出てきました。これには従来のデメリット表示の更に上を行く「注意表示」を行うことで対処しました。

●発売後の動向

女性用ファンデーションとは異なる、新カテゴリーを開発することができました。さらに男性用まで展開することができました（男女共通名称はクロスウォーカー）。その結果、累積販売枚数は1千万枚を超え、今なお売れ続ける長寿命商品になっています。

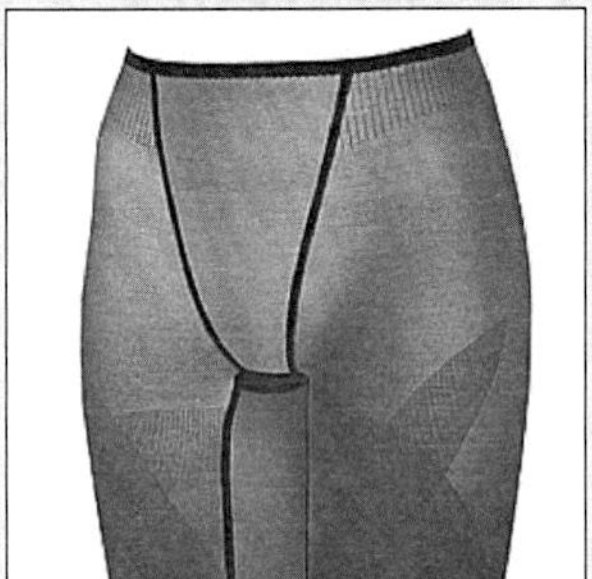

（写真提供：ワコール）

5 消費者ニーズの諸知見

本章第2節で述べた「消費者ニーズの深層構造理論」と「未充足ニーズ理論」以外に数々のニーズに関する知見が明らかになっている（梅澤伸嘉『消費者ニーズハンドブック』同文舘出版、２０１３年参照）が、本節ではそれらの中のＭＩＰ開発をサポートする主なものを簡単にまとめる。

1 ニーズはなぜ発生するのか――ニーズ発生のメカニズム

1 刺激・知覚・ニーズ・行動・満足・記憶（学習）の関連図

消費者ニーズの発生のメカニズムを理解するための関連モデルを示した（図表2-14参照）。詳しい説明は拙著『消費者心理のわかる本』（同文舘出版、２００６年）や『消費者ニーズハンドブック』（同文舘出版、２０１３年）を参照されたい。

図表2-14　消費者行動を引き起こす消費者心理体系──各ユニット関連図

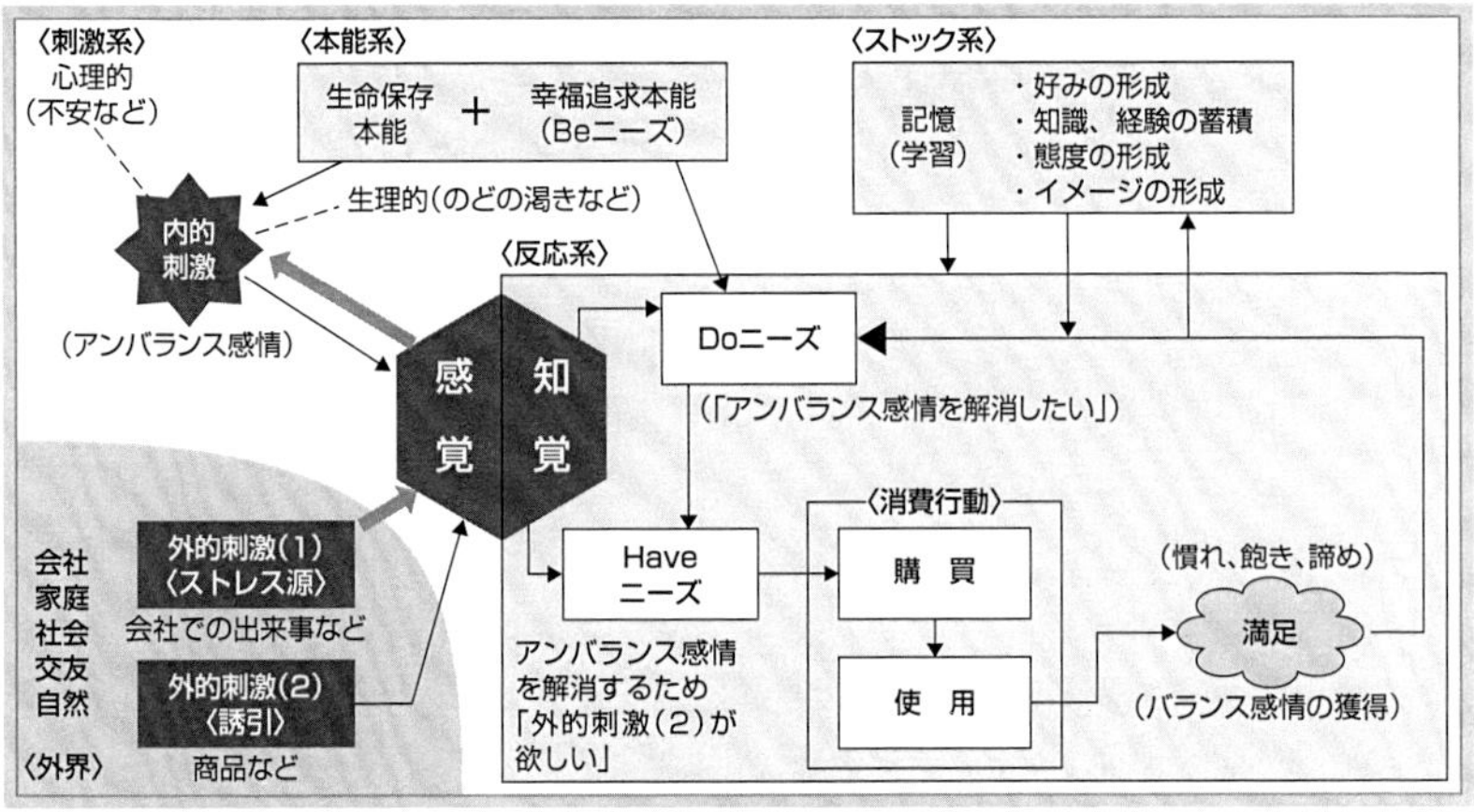

出所：梅澤伸嘉『消費者心理のわかる本』同文舘出版、2006年。

2　生存本能と幸福追求本能がニーズの発生源

人間は生存本能だけに左右されて生きる動物ではない。幸福を追求するために生きている動物である。消費者の心理や行動を長い間、観察したり、分析したりしているとそのように結論づけるしか消費者の行動を理解できない。それを「幸福追求ニーズ本能説」と呼んでいる。

消費者のすべてのニーズの大もと（層構造上の上位にある「Ｂｅニーズ」は、Ｄｏニーズ（「○○がしたい」という欲求）の発生を指令する。世の中に存在していない商品（ＭＩＰ）を初めて目にして、それを「欲しい」と思う大もとに「幸福追求本能」があるのだ。

3　ニーズは2つの刺激によって発生する

ニーズは刺激に対する反応として生ずるもの、という考えは一般的になっている。しかし、ニーズを発生させる刺激には2種類あるということはほとんど知られていない。

その1つは一般的に知られている刺激であり、人間を取り巻く「外的刺激」を指す。外的刺激にはストレス源としての刺激（外的刺激(1)）と、ひきつける刺激（外的刺激(2)）がある。もう1つは今まで知られていなかった人間の内側からわき起こる「内的刺激」である。内的刺激には生理的刺激と心理的刺激がある。いずれもアンバランス感情が伴う。従来この「内的刺激」は「刺激」ではなく「反応」と捉えられていたのだ。しかし、消費者に行動を起こさせる観点から見れば明らかに刺激なのである。

「内的刺激」のうち「心理的刺激」は「生理的刺激」に刺激されて発生すると共に「外的刺激(1)」の「ストレス源」によっても発生する。

ある内的刺激が感覚器官を通って「知覚」されると、Ｂｅニーズ（幸福追求ニーズ）から指令が出てＤｏニーズが発生する。もし、そのＤｏニーズが既存商品で満たされるならば、既存カテゴリーレベルのＨａｖｅニーズ（「カップめんが欲しい」など）が芽生え、外的刺激(2)として存在する商品が「知覚」されると、その商品に対するブランドレベルのＨａｖｅニーズ（「カップヌードルがほしい」など）が発生する。

逆に、そのＤｏニーズは既存商品では満たされない場合は、Ｄｏニーズに直接対応する「行動」（商品を買う以外の）が発生し、それで満たそうとするが、その多くは満足があまり得られない。つまり「未充足の強い生活ニーズ」が発生する。このニーズにＭＩＰが答えるわけである。

このように刺激には従来から考えられていた外的刺激以外に内的刺激があり、それがＤｏニーズを引き起こすのである。外的刺激だけではＨａｖｅニーズは発生しない。なぜならＨａｖｅニーズは内的刺激が引き起こすＤｏニーズを満たす手段として発生するニーズだからである。

(1) 外的刺激(1)——ストレス源となる刺激

人、資源環境（光・空気・水・土・木・動物・植物……）、社会、家庭、会社、交友など。

(2) 外的刺激(2)——ひきつける刺激

右の外的刺激(1)のすべてと商品、サービス、販売、広告。

(3) 内的刺激——わきおこる刺激、アンバランス感情または不快感情

①生理的刺激

身体の疲れ、病気や外傷、のどの渇き、飢え、性の渇き、中毒による欠乏感、肪満感、眠気、五感の不快感。

②心理的刺激

フラストレーション、未練、ストレス、不自由、葛藤、淋しさ、挫折感、自信喪失、悲しさ、悩み（苦悩）、迷い、不安（心配）、心の疲れ、不服、苦労（面倒くさい）、不便、嫌い、退屈、恐怖、愛情の飢えと渇き（愛の痛み）、快感の飢えと渇き（「最近、大好きな音楽に触れていない」など）、恥ずかしさ、劣等感、罪悪感、不愉快（不快）、あせり。

このように内的刺激（生理的、心理的）はいずれもアンバランス感情、あるいは不快感情であり、これらの感情がストレス源としての外的刺激(1)に刺激されて、ある周期をもって内側からわき起こり、Doニーズを発生させ、外的刺激(2)（ひきつける刺激）と合体してHaveニーズを発生させ、入手し（行動）、満足を得る、というサイクルを生きている間中くり返すのである。

すなわち、人（消費者）は、〝ニーズを自ら発生させ、満足を味わうために生きている〟という言い方ができるのである。これが消費者の見えざる真実の1つである。

4 ニーズは満足達成のために発生する

図表2-14に示されるように、ニーズ（Be、Do、Have）は行動（購買、使用）をはさんで満足とつながっている。

「ニーズは満足を得るために行動を駆り立てる力である」（梅澤伸嘉『消費者ニーズの法則』ダイヤモンド社、1995年参照）。

ニーズが発生するのは行動を発生させるためであり、それは満足を得るためである。「あの山に登りたい」（Doニーズ）→「あの山に登る」（行動）→「あの山に登った満足を得られた」（満足）。それ故、「あの山に登りたい」は「あの山に登った満足を得たい」と同義なのである。

5　ニーズはスパイラルアップしながら変身する

ＭＩＰは生活上の問題を解決する商品なので、消費者の生活変化を起こさせる。生活が変化すると新たな生活上の問題が発生し、それを解決したいとする生活ニーズが芽生え、それに応えた新たなＭＩＰが登場すれば、それを受け入れる。

「生活上の問題」―「生活ニーズ」―「ＭＩＰ登場」―「生活変化」―「生活上の問題」が連鎖状に、しかもより上位のニーズへと向かってスパイラルアップし続ける。

以上を「ニーズスパイラル理論」（梅澤伸嘉『長期ナンバーワン商品の法則』ダイヤモンド社、２００１年）とよび、次世代のＭＩＰ予測や、次の生活変化予測に利用している。

2　ニーズの表れ方や性質

1　変わるニーズ、変わらぬニーズ

ずっと昔から、ニーズは「変わるという主張」と「変わらないという主張」がある。しかし、ニーズには、「変わるニーズ」と「変わらないニーズ」がある、というのが正解である。本章第2節で述べた「ニーズの深層構造」にその答えがある。

心の奥にあるＢｅニーズ（○○の人生を送りたい）は**不変**であり、その手段として発生するＤｏニーズ（○○したい）と、そのまた手段であるＨａｖｅニーズ（○○が欲しい）は**変化**する。

そしてＤｏニーズよりＨａｖｅニーズの方がより**変化しやすい**。Ｄｏニーズの中にも何層かあり、それらの中では目的（「からだを鍛えたい」）のＤｏニーズは、その手段のＤｏニーズ（「ジョギングしたい」）より**変化しにくい**。

2 潜在ニーズは消費者に聞いてもわからない

潜在ニーズとは消費者が気づいていないニーズのことである。だから消費者に聞いてもわからない。したがって企業からも見えない。だから企業人は「そんなニーズはない」と勘違いする。そして、「未充足の強い生活ニーズ」のほとんどは潜在しているので消費者に聞いてもほとんどわからない。

しかし「未充足の強い生活ニーズ」に応えない限りＭＩＰなどの新しい商品は売れない（本章第2節「未充足ニーズ理論」）。それ故、私は**消費者行動を見たり、「S-GDI」で話を聞いて**「ＣＡＳ分析」（第1章61頁図表1-11参照）という方法を用いて**「未充足の強い生活ニーズ」を〝創造〟するという手段をとる。**

第1章のケーススタディで述べた3つの商品のケースも、同じく第1章で紹介した10個のＭＩＰのケースもいずれもこの方法で「未充足の強い生活ニーズ」を〝**創造**〟し、そのニーズに応える商品コンセプトを開発したのだ。

世の中には大いなる誤解がある。それも発言力の強い人の、誤解にもとづく発言はマーケターや開発マンを誤った行動に導く。例えば、「消費者ニーズを調べても今ある商品のものまねのような商品しか生まれない。新しい商品は企業人が一生懸命考えて潜在ニーズを先どりして商品を作り、消費者に提示するしかない」に代表される言い方である。

こういう主張をする人は、ニーズにはＢｅニーズ、Ｄｏニーズ、Ｈａｖｅニーズといった3種のニーズがあることを知らず、「ニーズ」というときはもっぱら「Ｈａｖｅニーズ」を指しているのだ。**Ｈａｖｅニーズはそういう人が言うとおり、「調べても今ある商品のものまねのような商品しか生まれない」**のだ。なぜなら「Ｈａｖｅニーズ」は企業から商品やサービスの形で提示されて発生するニーズであり、それは提示されるから「欲しい」というＨａｖｅニーズを発生させるのである。新しい商品やサービスに対するＨａｖｅニーズのほとんどは潜在しているのだ。そして、**潜在ニーズは提示されてようやく気づくのだ。**

私は昔からそのことを知っていたので、**新商品を作るときには「何が欲しいか」というＨａｖｅニーズを調べることをせず、もっぱら「どうしたい」「どう暮らしたい」「どうなりたい」というＤｏニーズを探し、それを手がかりとして「未充足の強い生活ニーズ」を〝創造〟し、そのニーズに応える商品コンセプトを「キーニーズ法」で開発し、それを提示することによって「潜在ニーズ」の存在を検証（それが「コンセプト・テスト」）し、確信をもって商品化、発売へと進めたのだ。**第1章の例を参照されたい（62頁参照）。

イトーヨーカ堂の前会長であり、セブン‐イレブンの前会長でもある鈴木敏文氏は長年にわたって「消費者ニーズに応えよ」と声を大にしておられる。氏のいう消費者ニーズとはＨａｖｅニーズではないのだ。Ｄｏニーズを指しているのだ。だから小売不況の今でも、すばらしい業績をあげ続けているのである。

成功確率を問題にしないなら、企業人が一生懸命考えて消費者の潜在ニーズを先どりするのもいいだろう。しかし、**成功確率を高めたいなら消費者を対象としてＤｏニーズを行動観察や「Ｓ－ＧＤＩ」で調べ、それをヒントに潜在している「未充足の強い生活ニーズ」を〝創造〟し、それに応える、という開発手法をとるべきなのである。**その方がよほど成功の確率が高い。

企業人が潜在ニーズの先どりで成功するなど天才的な一握りの人にしかできないか、偶然の確率でしかあり得ない、ということを知るべきである。

3 本音、建前、ウソのニーズ

ニーズにはよく知られているように、本音と建前があるが、それに加えてウソのニーズもある。そして、消費者は調査場面や人前では本音を隠して建前やウソのニーズをより多く発信する。

そのことを私は数々の場面で熟知してきた。それ故、私は「Ｓ－ＧＤＩ」という深層心理調査法や行動を観察することによって、本音のニーズと建前やウソのニーズを識別している。

消費者は本音ニーズを隠して建前やウソのニーズを発信するが、その原則を知っていれば建前やウソのニーズを手がかりに本音のニーズを推測することができるのだ。

4「Ａ ｂｕｔ Ｂ」発言にはどんなニーズが隠されているか

消費者は頻繁に「〇〇はよいのですが、××は嫌いです」というように「Ａ ｂｕｔ Ｂ」という形の発言をする。しかし「〇〇はよい」と「××は嫌い」は同じウェートの発言ではない。

実は「Ａ ｂｕｔ Ｂ」発言では常にＢが**強調**されているのだ。そして多くはＢが**本音**である。「環境のためには買い物カゴで買い物したいの**ですが**、今回はビニール袋をもらいたい」という発言はわかりやすい例であろう。「ビニール袋をもらいたい」ことを**強調**し、しかもそれが**本音**の例である。このことは行動を観察したり、とった行動を確認することで証明できる。**強調**、つまり強いニーズは行動になって表れやすいし、**本音**は他人の見ていないところでは行動として表れるのだ。

「いずれ機会があったら買いたいと思い**ますが**……」という尻切れ発言は「Ａ ｂｕｔ Ｂ」のＢが隠された発言であり、その発言の主はおそらくその商品を買わない、と推測して間違いない。「Ａ ｂｕｔ Ｂ」発言は、強いニーズであることや本音であること（Ｂ）をカムフラージュするために、さほど強くないニーズや建前とかウソ（Ａ）を頭に冠しているのだ。

5 ＭＩＰは「新カテゴリー名」がつけられないと誰も「欲しい」と思わない

ＭＩＰの成功条件の1つに「新カテゴリー名」を発明することとそれをブランドネームの前につけることを主張している。それは「新カテゴリー名」をつけないと消費者はそれが何であるか判らず、したがって「それが欲しい」というHaveニーズを発生しにくいからである。これは心理学における「知覚の意味化」という理論で説明することができる。人（消費者）は刺激（外的、内的）を〝意味あるものに解釈〟して知覚するという傾向をもっている。これを「知覚の意味化」という。

「新カテゴリー名」の条件として、①何であるか／何の目的に使うものかがよくわかる、②今までになかった商品というイメージを明らかに与える。そして③それらを最短の名詞で表現する、をあげているのも「新カテゴリー名」が消費者に〝意味化〟されやすくするための工夫なのである。「新カテゴリー名」がついていなかったり、わかりにくかったり、ありふれていたり、といった理由で失敗に終わっている、MIPになり切れない新カテゴリー商品のケースがあるのはとてももったいないことである。

ブランドネームは愛称としての記号であって、「新カテゴリー名」を連想させやすい「カテゴリー連想価」が高いということを条件に決めると成功する。「新カテゴリー名」と一対になることによってそのブランドはやがて〝カテゴリーの代表〟となるのである。

「新カテゴリー名」がいわば「親の名」である。発売当初は「親の名」の力で売上を伸ばし、やがて「親の名」の力、すなわち「新カテゴリー名」がなくても「ブランド名」だけで1人歩きできるようにしていくことでブランディングは成功する。

「テンプル」（ブランド名）では何だかわからないが、発生当初から「天ぷら油処理剤」という新カテゴリー名がついているので「何であるか」がよくわかり、やがて時を経てブランド名だけで「何であるか」がよくわかるようになっていく。

『7年連続ミニバン販売台数No・1日産セレナ』（2005年5月発売）

日産自動車株式会社
商品企画本部商品企画室　主担　今本　裕一

●梅澤理論との出会い

梅澤理論と出会ったのは1995年6月の「梅澤塾」でのことです。当時、デザイン部署から企画部署に異動したばかりの私はマーケティングの基礎も知らないまま、上司の指示に従った〝義理〟での参加でした。

擬似グループインタビューから発言をカード化して分析するという内容でしたが、グループインタビューの発言という曖昧な定性情報が構造的に分析できるその手法に感銘を受け、その後、2年半に渡り梅澤塾に通い続けることとなりました。この頃に得た分析法、特に「上位下位関係分析法」と「因果対立関係分析法」は商品を取り巻く定性情報を把握するにあたり常に活用させていただいています。

●セレナのグレード戦略での課題

日本のワンボックスセグメントではエアログレードが高い構成比を占めます。しかし、2003年当時の旧型セレナ（C24型）のエアログレード〝ハイウェイスター〟は、競合車が30～50％グレード構成比を占める中10％台に留まっていました。そのため、2005年に発売を予定していた新型セレナ（C25型）では、発売当初でのエアログレードの設定を見送り、1年後の投入を目標に競合車並の構成比を実現すべく企画をスタートさせました。

私たちはまずエアログレードを所有する従業員の定性ヒヤリングに取り組みました。通常、購入の選択肢が自社車種に限られる従業員はニーズ探索の対象にはなり得ませんが、今回はグレード選択時におけるニーズの探索が課題であったため、従業員からでも十分にニーズを探索できると判断しました。ヒヤリング後、「上位下位・因果関係対立分析」をそれぞれ実施し、結果（概要）は以下の通りとなりました。

・エアロパーツのスポーティさだけが重視されているわけではない
・スポーティさ以上に、ひとクラス上に見える上級感・高級感が求められている
・特に日産〝ハイウェイスター〟は標準車よりもワンクラ

ス上と認識されている

この結果に基づき、私たちは新型セレナの〝ハイウェイスター〟のコンセプトワードを、〝プレステージ・エアロ〟高級（ワンランク上に見える）かつスポーティなワンボックスとしました。

●リスクとオポチュニティ・市場導入

「プレステージ・エアロ」をデザインで実現させるには、ある程度の寸法追加が必要でした。新型セレナは広い室内空間を小型車枠（通称5ナンバーサイズ：全長4700㎜未満、幅1700㎜未満）ギリギリのサイズで実現させた車であったため、寸法の追加は即ち3ナンバー（普通車）にならざるを得なくなりました。これに対して営業部門から「セレナは5ナンバーサイズが売り。3ナンバー化はお客様から拒絶されるリスクがある」という意見が出たのです。私は「3ナンバーになっても税金が増えるわけでもなく、長さと幅が数センチ異なるだけで取り回しにも大きな影響はない。むしろ小型車に対して普通車であり、実際に〝ワンクラス上〟になる。むしろオポチュニティがある」と〝メラキアの発想〟で主張しました。

2006年6月、C25型セレナ〝ハイウェイスター〟を追加します。当初35%で計画されていた目標構成比は営業の主張を尊重し25%としましたが、3ナンバー化に対するネガもなく、グレード構成比は40%と計画を大きく上回りました。

2007年の一部変更においてはプレステージ感をより強めたことでグレード構成比は50%を占めるまでになり、以降2010年のC25型は4年連続で「ミニバン販売台数ナンバーワン」の座を獲得する原動力となりました。この方向性は2010年のフルモデルチェンジでも継承され、後継であるC26型も2013年まで都合7年連続ナンバーワンを獲得し続けることとなったのです。

（写真提供：日産自動車）

旧型セレナ（C24型）　ハイウェイスター

新型セレナ（C25型）　ハイウェイスター

『ロングヒット商品とMIP理論』

シヤチハタ株式会社　海外企画部部長　清水　孝洋

●私と梅澤理論の出会い

私と梅澤理論との出会いは20年近くさかのぼります。当時商品企画を担当していた私は、ニーズや企画というものが表面上はわかっているつもりではありましたが、なかなかヒット商品が出ないことに悩んでいました。出す商品の売上は悪くはないのですが全体の業績への影響が少なく、自分自身が納得できる結果ではありませんでした。

過去には、営業部門にも所属し、文具店のバイヤーも経験し、売る側と買う側の気持ちがわかっているはずでしたが企画が進みません。そんなときに出合った本が先生の著作『ヒット商品作りの文法』（梅澤伸嘉著、ダイヤモンド社、1986年）でした。本を参考に1つひとつ丁寧に企画した商品が2002年発売の「シヤチハタおなまえスタンプ」です。現社長を中心とした商品企画プロジェクトで取り組んだ商品の1つとして、小さいながらも「名前書きスタンプ市場」を創ったと確信しています。子供の入学用品に今まで油性ペンで名前書きをしていたものをスタンプにするという単純な発想ではありますが、10年以上売れ続けているMIPです。

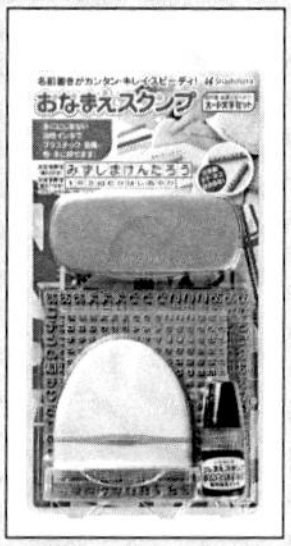

おなまえスタンプ
（現行品）

以後、必然的に成功する企画の作り方として、MIP理論、SGDI、キーニーズ法などを学び、理論をうまく活用することで、よりヒットする企画が出来やすいことを実感している反面、理論の本質を理解し、実践するには勉強と強い意志が必要な手法でもあると思っています。

私自身は商品の開発法は多種多様であってもよいと思っています。また、ライン拡充やバリエーション増種、他社対抗品といった、自社とのカニバリや他社のシェアをとる商品は実務のうえでは否定されるものではありません。

しかし、弊社の歴史を紐解くと市場を創ることが業績に大きく貢献してきたことが明瞭です。

●成長の歴史は商品開発の歴史

シヤチハタはスタンプ台で創業以来、商品の開発、品質へのこだわりで継続的に事業を展開し、成長の歴史は商品開発の歴史でもありました。

スタンプ台で創業した我が社の最初のヒット商品はもちろんスタンプ台です。当時のスタンプ台は毎回盤面にインキを塗ってから使うのが当たり前の不便なものでした。弊社はスタンプ台の盤面のインキは乾かず、紙に押すと乾くという「萬年スタンプ台」を開発。インキを塗る、スタンプを押すという2つの連続した作業をひとつにまとめ、生活上の問題を解決することで利便性を高め、消費者の大きな支持を獲得しました。A+B=Cの発想力です。

さらに諸先輩方の英断は業績拡大に大きく寄与します。「Xスタンパー」という発明です。スタンプ台のいらない「浸透印」という新市場の誕生には、スタンプ台がいらなくなる時代が来るのではという危機感とスタンプ台が必要ない商品をあえてスタンプ台メーカーが開発するという選択により、新たな市場を創造し大きな飛躍を果たしました。

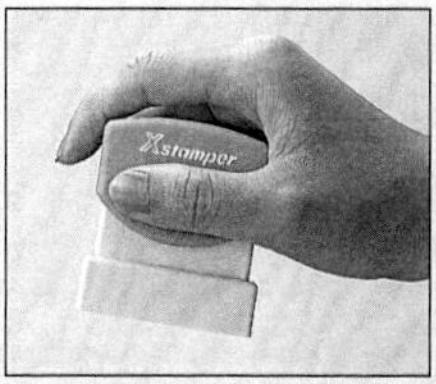

Xスタンパー

更に、この浸透印技術を活用し「シヤチハタ　ネーム」を開発。朱肉と印鑑という連続する2つの動作を1つにした「朱肉内蔵型印鑑」は、高度経済成長を背景に、承認・決裁業務の合理化などの効果を生み出し、金融機関や企業において絶大な支持を得ることができ、「シヤチハタ」がカテゴリーの代名詞になる商品群に成長したのです。

ネーム印（現行品）

その後数々のヒット商品を生み出しながら、シヤチハタは成長してきました。

●潜在化するニーズに対応するために

近年、豊かになった社会の中で、顕在化したニーズが見える時代から、消費者のニーズはより潜在化し、モノ余りの時代の中で多くの企業が、新商品開発の難しい時代となってきました。

企業の成長には新商品や新サービスなどが不可欠であることは弊社の歴史が物語っています。潜在化した見えにくいニーズを読み解き、システマティックに市場が創造できる理論が梅澤理論であり、学術的な見地だけではなく、企業内商品企画開発者の見地に立った、より実践的な手法・理論であると思います。悩める企画開発者にはお勧めです。

（写真提供：シヤチハタ）

『斜陽の着物市場から「和洋服」へ進化』

株式会社一杢　代表取締役社長　人見　幾生

●開発背景

私は38年前に着物の喪服メーカーとして独立開業しました。

当時は喪服の市場が年150万反ありましたが、現在は2万反と激減しました。

そのような状況の中で、着物の良さを残しつつ、欠点である①高額である、②着られない、という点をクリアした新カテゴリーが創れないかと梅澤先生の門をたたき、完成したのが「和洋服　門」です。

●着物の生活上の問題と解決

高額である問題解決

着物といえば絹といわれる時代でしたが、スーツの生地を使ってコストダウン。

また、流通の複雑さから上代が高額になっているという問題はカタログを作り、上代を設定することにより解決しました。

自分で着られない問題解決

着物を着ることのない人でも容易に着ることができるように、上は着物で、下はベルト付きのパンツ型にし、靴が似合うスタイルを提案します（商品コンセプトと写真参照）。

●商品コンセプト

意識喚起メッセージ

いつもまわりに人の輪が出来る人には特徴があります。

商品アイデア

機能（はたらき・効果）

——①　腹が出ている体型をキレイに恰幅よく見せる。

②　着物スタイルで運転など作業がしやすい。

③　60すぎてからの社会とのかかわりを効果的に果たせるスタイル。

状態（外観）

——①ウール、絹、綿、各種素材。

②柄も各種、好みや目的で選べる。

③靴が似合うスタイル（写真参照）。

手順（使い方）

──①普通に洋服感覚ですぐ着られる。

構造

──①上は着物。

②下はベルト付きパンツと靴。

新カテゴリー名と「ブランド名称」

和洋服「門」

ベネフィット

腹が出ていることで逆に堂々と、恰幅のよいスタイルに仕上がり、よく似合うとほめられる。

ターゲット

腹が出ている60歳以上の男性。社会との関わりを強くもちつづけたいと願っている目立ちたがり屋。

●梅澤先生からの学び

① ＭＩＰ経営しか道はない─差別化のビジネスを止め、独自化してＭＩＰ化やＭＩＰ開発のみに経営資源を集中させること。

② 「メラキ直り」の精神─どんなカベでもメラキ直って前進する柔軟な態度こそＭＩＰ経営の精神的支柱であること。

③ 自分の代で10年後１００億円を目指して計画的、システマティックに達成を目指す全く新しい経営スタイルの導入。

④ 人を第一に考え、従業員と消費者を等しく最重要視する経営姿勢。

⑤ 「売れる商品」の理論と手法─「売れる商品」とは何かの理論と、それをどう開発するかの手法。

（写真提供：一杢）

第3章

このプロセスでMIP開発は成功する

1 ＭＩＰ開発システムの全体像と特徴——成功のロードマップ

① ＭＩＰ開発システムの全体像

まずＭＩＰ開発システムの全体像を簡単に示しておきたい。

図表3-1はトップマネジメントの承認（オーソライズ）のタイミングとその内容の観点からＭＩＰ開発のプロセスをフローチャート化したものである。

●**開発前**の時点では、開発ポリシー、ドメイン（生存領域）、組織とシステム、判断基準と判断タイミングが承認される。そしてスタート初年度から毎年の開発予算も承認される。

●**開発中**の段階では、商品コンセプト開発に関する作業（商品コンセプト開発、テスト、およびストック）、開発プロジェクト（またはテーマ）の可否決裁に伴い、商品パフォーマンス開発や技術開発の承認、そして具体的な商品パフォーマンス開発や技術開発の承認、そして具体的な商品パフォーマンス開発に関する作業（商品パフォーマンス開発、Ｐテスト、Ｃ／Ｐテスト）や表現コンセプト開発にもとづ

図表3-1　MIP開発システム――成功のロードマップ

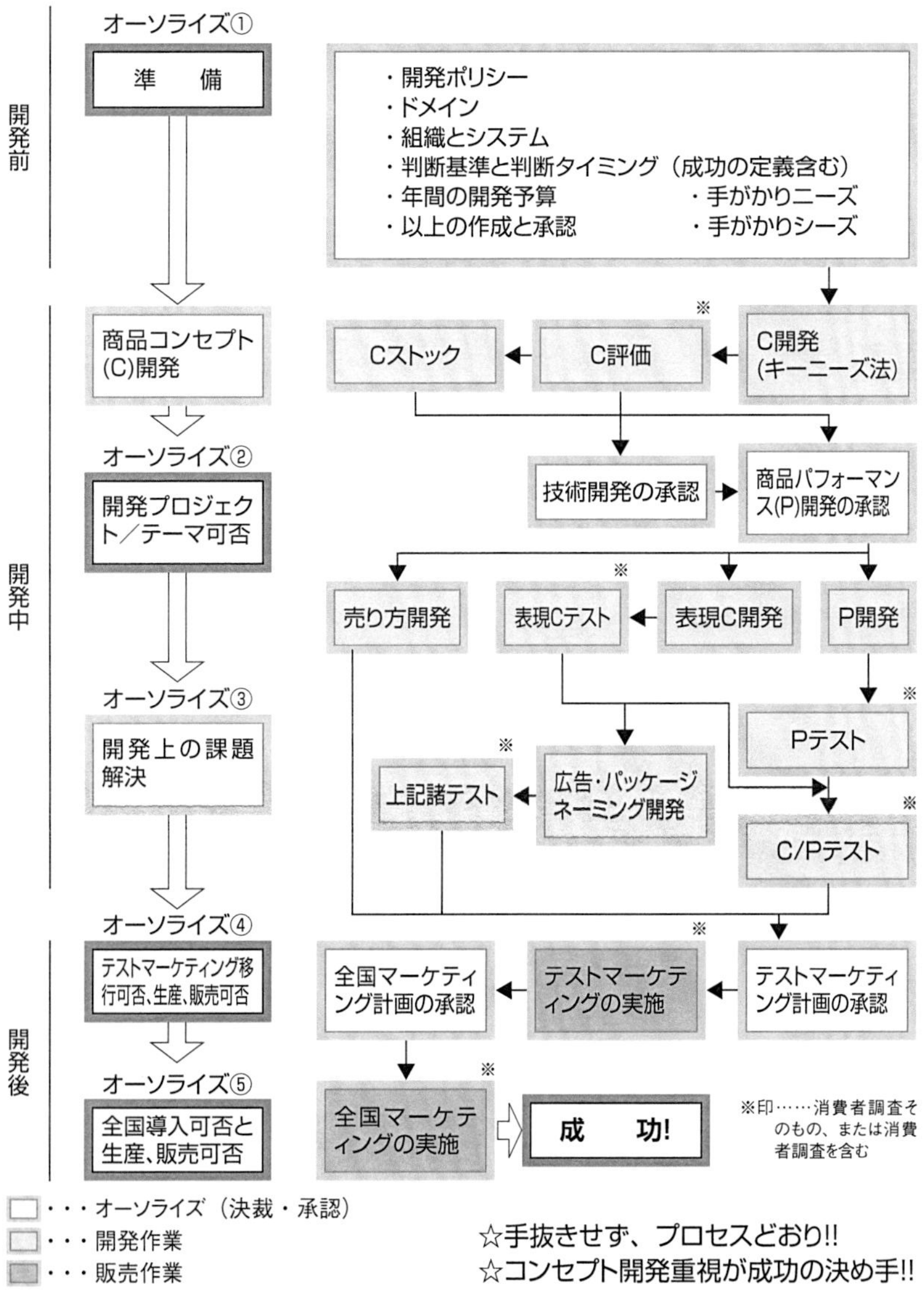

く広告、パッケージ、ネーミングの開発、テスト、および売り方開発といった一連の作業に伴う諸課題をタイミングを逃さず解決し、その都度、承認する。

●**開発後**の段階では、テストマーケティング計画を承認したり、テストマーケティング活動をフィードバックする。そして、テストマーケティングの結果にもとづき全国マーケティング計画を承認し、その後のマーケティング活動をフィードバックしつづける。すなわち、この段階は全国レベルの生産や販売活動の開始を意味する。

２　ＭＩＰ開発システムの特徴

１　市場も、手本もないから、新しい独自の手法やシステムが必要

従来のほとんどの新商品は、既存カテゴリーの後発商品で占められていた。それらは皆市場があり、すでに商品という手本があった。しかし、それらの手本は決して成功を保証するものではなかった。

市場や手本があるときの新商品開発と違って、「ＭＩＰ」には手本とする商品がないので、意図して開発するには新しい、固有の手法やシステムが必要である。ＭＩＰ開発システムは以下のように従来と決定的な違いをもっている。

2 従来の新商品開発とここが違う

最大の違いは次の8点である。

①　消費者の生活上の問題を解決するにはどんな未充足の強い生活ニーズがあるか、を明らかにすることからスタートする。
②　潜在ニーズに対応する。
③　「新カテゴリー名」を発明する。
④　成功商品開発の基本を守る。――「未充足の強い生活ニーズに応え、Ｃ／Ｐバランスがよい」新カテゴリー商品
⑤　毎年利益が得られつづける商品を作ることを最重要課題としている。
⑥　成功率向上と長寿化を基本とする。
⑦　成功商品の定義を定め、それを基準とする。
⑧　ドメインを広く設定する。

以上の①～⑧のように、ＭＩＰ開発の成功は、従来の考え方がどれだけ変えられるかにかかっているのだ。これが重要なポイントである（第1章第1節の「気づかれざる成功の条件」を再読していただきたい。「今までの考えを変える」ことが困難な企業では多くの関係者に第1節の「気づき」を与えない限り、ＭＩＰ開発がスムーズに進まないばかりか、ＭＩＰ開発の着手すらむずかしいと予言しておく）。

『ホテル旅館朝食バイキング向けオリジナル豆腐製造・提供システム「別嬪とうふ」』

株式会社美盛　代表取締役　寺田　信一

●梅澤理論との出会い

当社は、20年前に業界ではいち早く業務用豆乳の製造販売を開始しました。飲む豆乳ではなく、お豆腐を創るための専用の豆乳です。当時、外食企業での豆腐料理ブームに乗り、大手チェーンを中心に順調に導入されました。店内で豆腐を作ってお客様に提供するための製造方法や豆腐料理に特化したメニュー提案、豆乳を使用した総菜やデザートなど加工品も製造し、売上は伸びました。

ところが、競合メーカーの参入やブームの終焉により豆乳の売上が止まり、また、加工品については、外食業界特有の春夏、秋冬メニューの定期的な改廃・変更により安定的な売上が確保できず、売上は縮小しました。

そんな経営に危機感を感じていたときに、「ヒット商品は、意図して作れる商品開発」の梅澤先生の講座を受講しました。意図して、高確率で長期間売れるヒット商品が本当に作れるのか？　本当に作れるならばこんなにすごいノウハウはないと期待して参加しました。それが、最初の梅澤先生との出会いでした。

●「天を知って、天を伸ばす」商品開発の一歩目は既存商品の見直し（MIP化）

梅澤先生の商品開発理論はいままでの自分の商品開発の考え方と真逆でした。まず、商品開発のセミナーでありながら、商品開発の最初に既存商品を見直すことがスタートでした。

当社では、主力商品の業務用豆乳の売上が頭打ちで、それを挽回するために商品開発の講座に参加したのです。ただ、梅澤先生のMIP理論を勉強させていただき、業務用豆乳の売上は本当にもう天なのか？　この天（売上）を伸ばすことはできないのか？　講座受講後、そのことだけを考え続けていました。

天を伸ばすヒントは、突然訪れました。ある展示会でいつも通り業務用豆乳と豆腐調理器を出品していました。そのときは社員からの提案で、これまでに豆腐を製造して、その豆腐を店内で持ち歩くための「おかもち」を空いたスペースに展示したのです。その「おかもち」にホテルや旅館の料理人や購買担当者が強い関心を示したのです。なぜ、「おかもち」なのか？　その理由は、朝食バイキングの提供方法への強い未充足ニーズにありました。

梅澤先生にすぐに相談し、CAS分析を行いました。お客様へのインタビューを行いながら何度も分析を繰り返しました。そして、当社にとっての新カテゴリー商品が生まれました。

USP　人手がなくても絶品の美味しさ！
NCN　オリジナル豆腐製造・提供システム
ネーミング　「別嬪豆腐」

●優良少子化戦略

「別嬪豆腐」の開発と同時に進めたのが商品の絞り込みです。それまで、売上を上げるために数多くの商品を開発・リリースしていました。梅澤先生から、強い商品に営業力や経営資源を集中できるよう商品の絞り込みについて教示いただき、80品目以上あった商品を15品まで絞り込みました。

その結果、「別嬪豆腐」の売上増とロス率の減少で逆に売上が1・5倍以上伸びました。

現在は、残りの既存商品も3品に絞り込みMIP化を検討、MIP化できなければその他の商品も含めて廃版にする予定です。

●MIP開発で10年後売上100億円

今後は、売上100億円に向け、消費者向け商品の開発を進めていきます。これまでの業務用開発で培った強みを活かしながら、消費者のニーズを深く読み取るMIP開発を本格的にスタートします。そのためにMIP開発室を作りました。MIP開発の人材を育成していく専門部署です。今後は大きなカベもでてくると思います。そのカベこそがMIP開発のヒントであり、梅澤先生のメラキアの発想で乗り越えます。

MIP理論の神髄は、ロングヒット商品による累積効果にあります。売上5億円にも満たなかった企業が、10年後100億円の売上も夢ではないと今は確信しています。

（写真提供：美盛）

2 各プロセスの説明①——プロセスとオーソライズ

ＭＩＰ開発の成功は決してむずかしいことではない。特に、トップマネジメントの支えのもとで、前述（第1章第2節⑦－3）の特徴をもった人々によって本節の手順が遂行されるならむしろ容易であるといえる。手順を1つ1つ簡単に説明する。

① 準備——オーソライズ①

ＭＩＰ開発システムを効果的に運用していくための大前提となるプロセスで、当システムの「準備」に相当する。そして、ＭＩＰ開発を成功に導くための重要な承認がここで行われる。以下のとおりである。

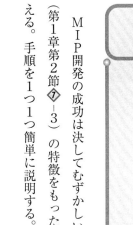

●開発ポリシー
●ドメイン
●組織とシステム
●判断基準と判断タイミング
●年間の開発予算

「準備」プロセスにおける承認の内容

1 開発ポリシー

開発ポリシーとは例えば次のようなイメージのものである。

●先発商品のモノマネはしない。
●消費者満足を可能な限り高めつづける。
●利益を最優先する。
●開発者の独創性を重んずる。
●既存市場の外に未だ見ぬ新市場を創造する。

開発ポリシーはその会社の開発担当者の開発作業に対してある種の枠組みを与える。通常、１つの会社に複数の開発ポリシーがあり、それらが組み合わさって開発作業を方向づけるのである。

したがって、トップマネジメントの承認が不可欠なのである。多くの場合、開発ポリシーは開発担当者が起案してトップが承認するというより、トップ自らが自らの信念にもとづいて決め、一度決められるとたとえ社長が交代したとしてもコロコロと変えるものではない。むしろ、代々継承されるような性格をもっており、開発者の誇りにもなるものであり、企業の精神となるものである。

２　ドメイン（生存領域）

ドメインとは、例えば次のようなイメージのものである。

- 家庭生活向上のベネフィットをもった商品（なら何でもＯＫ）分野。
- 女性の美を追求する自然原料の商品（なら何でもＯＫ）分野。
- 肉のおいしさと栄養を生かした商品（なら何でもＯＫ）分野。
- 食生活の手抜き志向に応える食品（なら何でもＯＫ）分野。
- 健康的食材を美味しく食べられるようにする調味料（なら何でもＯＫ）分野。
- 老人の健康長寿を延長させ福祉に貢献する商品（なら何でもＯＫ）分野。

ドメインは開発者に対してズバリ方向を与える。つまり、どの生活分野の商品を開発するかを示すものである。**通常、1つの会社にドメインは複数あることが多い**。とりわけ大企業ほどドメインの数は一般的に多い。まさに企業が進むべき方向を決定づけるものがドメインであり、トップマネジメントの承認が不可欠である。

ドメインは毎年コロコロと変わるものではないが、世の中の変化につれてゆるやかに変化することが多い。そのため多くの企業では、経営企画室のような部署や商品開発部を中心に、**ドメインの確認や変更を検討**し、トップに起案し、承認を得ている。むろん、ドメインをトップマネジメントの専権事項としている企業もある。

ドメインは次のような考えを基本として決められることが望ましい。すなわち、〝**自社の強味が生かせる、消費者の未充足の強い生活ニーズ領域**〟という考えである。

自社の強味が生かせなければ事業はうまくいかないし、いくら強味は生かせても消費者ニーズがすでに充足されている領域に参入しても成功はおぼつかないからである。

3 組織とシステム

組織とシステムもいうまでもなくトップマネジメントの承認を受ける。

決裁のシステムや開発プロセスにおけるシステムも承認が不可欠で、それがあいまいのまま開発がスタートしてしまうことは危険なことである。**どのタイミングで、誰が、何を根拠に、何を決裁するかとい**

う、基本的で最小限のことが明確に承認されていなければならない。これは、規則を細かく決めすぎない、ということを意味する。ごく基本となることだけを決め、運用上のフレキシビリティ（柔軟性）を確実に残しておくことがきわめて重要である。組織やシステムを素人集団が作ったりすると、規則でがんじがらめになってせっかくのスムーズな開発をじゃましてしまうことになるので要注意である。

そして、とりわけ重要なポイントはＭＩＰ開発部門はトップマネジメントに直結している、ということである。新商品開発の成功には**夢に挑戦するマインドとすみやかな決断とすみやかな実行**が不可欠だからである。

そして決裁システムは「ＭＩＰ開発委員会」のような名称をもった以下のようなイメージの委員会制が望ましい。

- 委員長――トップマネジメント（または新商品開発に関する最高決定権者）
- 委　員――研究、販売、生産、マーケティング、市場調査、財務、人事の各部門の実質責任者およびＭＩＰ開発部門の責任者
- 事務局――定例委員会は経営企画室、社長室的な部署または独立部署
- 開　催――毎週または２週間に１回（開発上の課題解決―オーソライズ③―がほとんど）
- 承認（オーソライズ）のタイミング

　――オーソライズ②は半年に１回あらかじめ決め、そのタイミングに合わせて開発プロジェクトを提案すると決めるのもよい。オーソライズ④、⑤は随時。

●開発上の課題解決のタイミング

――オーソライズ②の後の開発上の諸課題解決（オーソライズ③）は毎週または2週間に1回の上記定例委員会の中でプロジェクトごとに行われる。これは初期の目的を予定どおり達成するためにとても重要である。

4 判断基準（「成功商品の定義」を含む）と判断タイミング

これから進めていく商品開発の途中において、それを誤りなく行い、「成功商品」へと導いていくためには数々の「判断」が下される。

それらの「判断」の中でトップマネジメントが責任をもって下すべき「判断」がある。そしてその判断を妥当に下すための「基準」を決め、それをトップは承認しておかなければならない。

どのタイミングで、どんな基準にもとづいて判断するか、という承認である。なお「成功商品」の定義は第1章第1節を参考に各企業ごとに、①発売前の成功商品判定基準の定義、②一年間での成功の定義、③過去にさかのぼっての成功の定義を、具体的に、測定可能なように決める。

5 年間の開発予算

年間の開発予算もトップの承認があらかじめ必要である。

予算の原資はこれから開発する商品の売り上げに頼るわけにはいかない。既存商品の売り上げから得られる利益や企業に蓄積された資金から拠出される。開発担当者はその予算を効果的に使って最大の利益を生み出す役割を担っている。

2 商品コンセプト開発――オーソライズ②の素材

ＭＩＰ開発の実質的な実行の最初のステップが「商品コンセプト開発」である。「商品コンセプト」は「買う前に欲しいと思わせる力」であり、初回購入をひき起こす力である。したがって、このステップでいかに魅力的な商品コンセプトを開発するかにその後の成功の半分以上がかかっている。

ＭＩＰとして市場を創造する商品は消費者の生活上の問題を解決する、未充足の強い生活ニーズに応えることが大前提で、そのための条件を満たした商品コンセプトが開発できれば成功ＭＩＰ開発の半分は終わった、といえるのである。

この「商品コンセプト開発」のステップには、

①商品コンセプトの開発
②商品コンセプトの評価・改良
③商品コンセプトのストック

が含まれる。

1 商品コンセプトの開発：キーニーズ法

私はＭＩＰに限らず、消費者受容性の高い商品コンセプトを開発したいと願っている人には常に「キーニーズ法」をおすすめしている（２４２頁参照）。

(1) キーニーズ法はパフォーマンス（Ｐ）開発を着手する前に行われるべきである。

(2) キーニーズ法は消費者の生活情報（ニーズ、行動、満足）をヒントにして商品コンセプトを開発するＮ型と社内外の技術的シーズ情報をヒントにするＳ型がある。

(3) キーニーズ法は消費者ニーズにマッチングさせる過程を含んでいるので、きちんと消費者のニーズ（未充足の強い生活ニーズ）に応える商品コンセプトを開発できる。

(4) キーニーズ法は世界初の消費者ニーズに応えるＭＩＰコンセプト開発手法である。

(5) 年に４～６回ぐらい計画的に、定期的に集中して行うことが望ましい。

2 商品コンセプトの評価

商品コンセプトは消費者の評価を受けて初めて価値のあるものとなる。そして、消費者の評価を受ける前に社内的な評価も行われる。それは消費者の評価を効率的に行うためである。以下に社内評価と消費者評価のステップを記す。

２—(1)　社内的評価

一連の社内的評価は次の消費者評価において純粋に消費者の受容性のみを測定し、受容性の高いものはパフォーマンス開発にすみやかにつなげていくために行う重要な工程である。

社内的評価は、通常、次の手段をとる。

(1)　商品コンセプト完成度チェック

以下に示す「コンセプト完成度チェックリスト」に照らしてチェックし、改良点があれば改良する。

〈コンセプト完成度チェックリスト〉

1　ベネフィットは未充足の強い生活ニーズに応えているか。
2　ベネフィットは生活上の問題を解決しているか。
3　アイディアはベネフィットを与える最低必要限のすべてが盛り込まれているか。
4　新カテゴリー名は、①従来ない商品というイメージを明らかに与えるか、②その商品が何であるかよくわかるか(何の目的に使う商品かよくわかるか)、③上記①、②を満たした最短の名詞か。

(2)　「他者の目」チェック

「コンセプト完成度チェック」を経て、一層、商品コンセプトを客観的に評価するために社内の担当者にチェックを依頼する。

しかし、「売れそう」とか「売れない」といった評価はしない。あくまでも、内容がよくわかるかをまず確認し、次に1～4を理解している関係者に、「コンセプト完成度チェックリスト」を念頭に入れ、その観点から問題があれば指摘し（「欠点列挙」）、「こうすればもっとよくなる」という「プラス・アイディア」を列記してもらう。

(3) ポリシー、ドメインのチェック

このチェックは、あらかじめ決められ、トップの承認を得たポリシーやドメインの範囲に商品コンセプトが入っているか否かを判断するものであるので、常識的にもその必要性は理解されることであろう。MIPはその特徴である新しさ、画期性によってややもすると社内関係者の抵抗にあって開発が先へ進まないことが起こりうる。そういうことを防止するために、**「ポリシーやドメインの範囲に入るものならどんなに従来の自社の商品カテゴリーと異なってもOK」**ということを合意することが重要である。

(4) 技術的非論理性チェック

消費者を対象に商品コンセプトの評価（「コンセプト・スクリーニング・テスト」）をする前に「技術的な非論理性」は必ずチェックしておく必要がある。すなわち、技術的にみて論理的に不可能な商品コンセプトは技術が伴わず、商品化できない。**これは技術的にむずかしいか否か、のチェックではない。**仮にむずかしくても技術的にみて論理的には可能であれば「コンセプト・スクリーニング・テスト」にはかけるのである。

そして図表3-2のように、消費者の受容性が高い場合に、技術的にむずかしいものは技術開発テーマ

図表3-2 「コンセプト・スクリーニング・テスト」結果から次のアクションの判定

		消費者受容性※	
		高い	低い
技術的難易度	難	技術開発テーマへ	没（テーマ化しない）
	易	商品化テーマへ	没（テーマ化しない）

※　受容性の高低はトップボックス（T. B.値）30%以上など企業内に基準をもうける必要がある。

図表3-3 コンセプト受容性診断チャート（CACH）

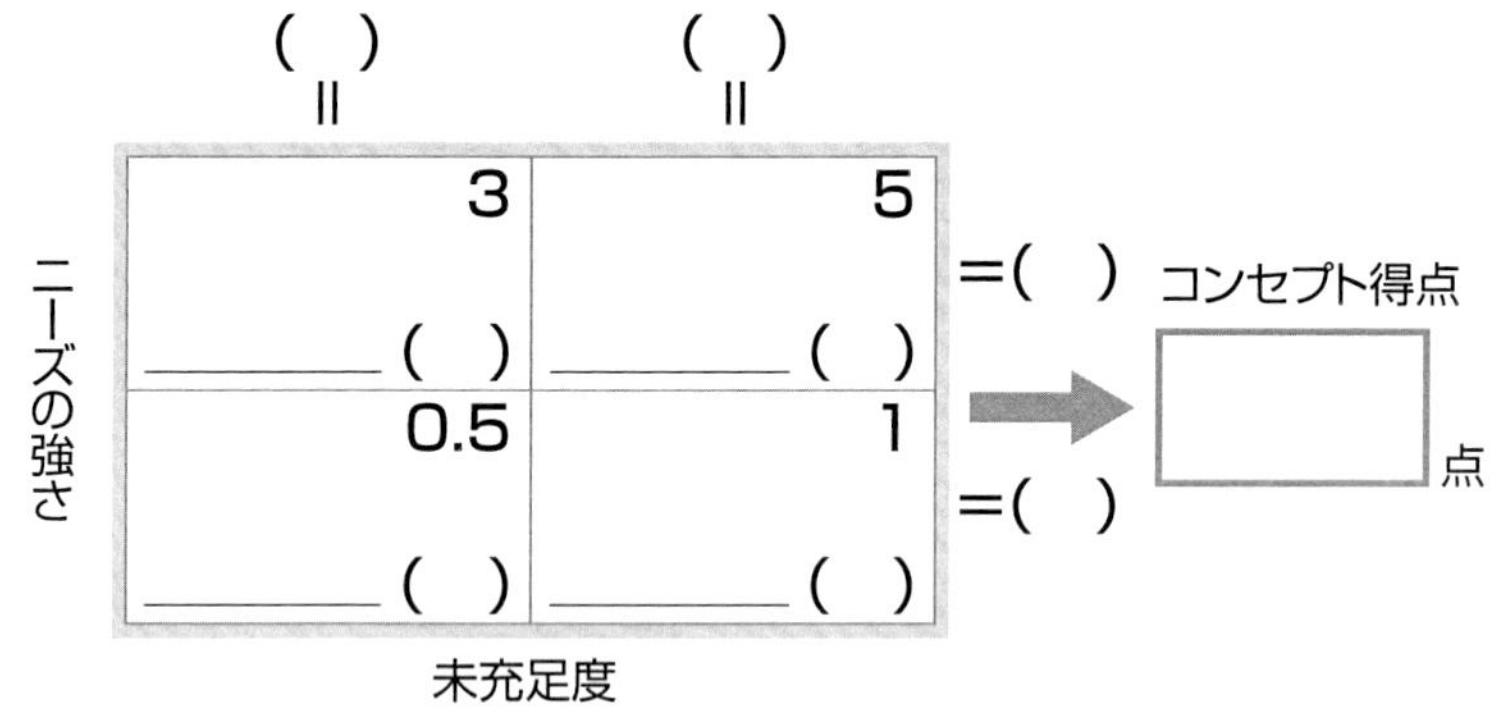

〈診断基準〉
4〜5点：コンセプトの魅力が高く、配荷率、知名率につれて初回購入が伸びる。
2〜3点：非常に高い配荷率や知名率を獲得すれば初回購入はある程度伸びる。
0〜1点：中止または抜本的改良を要する。

出所：梅澤伸嘉『成功商品開発マニュアル』日本能率協会総合研究所、1988年。

へ、やさしいものは商品化テーマへ移行させる。

この「コンセプト・スクリーニング・テスト」結果から、次のアクションの判定はオーソライズ②の重要な判定の1つである。

(5) コンセプト受容性診断チャート「CACH」による受容性の予測

「未充足ニーズ理論」をベースに、ニーズの強さと未充足度のシュミレーションによって5点〜0点の受容性判定を行う手法である（図表3-3参照）。ちなみに1984年発売の「禁煙パイポ」のスコアは4・5点で、「コンセプトの魅力は高く、配荷率と知名率の上昇につれて初回購入の確率は明らかに高まる」と診断した。

2―(2) 消費者による受容性評価：コンセプト・スクリーニング・テスト（CST）

目的

候補の商品コンセプトに対してどのような属性の消費者がどういう理由でどの程度受容するかを明らかにし、改良点を発見したり、明らかに没にすべき商品コンセプトを発見し、「開発プロジェクトの可否判断」（オーソライズ②）に根拠を与える。

方法

消費者による商品コンセプトの受容性評価は大別して「コンセプト・スクリーニング・テスト」と「コンセプト・テスト」および「表現コンセプト・テスト」の3つによって行われる。

「コンセプト・スクリーニング・テスト」はまず「Ｓ-ＧＤＩ法」によって質的に評価、改良を行った後に量的に行われる。

「コンセプト・テスト」は、「コンセプト・スクリーニング・テスト」の結果から受容性の高いものが選ばれ、パフォーマンス開発に移行するにあたり、もう少し情報が欲しいとき行われる。

「表現コンセプト・テスト」は、「コンセプト・スクリーニング・テスト」の結果を参考にして作られる「表現コンセプト」の評価であり、コンセプト・スクリーニング・テストの結果、商品化テーマとなった特定のコンセプトの表現案（通常は複数案）を評価するテストであり、売上推計の根拠とするものなので、もっと後（オーソライズ④）の作業である。

(1)「Ｓ-ＧＤＩ法」による予備的スクリーニングテスト

社内的にスクリーニングされた複数の商品コンセプトは、できるだけすべて「Ｓ-ＧＤＩ法」による予備的スクリーニングテストにかけることが望ましい。この予備的スクリーニングテストでそれぞれのコンセプトの**改良点が必ず抽出されるし**、**受容する消費者属性を知ることもできるし**、**明らかに受容性の低いものも発見することができる。**

このようにして、次のステップである量的な「コンセプト・スクリーニング・テスト」にかけるコンセプトをかなり妥当に、絞り込むことができる。

(2)「コンセプト・スクリーニング・テスト」（CST）

「コンセプト・スクリーニング・テスト」（以降ＣＳＴと略称する）は、上記で消費者の目を通してパスしたコンセプトがどのような属性の人々にどのような理由でどの程度受容されるかを知り、**商品化なり技術開発なり先へ進むことを妥当に決めるために不可欠の調査である。**

そのため、**可能な限り、対象者属性を広くとることが重要であり、かつ判断基準をあらかじめ決定しておくことが重要である。**テストの基本項目は次のとおりである。

※CSTの詳細は梅澤伸嘉『消費者は二度評価する』（ダイヤモンド、1997年および『30年売れて儲かるロングセラーを意図してつくる仕組み』日本経営合理化協会、2016年）を参照。

CSTの基本項目

1 使用意向（5ポイントスケール）
2 使用意向の理由（O.A.）
3 特徴項目の魅力度（M.A.）
4 特徴項目の不信度（M.A.）
5 価格提示後の購入意向（5ポイントスケール）
6 フェースシート

（O.A.＝オープンアンサー
M.A.＝マルチアンサー）

得られた結果は〈CSTのシステマティック分析法と改良法〉と呼ぶ手法で客観的に分析と改良を行い、受容性と改良点が結論づけられる。

主指標のまとめ

1　使用意向のT.B.（「ぜひ使いたい」の率）
2　使用意向のT.P.（「ぜひ使いたい」＋「使ってみたい」の合計）
3　購入意向のT.B.（「ぜひ買いたい」の率）
4　購入意向のT.P.（「ぜひ買いたい」＋「買ってみたい」の合計）

（T.B.＝トップボックス
T.P.＝トータルポジティブ）

5　主受容層（使用意向のT.B.がもっとも高い属性）
6　価格妥当性（通常、「購入意向のT.P.」を「使用意向のT.P.」で除し、70％を超えるか否かで判断）
7　初年度年間売上金額の推計（「Formula-s」の式により計算）

※「Formula-s」は購入意向のT.B.値をベースにいくつかの要素を当てはめて売上規模を推計するものである（非公開）。ＭＩＰは市場が未だないのでシェアを用いた売上推計ができない。そこで独自に開発した式でＭＩＰ固有の売上を推計するのである。もっとも最初に使ったのが「アサヒスーパードライ」の販売予測である。

結論づけ

以上のデータ処理を経て、「Ｆｏｒｍｕｌａ-ｓ」によって算出された金額を眺め、当該企業にとって十分に開発に値するか（利益が十分得られるか）否かを判断し、※商品化テーマまたは技術開発テーマをオーソライズする。

※　商品化か技術開発かの識別は先の図表3-2を元に決定する。
なお、MIPはグローバル展開して海外でも市場開拓できるのでCSTの結果の受容性を示す消費者属性を見て、結論づけでは海外での受容性の大小の判断も加味する。

3　商品コンセプトのストック

CSTで受容性が評価済みの商品コンセプトのいくつかは、計画的にストックされる必要がある。計画的に受容性の高い商品コンセプトをストックしておいて、経営計画上の必要に応じていつでも商品化できるようにしておく考え方が望ましい。計画的に一定の数だけ商品化することによって、年々、売上と利益を右肩上がりに増やしていくことができるようにするためである。

4　表現コンセプトの開発と評価

商品コンセプトは、CSTの結果に表される消費者の反応を踏まえて表現化される。それにもとづいて広告やパッケージが妥当に作られる。商品コンセプトは、商品パフォーマンス開発の目標であり、表現コンセプトは広告やパッケージのガイドラインとなるものである。

表現コンセプトの評価は、CCT（表現コンセプトテスト）によって行われ、需要予測のベースデータとなる。なお、表現コンセプトについては、本章第3節3を参照していただくとし、ここでは商品コンセプトとの繋がりについてのみまとめる（図表3-4参照）。

短時間で消費者がその商品を「欲しい」と思うためには、その商品が「何である」「どう良い」かがコンパクトに、インパクト強く表現されなければならない。その「何である」こそが、商品アイディア（Ｉ）を元に作られた「新カテゴリー名（ＮＣＮ）」であり、「どう良い」こそが、ベネフィット（Ｂ）を元に作られた「ＵＳＰ（ユニークで売り込みのきく主張）」である。

以上のような商品コンセプトと表現コンセプトの密接な繋がりは、ＣＳＴデータの分析によって結び付けられている。

3 開発プロジェクト（テーマ）の可否判断――オーソライズ②

このステップの目的は、会社として責任をもってパ

図表3-4 「商品コンセプト」と「表現コンセプト」のつながり

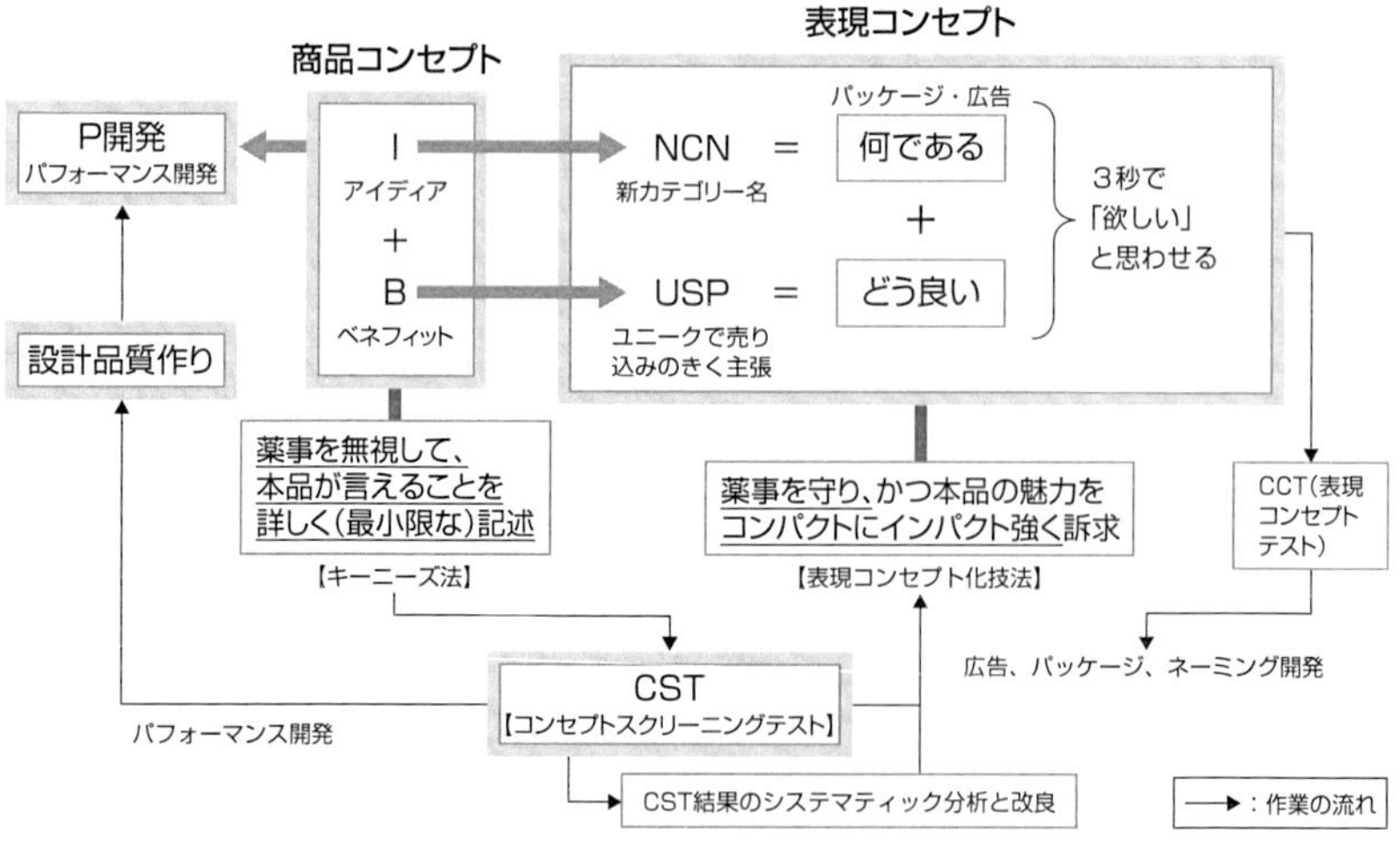

フォーマンス開発のための金と人を投入して、新しい市場を創造する「ＭＩＰ」を開発することを決意し、承認することである。以下の項目を審議し、結論を承認する。

1 結論づけの項目

① この商品コンセプトをもとに、すみやかに商品パフォーマンス開発に着手する。
② この商品コンセプトを改良して再提案する。
③ この商品コンセプトを達成する技術開発に着手する。
④ この商品コンセプトは基準（開発ポリシー、ドメイン、成功基準のいずれか）を満たしておらず没にする。
⑤ この商品コンセプトは次年度以降の商品パフォーマンス開発のためにストックする。
⑥ 開発チーム・スタッフ、スケジュール、予算についての結論。
⑦ 課題についての解決策の結論。

2　審議項目――基準

①　開発ポリシーに合致するか。
②　ドメインの範ちゅうに入っているか。
③　ブランド（商標登録済み、未決の別／既存ブランド、新規ブランドの別）。
④　成功基準に合致するか。
⑤　開発チーム・スタッフの人選案は妥当か。
⑥　開発スケジュール案は妥当か。
⑦　開発予算案は妥当か。
⑧　課題についての解決策。

これらの審議が短時間に効率的に行われるよう、ＭＩＰ開発部隊はあらかじめ委員会事務局に資料を提出し、委員は事前にそれを読んで参加する。

3　タイミング

全体のプロジェクトを一覧するために、半年に1回以上委員会に起案できる機会を用意し、タイミングを逃さず提案し、審議し、結論を承認するために集中審議をすることを原則とするとよい。

『MIP開発ケーススタディ「バンダイナムコアミューズメントのMIP開発事例より」』

株式会社バンダイナムコアミューズメント
プロデュース2部　ゼネラルマネージャー
市川　秀久

● バンダイナムコアミューズメントのアーケードゲーム機のMIP

バンダイナムコアミューズメント（旧社名ナムコ、バンダイナムコゲームス、バンダイナムコエンターテインメント）のアーケードゲーム機の明確なMIPは、私の分析によると「スウィートランド」（1986年～32年継続販売中）、「太鼓の達人」（2001年～17年継続販売中）、「機動戦士ガンダム戦場の絆」（2006年～11年継続販売中）」の3機種です。これに加わりそうなMIP予備軍が「釣りスピリッツ」（2012年～5年継続販売中）」です。これ以外にもヒット商品は数多いですが、梅澤理論に照らして「後発品」と判定しています。

● 梅澤理論との出会い

梅澤理論との出会いは2003年にCPバランス理論を聞いて門戸を叩いて以降となります。当時、アーケードゲーム機の開発および販売が振るわず、商品開発に閉塞感を抱いていた時期でした。当時の開発メンバーはいきなり開発の責任を任された若手の30代中心のメンバーで、むさぼるように梅澤理論を学んだことを覚えています。CPバランス理論を含む、CAS分析やS-GDIなどのインタビュー手法を活用して、試行錯誤を繰り返しながら数々の商品開発に活用を試みました。

前述の「スウィートランド」と「太鼓の達人」は梅澤理論との出会いの前に開発して保有していたMIPです。しかし、当然その当時はMIPという概念はもっていませんでした。

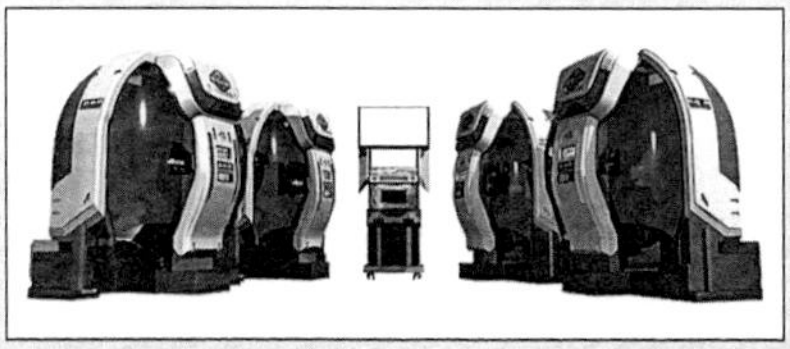

機動戦士ガンダム戦場の絆

● 「機動戦士ガンダム戦場の絆」の誕生

「機動戦士ガンダム戦場の絆」は商品コンセプト開発から梅澤理論をフル活用して生まれた商品です。「多くの人は機動戦士ガンダムに乗って操縦体験をしてみたいと思っているだろう」というニーズ仮説を、それを当時保有していたドームスクリーン技術によって実現するという基本コンセプトを梅澤理論のCAS分析、S-GDIなどを重ねてブラッシュアップしていきました。大型の筐体開発は投資を含めて販売に大きなリスクがあることが懸念されましたが、発売されると途中段階で確認されていたターゲットユーザーへの強い受容性のとおりの反応が見られ、大ヒット商品となったのです。

● **「釣りスピリッツ」の誕生**

「釣りスピリッツ」は2010年から私が開発を担当した、MIP予備軍といえる商品で、8人が真ん中の「海」を取り囲むようにして遊ぶ、本格的な魚釣りが近くのショッピングセンターで楽しめる「魚釣り体験メダルゲーム」です。こちらも梅澤理論を基に商品コンセプト開発～受容性確認をフル活用して生まれた商品です。発売後の経過年数が5年なので、MIP予備軍としていますが、5年経過後も全く勢いの衰えない状況から間違いなくMIPの仲間入りをすると確信しています。

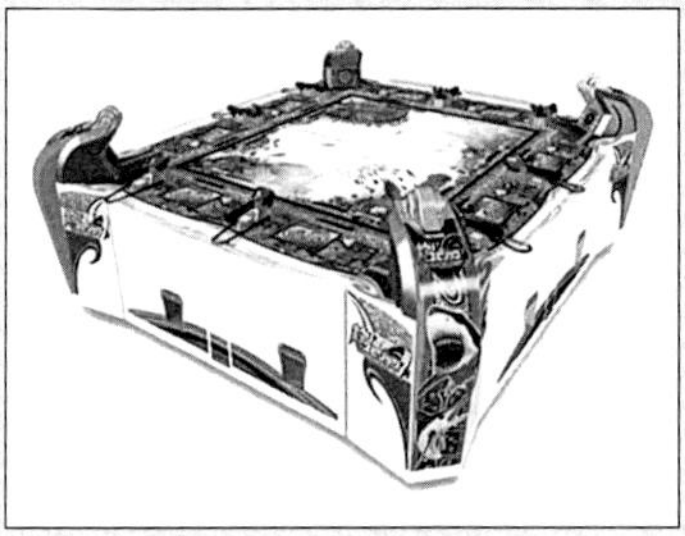

釣りスピリッツ

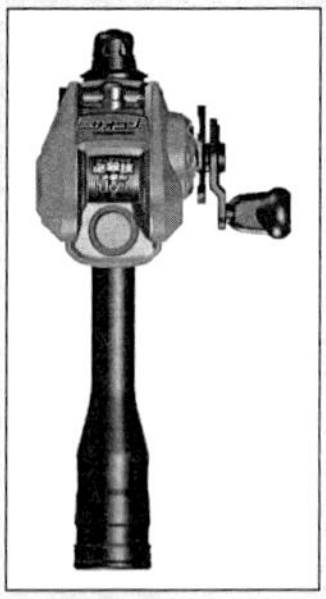

竿型コントローラー

● **「発売前」からヒットを確信できるのがMIPの特徴**

「釣りスピリッツ」は2012年11月に発売された商品ですが、私は2011年の8月のパフォーマンス調査および2012年3月の社内イベントでの試遊会のターゲットユーザーの反応で、ヒット商品になるであろうことを確信していました。真のMIPは発売前に、ほぼその判定ができるのが特徴であると私は考えています。ターゲットが子供たちであると尚更わかりやすいという特徴もあります。簡潔に商品コンセプトを伝え、試作品を見せた段階で、食らいつくようにゲームを始めて、かつ繰り返し何度も遊びたがるという反応が見られた時点で、MIP予備軍が確定していると判断して間違いありません。「強いニーズは行動に表れる」からです。

（写真提供：バンダイナムコアミューズメント）

3 各プロセスの説明②——プロセスとオーソライズ

1 開発上の課題解決——オーソライズ③

定期的に行われている「MIP開発委員会」に対し、開発上解決を要する課題と解決策の案および進行具合を報告し、結論を承認する（課題発生ごとに）。一方、「MIP開発委員会」は必要に応じて開発進度について報告を受けることができ、経営上の判断によって開発進度の優先度を高めたり、低めたり、中止勧告ができるようにする。

なお、委員会は関所の役人や監視役ではない。また指示者でもない。あくまで開発チームの課題解決を手助けしたり、スムーズな開発を助ける役割に徹することが何より重要である。

このステップにはMIP開発に関わるほとんどの内容が含まれる。それは以下のとおりである。

1　商品パフォーマンス開発と評価

●上記「オーソライズ②」で承認された商品コンセプトをもとに、技術者を中心としたチームによって「商品パフォーマンス」が開発される。このプロセスは通常、商品化研究とか単に商品化といわれているものと同じである。

●このプロセスのゴール（目標）は承認されたメインターゲットと商品コンセプトに過不足なく、満足を与えるための「商品パフォーマンス」を予定のスケジュールと予算の範囲で達成することである。

※ ただし、第1章で述べたとおり、結果として予定の時期までにその水準に達する保証はない。それ故、進捗状況をにらみながら、もし予定を大幅に変更することが予想された場合は、委員会にその旨報告し、遅延のオーソライズを受けるようにしておかないと事業計画に狂いをもたらす危険がある。

●このプロセスには次のサブプロセスが含まれる。

1―(1)　設計品質づくり

目的

商品コンセプトで消費者に与えた「期待」を過不足なく「満足」させる商品パフォーマンスを開発するために、商品コンセプトの内容を技術のコトバに変換すること。そのことによって、①技術的可能性がより妥当に判断でき、②何を解決しなければならないかが具体的になる。

方法

(1) CSTの結果の分析から、誰をメインターゲットにするか確認する。
(2) CSTの結果の分析から、何が魅力で、何が信じられないかを知る。
(3) 価格妥当性のデータから、価格の目安と、コストの目安をつける。
(4) その上で、当該商品が備えるべき「品質特性」を必要条件（M：Must）と十分条件（W：Want）に分けて列記する。
(5) 右記(4)の内容を吟味した上で、それらを達成する手段アイディアをそれぞれについて明記する（思いつかない場合はブランク）。
※以上の作業は技術者と一緒に行う。
(6) 右記(3)と(4)の内容を記入し、その内容をもとに技術開発してもらうために技術者に渡し商品パフォーマンス開発をゆだねる。
「設計品質づくり」は所定の手法を用いて行う（詳細は梅澤伸嘉『30年売れて儲かるロングセラーを意図してつくる仕組み』（日本経営合理化協会、2016年）参照）。

1―(2) 商品パフォーマンステスト

目的

設計品質に従って、かつその範囲でできるだけ低コストでパフォーマンスを開発し、その開発状況とスケジュールをにらみ、そのパフォーマンスが商品コンセプトが与えた期待を過不足なく満足させる水準に到っているか否かを評価する。そして次のステップである「Ｃ／Ｐテスト」に根拠を与える。

方法

商品パフォーマンステストは通常、商品パフォーマンス開発とサイクル状に行われ、次第にパフォーマンス水準が高まっていくことを確認しながら行われる。

また、以下のように、小規模から始め、次第に大規模のサンプルサイズでテストをする。

(1) 技術者によって商品パフォーマンスの水準がほぼ所期の目標水準（設計品質に従って）に達したと判断された時、社内パネル（10～50人）を対象とし、その商品が使用されるであろう場面（またはそれに準ずる条件下）で使用テストを行う。

(2) 改良点があれば(多くの場合、初期段階ではほとんど改良点は抽出される)それを改良する作業に入る。

(3) 改良点が改良されたと判断された段階で再度右記(1)を行う。

※　通常、複数の処方や設計が比較検討される。

※　商品パフォーマンス開発は１回のテストで合格ということは稀であり、かつ、期待水準に到達するパフォーマ

ンスが機械的に上昇するわけでもないので、開発スケジュールの中でもっとも期間の幅が大きくずれるステップである。それ故、オーソライズ②の段階でできる限り余裕をもってスケジュールが決められる必要がある。

(4) 右記を繰り返し、ほぼ設計品質どおりの商品パフォーマンスが開発できたと判断されたら、一般の消費者を対象にS-GDIを行う。その結果から改良点を改良の上、対象者を統計処理に耐えるだけのサンプルサイズ（人数）にして量的パフォーマンステストを行う（いきなりC／Pテストもありうる）。

(5) テスト項目
次の「C／Pテスト」の中の商品パフォーマンスの評価項目を参考にして決める。

1―(3) C／Pテスト

目的

受容性の高い商品を開発するために、コンセプト（C）とパフォーマンス（P）を総合的に評価することによって、①初回購入率が高く、再購入率も高くなる商品に仕上がっているか否か、②改良すべき点は何かを明らかにする。

すなわち、初回購入と再購入のシミュレーションを行い、テスト結果をもとにラフな初年度売上推計を行い、発売決裁に重要な根拠を与える。

方法―標準Ｃ／Ｐテスト

「Ｃ／Ｐテスト」と称されるテストは最近広く行われている。しかし、「Ｃ／Ｐテスト」という呼称を用いていてもやり方や考え方はかなりバラバラである。

ここでは私が初めて開発し、発表（１９７３年）した標準「Ｃ／Ｐテスト」の方法を簡単に述べる。

※Ｃ／Ｐテストの詳細は梅澤伸嘉『消費者は二度評価する』（ダイヤモンド社、１９９７年）で初めて公表した。

「コンセプト・テスト」で絞り込まれ、受容性が高いことが確認されたコンセプトと、上述「商品パフォーマンステスト」で受容性が高いことが確認された試作品を用意する。そして、判断基準を確認する。

テスト対象者は、コンセプト（Ｃ）テスト次元では物理的に当該商品を購入しうる条件をそなえた人（例：入れ歯用商品ならば入れ歯着用の人）、パフォーマンス（Ｐ）テスト次元では商品コンセプトに「使用意向」（Ｔ.Ｐ.）を示した人と決める。

Ｃ／Ｐテストの基本項目

図表３-５-１から図表３-５-３を参照されたい。

主指標のまとめ

図表３-６を参照されたい。

結論づけ

「主指標のまとめ」の諸データを整理して、初年度の売上を推計する（「Ｆｏｒｍｕｌａ-ｓ」）によって算出した金額を眺め、当該企業にとって生産、販売に十分値するか否かを判断し、それを承認する。

図表3-5-1 「事前調査」―調査協力者に対してのコンセプトの評価

分 類	No.	調 査 項 目	対象者	カード提示	回答形式
該当者のスクリーニング／使用意向／購入意向	Q.1	〈商品により異なる〉例：水洗トイレか否か	全		
	Q.2	商品コンセプトに対する使用意向（5ポイントスケール）	全	○	SA
	Q.3	その理由	全		OA
	Q.4	商品コンセプトに対する購入意向（価格表示）（5ポイントスケール）	全	○	SA
	Q.5	商品コンセプトの主要素の魅力度（7ポイントスケール）	全	○	SA
フェースシート	F.1～F.11	基本フェースシート	全	○	SA MA
	F.12	不適格者の選別	全	○	MA

※ この「C／Pテスト」の標準的項目は著者オリジナルである。

ＳＡ…単一選択
ＭＡ…多肢選択
ＯＡ…オープン回答

図表3-5-2 「記録用」―使用テスト協力者に対しての商品パフォーマンスの評価

分 類	No.	調 査 項 目	対象者	カード提示	回答形式
使用実態／商品評価	Q.1	使用実態記録（使用回数など）	全		OA
	Q.2	全体評価（9ポイントスケール）	全	○	SA
	Q.3	特性別評価（7ポイントスケール）	全	○	SA
	Q.4	使用場所（対象物）別全体評価（7ポイントスケール） ※場所、対象物によって評価が異なると考えられる場合	全	○	SA
	Q.5	よい点／悪い点	全		OA

出所：梅澤伸嘉『成功商品開発マニュアル』日本能率協会総合研究所、1988年。

図表3-5-3 「再訪問調査」―使用テスト協力者に対しての商品パフォーマンスの評価

分　類	No.	調　査　項　目	対象者	カード提示	回答形式
評価の理由／使用・購入意向	Q.1	全体評価の理由（記録用Q.2の）	全		OA
	Q.2	使用意向（5ポイントスケール）	全	○	SA
	Q.3	その理由	全		OA
	Q.4	価格付購入意向（5ポイントスケール）	全	○	SA
	Q.5	競合品との比較評価（7ポイントスケール）		○	SA
	Q.6	テスト品のよい点（記録用Q.5の補足）	全		OA
	Q.7	テスト品の悪い点（記録用Q.5の補足）	全		OA

出所：梅澤伸嘉『成功商品開発マニュアル』日本能率協会総合研究所、1988年。

図表3-6 主指標のまとめ

		今回の結果	
A	コンセプト使用意向	T.B.	○%
		T.P.	○%
		MEAN	
B	コンセプト購入意向	T.B.	○%
		T.P.	○%
		MEAN	
B／A	価格妥当性 （コンセプト）		
C	使用後の全体評価	T.B.	○%
		T.P.	○%
		MEAN	
D	使用後の使用意向	T.B.	○%
		T.P.	○%
		MEAN	
E	使用後の購入意向	T.B.	○%
		T.P.	○%
		MEAN	
D／C	必要度		
E／D	価格妥当性 （パフォーマンス）		
	Formula-sによる初年度の 売上推計金額		

出所：梅澤伸嘉『成功商品開発マニュアル』日本能率協会総合研究所，1988年。

2 ブランドネーム、パッケージ、広告の開発と評価

このMIP開発システムでは上述1の商品パフォーマンス開発と評価と併行してブランドネーム、パッケージ、広告の開発に着手する。従来型の開発の多くでは、これらの検討はかなり商品パフォーマンスの開発が進み、多くの場合、発売時期すらも決まってからの時点で行われる。そのため、どうしても時間切れを理由に不十分なパッケージや広告を余儀なくされることが多かった。ブランドやパッケージ、広告もいずれも商品が売れるための最大化要素であり、発売時期を遅らせず、かつ十分な検討を加えられなければならない。

このような考え方から、MIP開発システムでは商品パフォーマンス開発と併行して、これらの開発に着手する。商品コンセプトの受容性に関する情報が「CST」によって得られていれば、これらの開発着手は早すぎないのである。

このプロセスには次のサブプロセスが含まれる。

2―(1) 表現コンセプト開発

目的

当該商品（コンセプト）の魅力を一層魅力的にするブランドネーム、パッケージ、および広告を開発するための〝表現の方向〟を妥当に決める。つまり、連結機の役割を果たすのである。

方法

(1) ＣＳＴの結果の分析から、メインターゲット、新カテゴリー名（新市場名）、応える主たるニーズを決める。
――〈インプット情報（どんな人にどのように商品を伝えればいいかの基礎情報）〉
(2) 新カテゴリー名――その商品が「何である」かをコンパクトに、インパクト強い名詞で表わす。
(3) ＵＳＰ――「どう良いか」をコンパクトにインパクト強く表わす。
(4) ＵＳＰをイメージ面で補強する「トーン＆マナー（ＵＳＰをイメージ面でサポートする消費者に与える印象・調子・雰囲気）」を決める。
(5) 潜在しているニーズを目覚めさせる役割を果たす「意識喚起メッセージ」を決める。
(6) 主訴求点のプライオリティを決める。
(7) ＵＳＰを確信させるための情報「サポート情報」を決める。
(8) 右記(1)～(7)をもとに手作りのパッケージと広告を作る。
以上を「表現コンセプト化技法」と称する手法に従って作業する（２５８頁参照）。

2―(2) 表現コンセプト・テスト

目的

物理的に購入しうる条件をそなえた消費者にとって、どの表現コンセプトの方向がもっとも魅力的であるかを判別し、改良点を抽出する。

方法

(1) 「表現コンセプト化技法」によって作成した手作り広告をテストの素材とする。手作り広告の作成は広告代理店に頼んでもよいが、今日、パソコンと雑誌の切り抜きにより開発担当者で十分に質の高いテスト素材が作れる。

(2) 複数案作り、比較調査する。

(3) 比較対象項目

表現コンセプトの項目「トーン&マナー」「USP」「意識喚起」「サポート」の内、確信がもてるものについて複数案作り、それらを比較する。

(4) 調査項目

イ) CSTの基本項目に準ずる。

ロ) 商品コンセプトとの合致度（各案の比較）。

ハ) 「新カテゴリー名」が、①今までにない商品と明らかに伝わるか、②何であるか／何の目的に使う商品かがよく伝わるか。

(5)　調査方法

判断の枠組をあらかじめ妥当に設定しておけば、システマティック・グループ・ダイナミック・インタビュー法（Ｓ－ＧＤＩ法）がもっともフレキシブルに対応できる。また、ターゲットが決まっている場合にもＳ－ＧＤＩは有効である。

(6)　結論づけ

Ｓ－ＧＤＩの反応を慎重に分析し、どの案がもっともターゲット消費者に魅力を与えうるか（つまり初回購入を喚起する力をもつか）を結論づける。

2―(3)　ブランドネーム開発と評価

目的

ＭＩＰが開発され、市場にて発売された後、その商品を消費者に識別されやすく、かつ、新カテゴリーの代表イメージを得やすくするための銘柄名を決める。

方法

(1)　表現コンセプト作成時に決め、「表現コンセプト・テスト」で確認された「新カテゴリー名」とのイメージ的な結びつきの強い名前を考える（「カテゴリー連想価」が高い名前を考える）。
(2) ネーミングテストで「カテゴリー連想価」のもっとも高いものを優先的に選抜する。
(3) 「カテゴリー連想価」がほぼ等しければ「覚えやすい」とか「短い」とか「トーン＆マナーのイメージに近い」などの基準で選ぶ。

2―(4) パッケージ開発と評価

目的

店頭で今までの商品では充たすことのできないニーズに応えた「新カテゴリー商品」であることを瞬時に伝えることができるパッケージに仕上がっていることが非常に重要である。故に、パッケージ開発の目的は、当該ブランドのＵＳＰ（ユニークで売り込みのきく主張）を中心とした訴求内容を店頭で瞬時に伝えうるパッケージに仕上げることである。

方法

(1) 表現コンセプトで定めた「ＵＳＰ」「意識喚起」「サポート」「新カテゴリー名」「ブランドネーム」の内容は必ずパッケージに表記する。それらがよく見えるように表記することを前提にパッケージ・デザインを考える（既定のサイズにとらわれない）。

(2) 表現コンセプトで定めた「トーン＆マナー」をよく表現できるように色づかい、ロゴタイプなど工夫する。
(3) 店頭で、ターゲット消費者に「愛のメッセージ」すなわち、あなたの問題を解決する初めての商品が出たことを訴えているように仕上がっているかチェックする。
(4) パッケージ・テストで「ＵＳＰ」と「新カテゴリー名」がもっともよく伝わり、購入喚起力が高いことを優先した基準でテストする。――システマティック・グループダイナミックインタビューがベスト。

2―(5) 広告開発と評価

目的

各種メディアを通じて、今までの商品では充たすことのできないニーズに応えた「新カテゴリー商品」であることを早期に伝え、早期にカテゴリー代表イメージを確立することができる広告の完成が非常に重要である。故に、広告開発の目的は、各種メディアで当該ブランドが早期にカテゴリー代表イメージを確立できる広告に仕上げることである。この点はＭＩＰの成功にとってきわめて重要である。

方法

(1) 表現コンセプトで定めた「USP」「意識喚起」「サポート」「新カテゴリー名」、および「ブランドネーム」が、連動性よく1つのまとまりのあるものとして伝わる広告を開発する。
(2) 表現コンセプトで定めた「トーン&マナー」にもとづき、パッケージと一体感のある印象、調子に広告全体を仕上げる。
(3) 各種メディアの中でどのメディアがふさわしいかを判断の上、そのメディアにふさわしい仕上がりになっているかチェックする。
(4) 広告効果の定義を決め、それを評価基準にする。
(5) 広告メディアのベストな選択。
(6) 広告作成ガイドラインチェックリスト。
(7) 広告テストで「USP」と「新カテゴリー名」がもっともよく伝わり、購入喚起力が高いことを優先した基準でテストする。――システマティック・グループダイナミックインタビュー(S-GDI)がベスト。

以上の詳細は『最新「成功商品開発マニュアル」』(梅澤伸嘉ほか、日本能率協会総合研究所、2004年)を参照。

3　売り方開発と評価

以上のブランドネーム、パッケージ、そして広告開発や評価は、商品パフォーマンス開発と評価と併行して行われることは2で述べたとおりであるが、「売り方の開発と評価」も、このＭＩＰ開発システムでは、上記1「商品パフォーマンス開発と評価」および2「ブランドネーム、パッケージ、広告の開発と評価」と同時併行で行われる。

従来型の開発では「売り方」は発売まぎわで検討され、しかも、ほとんどは販売部門にまかせられていた。しかし、**ＭＩＰ開発システムでは「当該商品にもっともふさわしい売り方は何か」を早い段階から販売部門の担当者を交えて研究する。**商品コンセプトの受容性に関する情報（「ＣＳＴ」の情報）さえあれば「売り方」はすでに検討着手できるのである。

目的

ＭＩＰを成功させるには、既存の販売ルートや販売法に拘束されない固有の販売ルートや販売法が必要である。それ故、「売り方開発」の目的は、当該ブランドがターゲット消費者にとってもっとも買いやすいよう販売ルートと販売法を開発することである。

方法―シナリオストーリー法―手順とサンプル

図表3–7–1、図表3–7–2を参照。

図表3-7-1　シナリオストーリー法

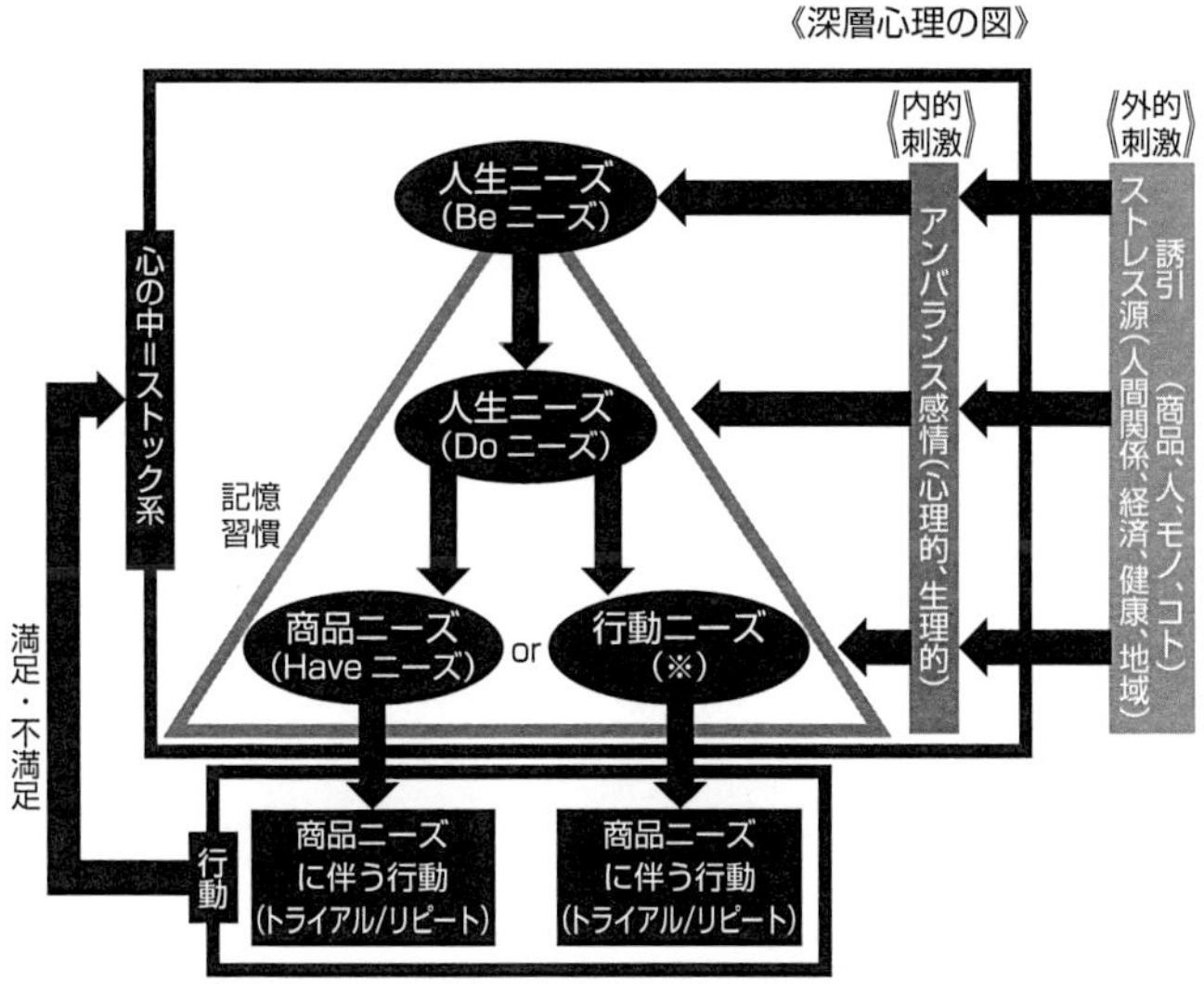

※行動ニーズ：行動(〜している)を直接ニーズ表現化したもの

ポイント！　簡潔かつ印象深く描く。

《手順》

1. 当該商品がロングセラー商品として成功している**エンディングイメージ**を描く。
2. 消費者の深層心理(心のつぶやき)を以下の①から③に沿ってストーリー化する。
   ①**従来の消費者の「行動」と「アンバランス感情」を描く。**
   ニーズが潜在している段階の、消費者の従来のとっていた「行動」(右図の「行動ニーズに伴う行動」)とそれに伴う「アンバランス感情」(不満足)を描写
   ②**当該商品コンセプト(C)がもたらす消費者の深層心理と行動を描く。**
   誘引となる商品(外的刺激)によりニーズが顕在化して、「トライアル購入行動」(右図の「商品ニーズに伴う行動」)をとる時の様子を描写(購入のきっかけ)
   ③**当該商品パフォーマンス(P)がもたらす消費者の深層心理と行動を描く。**
   「購入行動」に「満足」した様子を描写。※味わった「満足」は心の中＝ストック系に記憶され、「リピート購入行動」や「口コミ」につながる。
3. 当該商品の成功(ロングセラー / シェア No1)をエンディングイメージと合致させるようにして描く。

図表3-7-2　シナリオストーリーシートに記入した例

サンプル

■タイトル(新カテゴリー名)
弁当爽茶(NCN：弁当専用茶)

■エンディングイメージ
弁当売場の横に「弁当専用茶」としておいてもらえるようになりました。弁当(昼食)を食べる時に弁当専用茶を飲むことが多くの人の習慣(新しい生活)となり、その生活の中の王者として長い間愛用され続けました。

①従来の行動とアンバランス感情(不満足)

それまでの手段や悩み
私は昼食の弁当のあと、歯磨きできないことが多く、お茶や水で口をブクブクしたり、ガムやフリスクやブレスケアを食べていました。しかし、せっかくの食事の余韻が楽しめません。しかもニンニク料理など臭いの強い弁当はあとの口臭が気がかりでしたし、その後に食べたくとも我慢を強いられることもしばしばでした。

②商品コンセプト(C)がもたらす心理と行動

トライアルのきっかけ
ある日、ガムを買いにコンビニに行き、レジの近くで「弁当爽茶」のポスターをともに商品が並んでいるのを目にし、“これだ” と思って、ガムと一緒に買いました。

③商品パフォーマンス(P)がもたらす心理と行動

満足とその秘密
もともと、お弁当の時間はペットボトルの緑茶を飲んでおり、緑茶好き人間の私。半信半疑でしたが、天然の緑茶の美味しさに大満足。お弁当がとても美味しく食べられました。今まで気になっていた口臭は、この商品の中のカプセルに詰まっている葉緑素の働きで、すぐに消えることを知り、「これで安心して臭いの強いお弁当を楽しめる」と、毎日のお弁当のお供に「弁当爽茶」を買い続けました。ニンニク料理を食べたあとなのに、人に接しても、臭いに気付かれることがなかったのです。

■その後の市場での成功
やがて時は過ぎ行き、早くも私は定年を迎える年齢になりました。孫が高校生になっていました。そしてなんと嬉しかったのは、孫はお弁当と一緒に「弁当爽茶」を持参していました。スーパーやコンビニの弁当売場の横は、多くの「弁当専用茶」が所せましと並んでいました。その中でも一番多くのスペースを《弁当専用茶 No.1》のポスター付きの「弁当爽茶」が占め、ちょっと立ち止まって見ているだけでも、昼休み時には、何人も何人もお弁当と一緒に「弁当爽茶」を手にレジに並んでいました。そして今年の暮れの「ロングセラー商品大賞」に「弁当爽茶」が輝きました。

② テスト・マーケティング移行可否・生産・販売可否判断——オーソライズ④

1 テスト・マーケティング計画の承認

MIPをより完璧に成功させるには、そのリスクを軽減し、チャンスを最大化するためにテスト・マーケティングを行うことが望ましい。

そこで、上述④で商品力が高まったことが確認され、パッケージと広告が開発され、かつ売り方開発が終了することを待ってテスト・マーケティングの提案を行い、承認を得る。ここでの承認ではテスト・マーケティングの生産と広告出稿の承認を含んでいる。

上述③で述べた「MIP開発委員会」では以下のような項目を審議し、結論を承認する。

結論づけの項目

① この商品を提案どおりのプランで、テスト・マーケティングを実施すること。
② 商品力は高いのでテスト・マーケティングは許可するが、地区、期間、パッケージ、広告、広告額、売り方、販売予算の中のいずれかは再検討の上、再提案すること。
③ 商品力がまだ低い（予想される販売金額は我が社の基準を超えない）のでパフォーマンスを改良

の上再提案すること。

審議項目――基準

①　ポリシーやドメインに合致するか（オーソライズ①の確認程度）。
②　成功基準に合致するか。
③　テスト・マーケティング・プランは妥当か。
④　その他課題について。

タイミング

定期的に行われている委員会にプランができ上がり次第、提案し、審議し、結論を承認する。

２　テスト・マーケティングの実施

目　的

承認されたテスト・マーケティング計画にもとづき、その中の各活動を計画どおり行い、所期の売上、利益が達成できるか、解決すべき課題は何か、を明らかにし、全国マーケティング導入に根拠を与える。

方法

(1) テスト・マーケティング計画に従って実行する。
(2) 実行に伴う解決すべき課題の抽出を行う。
(3) テスト・マーケティングに伴う市場調査を行う。
① 広告一定投入時点での知名率、購入率調査〈AAU調査①〉
② 広告一定投入時点での購入中止者、知名未購入者、再購入定着者を対象としたS-GDI〈三属性S-GDI①〉
③ 購入者の動機、満足度、再購入実態についてのS-GDI〈購入者S-GDI〉
④ 購入者の動機、満足度、再購入実態についての量的調査〈購入者調査〉
⑤ 一定期間後の広がりを知る知名率、購入率調査〈AAU調査②〉
⑥ 小売店主へのヒアリング調査〈小売店情報収集調査〉
⑦ 一定期間後の購入中止者、知名未購入者、再購入定着者のS-GDI〈三属性S-GDI②〉
⑧ その他課題解決のための調査
⑨ 店頭配荷率調査〈配荷率調査〉
(4) 市場調査結果の総括、結論づけを行う。
⑩ 広告出稿に見合う知名率、購入率が得られているか（調査①、⑤より）。

⑪　再購入率と頻度は予想どおり達成しているか（調査③、④より）。
⑫　小売店主は当該商品の将来をよく見込んでいるか（調査⑥より）。
⑬　購入中止者、知名未購入者、再購入定着者の反応は成功を予見しうる内容か（調査②、⑦より）。

以上の①〜⑬を判断できる最短のタイミングで行い、諸結果を総合してテスト・マーケティングの成否を判定する。

(5)　売上・利益を含めた総合的結論づけを行う。

3　全国導入可否、生産・販売マーケティング可否判断――オーソライズ⑤

1　全国マーケティングの承認

テスト・マーケティング結果を総括し、テスト・マーケティングが成功と判断された場合、すみやかに全国マーケティングの提案を行い、承認を得る。ここでの承認は生産と広告出稿の承認を含んでいる。

委員会では以下のような項目を審議し、結論を承認する。

結論づけの項目

① この商品を提案どおりのプランで全国マーケティングする。
② リスクが少し残るので地区を少しずつ拡大しながら発売する。
③ 全国マーケティングにはまだ課題が大きいので課題解決プランを作り、さらにテスト・マーケティングを続行する。
④ これ以上、続けても所期の売上、利益は得られにくいので、全国マーケティングもテスト・マーケティングも中止する。

審議項目――基準

① テスト・マーケティングは成功と判断すべきか否か。
② 全国マーケティングプランは妥当か。
③ 地区拡大の場合そのプランは妥当か。
④ その他課題について。

２　全国マーケティングの実施

目的

承認された全国マーケティング計画にもとづき、その中の各活動を計画どおり行い、所期の売上、利益が達成できるか、解決すべき課題は何か、その解決活動の実行を通じて、長期間シェアＮＯ・１を保つことを目標としてマーケティング活動をつづける。

方法

(1) 全国マーケティング計画に従って実行する。
(2) 実行に伴う解決すべき課題の抽出と解決策を見い出す。
(3) 全国マーケティングに伴う市場調査を行う。

上記「テスト・マーケティングに伴う市場調査」を全国導入後も継続的に行い、結果をフィードバックし、当該商品の健康状態を監視しつづける。

テスト・マーケティング調査メニューに加えて、市場拡大に伴い後発参入があれば市場占有率調査も行う。**特に、早期のカテゴリー代表イメージが確立できているかに初期段階では関心を示し、その結果によっては、広告量の増加や訴求内容の変更などの手をすみやかに打つための調査を行う。**

この活動は後発大手に逆転されないために不可欠である。

『ビッグデータによるMIP開発と梅澤理論』

メディカル・データ・ビジョン株式会社　取締役副社長（当時）
一般社団法人　日本市場創造研究会　理事・事務局長
福島　常浩

●ビッグデータをもとにMIPを開発する

弊社では2000万人（2017年末時点）を超える我が国最大級の診療行為明細を含む診療情報データベースを管理運営しています。弊社の目的は、このデータベースを活用し、生活者のメリットを創出することにあります。

具体的にはこの情報をもとにして、病院様は自院の治療実績や診療行為の内容を他院と比較検討し、臨床現場での医療の質向上に役立てています。また、研究機関や製薬メーカーでは疾患・治療の実態を把握し、創薬や安全性の管理に利用されています。また、直近では先進的な病院様と協働で、この診療行為や検査結果（画像を含む）の明細を、ご希望する患者様に直接お返しする活用も始めました。

このデータベースは所謂ビッグデータとなるわけですが、ここから数多くのMIPが商品やサービスとして世の中に広まっていくことが、実は最大のねらいなのです。なぜ診療情報のビッグデータは、MIPを誘出できるのでしょうか。そしてどのような手法が有効といえるのでしょうか。筆者の経験をもとにご紹介させていただきます。

●ビッグデータから生まれたMIP

MIPの創出にあたって、生活者のニーズにその視点が置かれることは説明の必要はないと思います。梅澤理論の中では繰り返し述べられるように、生活者の本音ニーズは、まずはその行動に現れるということになるでしょう。弊社のデータが提供されるまでは、医療分野では薬剤の物流データと、健保組合の請求情報（レセプト）だけが大規模データとして利用可能だったのです。

弊社のデータから見えてくることの一端をご紹介します。

例えばお肌のトラブルは美容の大敵ですが、医療機関で相談されるトラブルをつぶさに検討すると、なんとその80％は乾燥が原因だったのです。つまり、お肌の乾燥さえ防げれば、お肌のトラブルはほぼ予防できるということなのです。またこのような患者様は30代を中心として年々

20%近くも増加していました。弊社はこれに着目し、乾燥性敏感肌の方に向けた、保湿に特化した基礎化粧品を、高い技術を持つ企業と共同開発し、多くのご利用者から高評価をいただいております。

また、脱毛症といえばオヤジの専売特許？のようなイメージがあり、ドラッグストアにも中高年男性向けの商品が並んでいます。しかし、ビッグデータから見る実態は、お悩みの方の過半数は女性なのです。患者数の比率以上に、女性の方が生活上の問題として切実な改善ニーズとなっているものとも思われます。しかしながらこのターゲットに活発な商品提案は見られておらず、「（通院など）特別なことをせずに誰にも知られずに脱毛症の予防や改善をしたい（ターゲットは薄毛を気にする女性）」というニーズは未充足のままです。

●ビッグデータと梅澤理論を両輪として

このようにビッグデータの多くは情緒や感情を含まない事実データから構成され、それはすなわち生活者の行動の記述なのです。このことは診療情報だけでなく、筆者が日本市場創造研究会で長年研究の対象としている、ID付POSデータについても同じです。つまり、梅澤理論にのっとりニーズ・行動・満足の原則に着目し、潜在化している未充足の強い生活ニーズを行動から探り出し、これを手がかりニーズとして未充足の強い生活ニーズを創造します。この作業のスタートにあたって、ビッグデータが強力な武器となるわけです。

もちろん梅澤理論の適用は、これら以外のデータや調査も有効なものとなり得ます。しかしながら、行動をこれまで以上に正確に、そして詳細に把握するためには、このような情報が有効なことをご理解いただけますでしょうか。

今後のマーケティング活動にあたっては、ビッグデータの活用と梅澤理論を両輪としたMIPの創出、そして目指すはロングヒット商品ということになり、一層のデータベースの拡充と、梅澤理論の活用がさらなる企業間の優勝劣敗に繋がることと実感しています。

（写真提供：メディカル・データ・ビジョン）

4 MIP開発のためのチェックリスト

1 成功の予感

ここまでプロセスが進めば、もう多くの場合成功である。上記⑥の「全国マーケティング可否判断」の段階で、あなたは〝成功の予感〟を秘かにもつことであろう。

これが「序章」の中で示した「問題提起」の1番目の項目（「成功することが約束された形で新商品開発されているか」）に〝イエス〟と答えることなのである。

MIP開発システムの醍醐味はこれに尽きる。成功がひそかに予感できるのだ。逆にいえば、そこまで徹底する、ということだ。これが成功率を圧倒的に高める工夫のうちの1つなのである。

２ チェックリスト

１ 準備――オーソライズ①

チェックリスト

□１　開発ポリシーは明確に決まっているか
□２　開発ポリシーは明文化されているか
□３　開発ポリシーは妥当か（成功商品をコンスタントに開発するために）
□４　ドメインは明確に決まっているか
□５　ドメインは明文化されているか
□６　ドメインは妥当か（成功商品をコンスタントに開発するために）
□７　開発プロセスは明確に決まっているか
□８　開発プロセスはいつ、どこで（委員会等）、誰が、何にもとづいて、何を行うかが明文化されているか
□９　開発プロセスは妥当か（成功商品をコンスタントに開発するために）
□10　開発組織とシステムは明確に決まっているか
□11　開発組織とシステムは明文化されているか（責任等）
□12　開発組織とシステムは妥当か（成功商品をコンスタントに開発するため）

□13 各種判断基準（「成功商品」の定義を含む）と判断タイミングは明確に決まっているか
□14 各種判断基準（「成功商品」の定義を含む）と判断タイミングは明文化されているか
□15 各種判断基準（「成功商品」の定義を含む）と判断タイミングは妥当か（成功商品をコンスタントに開発するために）
□16 開発予算は明確に決まっているか
□17 開発予算は条件がついているか
□18 開発予算は妥当か（成功商品をコンスタントに開発するために）
□19 開発の最高責任者、各担当別責任者、各担当者は明確に決まっているか
□20 開発の最高責任者、各担当別責任者、各担当者は妥当か（成功商品をコンスタントに開発するために）
□21 開発チーム全体の志気は高まっているか

2 商品コンセプト開発――オーソライズ②の素材

チェックリスト

□1 開発ポリシー、ドメインが意識されているか
□2 消費者の「未充足の強い生活ニーズ」がしっかり把握できているか
□3 ベネフィットは誰の「未充足の強い生活ニーズ」に応えているのか
□4 そのニーズを強くもつ人々の人数は十分多いか

□５　新カテゴリー名は今までにない新しい商品のイメージを十分与えるか
□６　新カテゴリー名は何であるか／何の目的に使う商品かがよくわかるか
□７　アイディアはそのベネフィットを与えるためのベストで必要最小限のすべてが盛り込まれているか
□８　アイディアは理論的に見て開発可能性があるか
□９　全体として「ＭＩＰ」コンセプトを意図的に生み出すよう「キーニーズ法」が妥当に運用されたか
□10　商品コンセプトの評価は社内的に妥当にスクリーニングされたか
□11　商品コンセプトの評価は「Ｓ-ＧＤＩ法」による予備的な消費者の洗礼を受けたか
□12　商品コンセプトの評価は「コンセプト・スクリーニング・テスト」（ＣＳＴ）によって妥当に行われたか
□13　商品コンセプトの評価は「ＣＳＴ」の結果から妥当に判定が下されたか
□14　商品化のみならず、技術開発テーマも選んだか
□15　商品コンセプトのストックも計画的に行ったか
□16　起案者（プロジェクトチーム）に対し、十分な志気向上の施策をとったか

３　開発プロジェクトの可否判断――オーソライズ②

チェックリスト

□１　可否判断の場（委員会）、責任者、タイミング、判断基準、提出資料が決まっているか

□2 それらは妥当か（成功商品をコンスタントに開発するために）
□3 可否判断の場（委員会）で、責任が明確になるよう決裁されたか
□4 可否判断の場（委員会）で、判断基準は妥当に用いられたか
□5 可否判断の場（委員会）で、提出資料は妥当な判断に十分であったか
□6 可否判断のタイミングは妥当か（早すぎず、遅すぎない）
□7 パフォーマンス開発のための金と人を投入する決意を会社として下すべきか
□8 起案者（プロジェクトチーム）に対し、十分な志気向上の施策をとったか

4 開発上の課題解決——オーソライズ③

チェックリスト

□1 商品パフォーマンス開発においては商品コンセプトを過不足なく達成することを最優先に行われたか
□2 そのために「設計品質づくり」が妥当に行われ、関係者に共有化されたか
□3 商品パフォーマンス開発においては社外の技術を必要に応じて活用したか
□4 商品パフォーマンス開発においては常に上位者は担当者のブレークスルー発想を助ける努力、工夫をしたか
□5 商品パフォーマンス開発においては常に上位者は担当者を前向きに動機づけたか

□6　商品パフォーマンステストは改良点がうまく抽出できる方法で行ったか
□7　商品パフォーマンステストは改良点がきちんと改良できたことを明らかにできる方法で行ったか
□8　「C／Pテスト」の前に「S-GDI法」で予備的確認を行ったか
□9　「S-GDI法」で得られた知見を生かして「C／Pテスト」に移行したか
□10　「C／Pテスト」は妥当に、信頼に足る方法で行われたか
□11　「C／Pテスト」の結果から妥当に判断を下されたか
□12　パッケージ、広告、ネーミング開発のために「表現コンセプト」が妥当に作られたか
□13　「表現コンセプト」の妥当性が消費者テストによって検証されたか
□14　「表現コンセプト」にのっとってパッケージ、広告、ネーミング（ブランドネーム）が開発されたか
□15　特に、「新カテゴリー名」（すでに「オーソライズ②」で決裁されている）は妥当か否か、再度判断されたか
□16　ブランドネームは「新カテゴリー名」との連想価が高いことを基準に決められたか
□17　パッケージは目的を達成するよう仕上がったか否か、消費者テストを行ったか
□18　広告は目的を達成するよう仕上がったか否か、消費者テストを行ったか
□19　広告メディアは広告目的とターゲットに合うよう選ばれたか
□20　広告制作費は妥当か
□21　メディア購入費は妥当か
□22　広告制作は十分に早い時期から検討がスタートしたか
□23　「売り方開発」は販売部門の知見を十分参考にして行われたか

□24「売り方開発」は十分に早い時期から検討がスタートしたか
□25 社内外の関係者（協力者）の志気を高め、維持しつづけたか

5 テスト・マーケティング移行可否判断――オーソライズ④

チェックリスト

□1 テスト・マーケティングの計画は妥当か（実行可能で成功する計画になっているか）
□2 可否判断の場（委員会）、責任者、タイミング、判断基準、提出資料が決まっているか
□3 それらは妥当か（成功商品をコンスタントに開発するために）
□4 可否判断の場（委員会）で、責任が明確になるよう決裁されたか
□5 可否判断の場（委員会）で、判断基準は妥当に用いられたか
□6 可否判断の場（委員会）で、提出資料は妥当な判断に十分役立ったか
□7 可否判断のタイミングは妥当か（早すぎず、遅すぎない）
□8 テスト・マーケティングのための費用と時間のリスクを検討したか
□9 起案者（プロジェクトチーム）に対し、十分な志気向上の施策をとったか
□10 テスト・マーケティングは計画どおり実行できたか
□11 テスト・マーケティングの結果、課題や成功の確信は明確になったか

6　全国マーケティング可否判断――オーソライズ⑤

チェックリスト

□１　全国マーケティング計画は妥当か（実行可能で成功する計画になっているか）
□２　可否判断の場（委員会）、責任者、タイミング、判断基準、提出資料が決まっているか
□３　それらは妥当か（成功商品をコンスタントに上市するために）
□４　可否判断の場（委員会）で、責任が明確になるよう決裁されたか
□５　可否判断の場（委員会）で、判断基準は妥当に用いられたか
□６　可否判断の場（委員会）で、提出資料は妥当な判断に十分であったか
□７　可否判断のタイミングは妥当か（早すぎず、遅すぎない）
□８　全国マーケティングのための費用は十分確保されているか
□９　起案者（プロジェクトチーム）に対し、十分な志気向上の施策をとったか
□10　〝成功の予感〟を持つことができるか

『MIPの開発に掛けた物語——塗るつけまつげ ファイバーウイッグ』(2001年発売)

ピアス株式会社 常務補佐役 鳥居 伸一

写真にある商品が、弊社を救ったただひとつの商品「塗るつけまつげ ファイバーウイッグ」です。本品は2001年に発売し、本年で丸17年を迎えますが、お蔭様でまだアップトレンドを維持しています。

弊社は、セルフセレクションで販売する化粧品事業を行っていますが、本品の発売背景としては、この事業を継続するか否かという瀬戸際に立っていました。それは赤字事業の撤退または再生という決断を迫られていたのです。

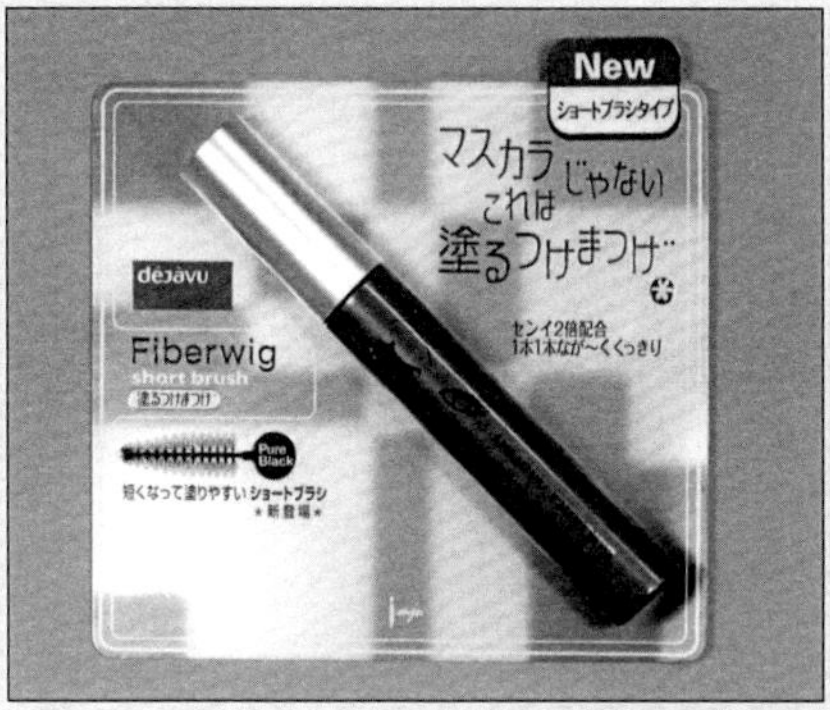

当時事業部長であった私は、再生には「強い製品の開発」以外道なし、という強い気持ちで製品開発に全力を注力しました。それは梅澤氏の信念であり、それが基になったのです。

永年の師である梅澤氏がMIPという考え方を論じられていたのがこの頃と重なります。実際はもっと早く体系立てていたのかと思いますが、実践に及んだのは本品の開発からでした。

従来のカテゴリーを超える新カテゴリーの開発という考え方のベースにあるものは、氏が以前から唱えられている未充足のニーズに対応する商品コンセプト開発という概念に他なりません。

●商品コンセプト開発

開発当初からMIPを意識していたのだから当然、CAS分析を行うのもそれを意識した経緯があります。

Q1 手掛かりニーズ
　上位のニーズ：目を大きく見せたい
　下位のニーズ：まつげを長くきれいに見せたい。

Q2 このニーズを満たす手段：マスカラと呼ばれる化

粧品を使用する。

BUT情報：マスカラのカスが目元に付いて黒くなる（ユーザー言葉ではパンダ目になる）。まつげについたマスカラ液がダマになり不自然。

ニーズの創造：パンダ目にならず、ダマにならずにまつげを長く見せたい。

従来のコンセプト開発のプロセスだと、パンダ目にならず、ダマにならないマスカラの開発というテーマで開発を行うのが常でした。しかし、これでは商品上の問題解決なのでMIPになりません。この問題点を解決する必要がありました。

●MIP開発に向けての試行錯誤

パンダ目にならず、ダマにならないマスカラでは従来のマスカラのカテゴリーを超えられない、という思いから、開発担当者は私の「MIP以外の製品開発は無意味」という指示に悩んだ末、再びCAS分析を行い、次のような結論を導き出しました。

Q1は同じですが、Q2で「マスカラを使う」という手段ではなく「つけまつげを付ける」という考えに思考の変換を見ました。するとBUT情報が変わってきて、「パンダ目」とか「ダマ」という情報はなくなり、「付け方が困難である」「装着感が嫌」などという情報に変わりました。

それらの考えから、「つけまつげ」という従来の雑貨品を液状にした「リキッドつけまつげ」というカテゴリーを創案するに至ったのです。

それをまずシステマティック・グループ・ダイナミック・インタビューで定性的に確認し、マスサーベイでコンセプトテストを行った結果、使用意向のトップボックスで実に60％以上、トータルポジティブでは、ほぼ100％の使用意向が確認されたのです。

「リキッドつけまつげ」は、「リキッド」という状態を表すよりも「塗る」という行為を表す方が良いとする氏の貴重なアドバイスを受けて、カテゴリー名を「塗るつけまつげ」に決定しました。パフォーマンスの開発も、完成を見るまで、何十回という試作と都度のパフォーマンステストを繰り返しました。

●マーケティングの実践―梅澤理論に疑いを持たない

誠に僭越ながら、私はマーケティングに携わること30年を超えますが、この間、様々なその道の権威である方のご指導も受けてきましたし、コトラーの著書は原書まで取り寄せて学びもしました。しかし、学者は理想を唱えますが、我々実務を行うマーケターは、理念ではなく、具体的成果を求められます。実務では現状を否定して、大きな課題に取組むことはできても、実際はそう遠くへは飛べない現実があるのです。どこの組織にでもある大きな壁は外ではなく内にあることもそのことを表しています。

私の経験としては、まず梅澤理論を疑わず、つまりCAS分析を行い、表現コンセプトを創り、という地道な作業がきっと実を結ぶということをご理解をいただきたいと思います。最後に梅澤理論は

一、誰でも解る。

二、誰でもできる。

三、誰がやっても同じ効果が得られる。

という点で最高に優れた手法であり、技法であることに疑いを持たずに果敢に挑戦されたく思います。

（写真提供：ピアス）

『ロングヒット商品開発 明治の栄養食品市場の創造と梅澤理論「ザバス　アクアホエイプロテイン100」』

（2006年9月発売）

株式会社明治　栄養営業本部
本部長（常務執行役員）
森田　勉

●明治の栄養食品はＭＩＰ（新市場創造型商品）

明治の栄養食品は、赤ちゃんからお年寄りまであらゆる世代のお客様にご愛顧いただき、乳幼児栄養食品「ほほえみ」「ステップ」、スポーツ栄養食品「ザバス」「ＶＡＡＭ（ヴァーム）」、女性栄養食品「アミノコラーゲン」、高齢者栄養食品「メイバランス」、すべて発売10年以上のロングヒット商品です。

その中で「ザバス」は、日本のプロテイン市場を創った先発ブランドで「スポーツに必要な筋肉・体をつくるために、脂肪を気にせず良質なたんぱく質を手軽に摂りたい」というお客様のニーズに応え、発売35年以上経った現在トップシェアを堅持しています。

●苦境に立たされたザバス

「ザバス」は1980年発売当初、アスリートやジュニアへの普及活動により競技者層を中心に支持され、プロテイン市場拡大を牽引してきました。しかし、2005年に市場はシュリンク、さらに競合とのシェアの奪い合いや某スポーツメーカーの新規参入により「ザバス」は大きくシェアを落とし2位に転落、危機的な状況にありました。この状況を打開するため、当時のプロテインの延長線上でないＭＩＰ開発をする必要があると判断され、プロジェクトチームが発足したのです。

●商品コンセプトの開発

まずは市場調査から入りました。その頃、健康志向や運動意識の高まりから、フィットネスを楽しむ一般運動層の一部にプロテインを飲んでいる人がいました。その人達の行動を調べると、スポーツ直後に牛乳ではなく水に溶かしてプロテインを飲んでいる実態が明らかになったのです。当時、粉末プロテインは水に溶かすと味や溶けが悪く、また栄養強化の目的から牛乳に溶かすものが主流でした。しかし、フィットネスクラブやジムには牛乳がないこと、重いテクスチャーはスポーツ直後に飲みにくいことが問題でした。

こうした生活上の問題を解決する「スポーツ直後にスッ

キリとした飲み口でプロテインと水分の両方を摂りたい」という未充足の強い生活ニーズを創造し、「スポーツドリンク感覚でゴクゴク飲める水専用プロテイン」という商品コンセプトを開発しました。

●商品パフォーマンス開発

研究所のプロジェクトメンバーが世界中から何十種類ものプロテイン原料を集め、試作を行いました。その中で1種類、水にすばやく溶けザラつきのない透明なプロテインが見つかりました。そのプロテインを用い、また独自のアクア製法を開発し、プロテインの常識を変えるクリアでスッキリした飲み口を実現し、スポーツドリンク感覚の水専用プロテインが完成しました。ホームユーステストによるC／Pテストでは、商品パフォーマンスの高さを確認できました。

●表現コンセプト開発

ブランドネームは、スポーツドリンク感覚でゴクゴク飲める水専用プロテインを体現する「ザバス　アクア」とし、パケージデザインや広告物のトーン＆マナーは、みずみずしい爽やかなブルーを基調としました。当時のプロテイン商品はアルミ地を活かしたシルバーを基調としたデザインが多かったため、スポーツドリンクのような全面ブルーのパッケージは登場感があると考えたのです。こうして「ザバス　アクアホエイプロテイン100」が誕生しました。

●ザバスのV字回復

2006年9月、「ザバス　アクア」の発売と同時に他のラインアップも大幅に見直し、「ザバス」は全面リニューアルを行いました。その年を境に、筋肉・体づくり目的の競技者層だけでなく、体を引き締める目的の一般運動層にまで裾野を拡大し、市場は当時の3倍以上に伸長しました。「ザバス」は「ザバス　アクア」の発売が契機となり、売上は当時の5倍、シェアは50%になり、トップブランドの絶対的な地位を確立したのです。

（写真提供：明治）

Column

『MIP理論と出会い、今までのビジネスの限界からの脱出――「生鮮四品の安全除菌・消臭システム」という新市場の創造』

株式会社アクト　代表取締役社長
内海　洋

●アクトという会社

わが社は農業施設の専門メーカーとして、「農業は食、命であり高貴な仕事」と位置づけサポートしてきました。平成18年ころから特許が必要なことに目覚め、現在は取得済が22件あります。新しい技術で「困っている」を解決する会社で、浄化できないとされるミルクを浄化できる浄化槽、マイナス30℃でも凍らない車両消毒装置、自然にやさしい食品添加物である飲める水で消毒する装置、空間除菌システム、難処理物質浄化装置などの商品があります。

このような新技術が多いので新聞、TVの取材は入りますが、思うように販売できない悩みを常にもっており、「技術は良いのだけどな」とよくいわれていました。

●梅澤先生との出会いと学び

平成28年1月、知人の紹介で梅澤先生にお会いし、月1回のコンサルティングをお願いしました。

まず、「社長の夢」「アクトとは」から始まり、会社の考え方、進む方向に対して、幅の広いコンサルティングが行われました。企業を永続させるためには、MIP（新市場創造型商品）を開発して競争せずに新市場を作り上げ、聖域に上らなければいけません。今まで常識だと思っていた競争原理がMIP理論にはありませんでした。競争して勝たなければ会社の将来はないという考え方は間違いであることを知ります。

●今までの失敗の気づきとMIP経営塾参加

同時に「良いもの」は売れると思っていたことは大きな誤りであることに気づきます。

売れる商品の基本は、CPバランスが良い新カテゴリーです。Cの公式はC＝I＋NCN＋Bですが、NCNやBが不明だと「誰も欲しいと思わない」ため、開発しても開発しても、世の中から消えていきます。この繰り返しでわが社は20年間、大変な時間とお金と労力が無駄に捨てられていました。

MIP経営塾に参加し、MIPについて必死に学びました。長い間に固定化された考え方を変えることは難しいことでしたが、救われたのは、MIP経営を徹底すれば成功するということだけは確信がもてたことです。

また、社員を本当の意味で幸せにできていないのではないかと疑問を抱きました。これは大きな問題であり、解決が必要であると肝に銘ずることができました。

●アクトの進む方向

企業を永続させるためにMIP開発をし、MIP経営を目指し成長を続ける会社にしたいと考えています。

MIP経営とは、人を第一に考えて経営することで、お客様を幸せにすると同時に社員の幸せを追求することです。社員が幸せでなければお客様に真心のあるサービスができません。社員が自信とプライドをもてる会社にし、100億企業を目指しています。

●その後の作業

そのために昨年、社内にMIP開発部を立ち上げ、社長以下担当部員によるシーズアプローチを用いた商品コンセプト開発に着手しました。

わが社の強味は特許に支えられた技術であり、今まではそれが生かせていませんでした。しかし他社にはない魅力的なコンセプトを開発することによって、技術を生かせる道が拓けたのです。


その1つが「生鮮四品（肉・魚・野菜・果物）の安全除菌・消臭システム」です。「クリーン・ファイン」を用いて作られる「クリーン・リフレ」は、細菌やウィルスを滅する能力が極めて高いにもかかわらず、人体に対する安全性が高い無塩型次亜塩素酸水です。生鮮四品の風味を落とさず、おいしく、安心して食卓に出せるというベネフィットを達成できます。インフルエンザやノロウイルス予防にも効果があるため、食品工場や厨房、農業、さらには病院や保育園などさまざまなシーンで活用されており、リピーターのお客様が数多くいらっしゃいます。

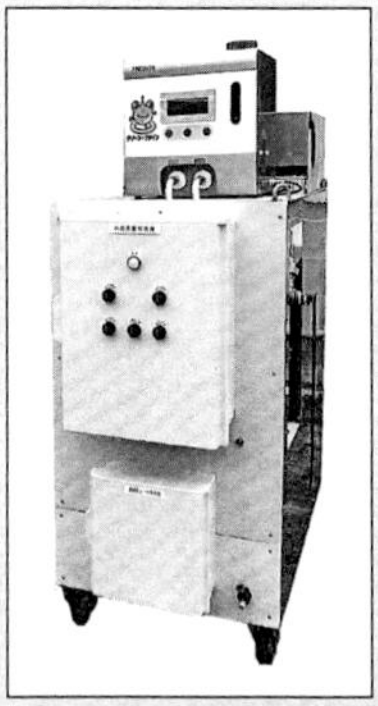

クリーン・ファイン
（全自動生成装置）

（写真提供：アクト）

第4章

MIP開発システムを特徴づける4つのオリジナル手法

前節で述べた各プロセスはいずれもＭＩＰ開発にとって不可欠のものであるが、なかでもひときわ特徴的な手法の説明を具体的に付記しておきたい。Ｓ－ＧＤＩ法、キーニーズ法、ＣＣＳ法、およびＭＤ分析によるアイディアの評価・判定法である。

①**S－GDI法**……コトバのやりとりを通じて見えない市場ニーズを掘り起こす科学的な深層心理調査法。

②**キーニーズ法**……アイディアとベネフィットの独創プロセスにより魅力的なＭＩＰコンセプトをシステマティックに開発する、商品コンセプトの発想法。

③**CCS法**……ＭＩＰコンセプトを魅力的にパッケージと広告につなげ、広告費の無駄を省く、表現コンセプト発想法。

④**MD分析によるアイディアの評価・判定法**……アイディアの戦略的評価法。

1 S－GDI法（システマティック・グループ・ダイナミック・インタビュー法）

長期間シェアNO・1を保つ商品、すなわち「MIP」（新市場創造型商品）を生むためには、企業からは見えないニーズ（潜在ニーズ）を見つけ出すことが不可欠である。潜在ニーズとは、「消費者が気づいていないニーズ」であり、市場調査においても、調査対象者がなかなか表明してくれないニーズである。しかし、調査場面で、消費者が自分の潜在ニーズに気づきやすい状況を提供し、それを消費者自身が自由に語ってくれるような場を設定することによって、潜在ニーズを仮説的に見出すことは可能である。また、消費者の反応を読みとり、分析する方法を駆使することによっても、潜在ニーズを発掘することができる。システマティック・グループ・ダイナミック・インタビュー（S－GDI）法は、それらをシステマティックに行う手法として最適である。

1 なぜS－GDIは消費者の心の中がよくわかるのか

(1) S－GDIはコトバのやりとりを通じて消費者の〝心〟を分析的に知る手法

S－GDIとは〝Systematic Group Dynamic Interview〟の略である。筆者が50年近くにわたって磨い

てきた手法を容易に使えるようにシステマティックに仕上げた手法である。

人々が集団を成すと自然にその中に力学的な関係（すなわちダイナミズム）が発生する。それを活用したいわゆる深層心理調査法である。具体的には次のとおりである。

情報収集において

集団の中で会話が進むとき、元々人々がもっている力学的な人間関係の傾向を一層活発に発生するようコントロールし、普段気づいていなかった〝心〟をあばく。力学的な会話が活発になればなるほど、人々は互いに刺激し合って一種の興奮状態になり、リアルに深層的な本音を表出するようになる。

このような自発的な情報を決められたインタビューフローに従って順次聴取していく。「プロ司会養成コース」で習得できる。

情報の分析において

得られた情報は、それが力学的場面で得られたものであればあるほど、リアルであるかわりに支離滅裂、つまり非論理的、バラバラである。これが本当の消費者の〝心の中〟なのである。

その非論理的で、バラバラの消費者の心の中は、実は消費者も気づいていないしっかりとした力学的な構造が成立している。消費者はその構造を知らなくても、その構造がもたらす心のはたらきによって普通に暮らすことができる。

しかし、外から心の中を理解するためには、その心の力学的な構造を明らかにしなければならない。そこでS-GDIではそれらの構造を各目的別の分析法に加えて、「上位下位関係分析法」と「因果対立関係分析法」を用いて知ろうとする。だから、消費者も気づいていない、しかも、表出された会話だけからでは知ることのできない消費者の心の中を知ることができるのである。

「分析技能マスターコース」で習得できる。

(2) S−GDIの定義

システマティック・グループ・ダイナミック・インタビューとは、図表4−1のようなイメージ図の座談会のようなものである。しかし単なる座談会ではない。科学的な市場調査の手法である。

S−GDIの定義

ある特定の目的のために用意された話題を、その目的にそって集められた少人数（通常5〜6人）のグループで話し合う過程において、プロ司会法をマスターした司会者のコントロール技術によって、集団の利点を活用してグループメンバー（出席者）が互いに影響し合う場面を作り、話し合いを促し、維持し、主として非構成的アプローチによって得られた反応をグループ属性ごとに統合し、仮説の抽出や検証など、調査課題に回答を与えるためにそのときどきの目的に従って観察、分析する、言葉を通して気持ちを知る方法である。

出所：梅澤伸嘉『グループインタビュー調査』ダイヤモンド社、1981年をもとに、著者によって2001年に加筆されたもの。

(3) P−I−A三位一体なので目的的な結論に到れる

S−GDIは基本的に、企画（P）、司会（I）、分析（A）を等しく重要とみて、三者が力を合わせて目的的な結論に到れる手法である。

この考え方は司会者の力量のみを過大視しないことを意味する。

一般的にはグループ・インタビューというと「司会者次第」といういわれ方をする。しかし、司会者がどんなに優れていても企画が目的を達成するように設計されなければ、それにもとづいて司会進行しても目的にかなった十分な情報は得られない。

また、企画も司会もよくできていても、分析が非科学的であったり、行われなかったりすれば、妥当なマーケティング・アクションを導く妥当な結論に到ることはできない。まさに三者がいずれも重要なのである。この主張を「ＰＩＡ三位一体論」と呼んでいる（図表４–２参照）。

〈Ｐ〉献立てづくり（目的の明確化と達成手段の設定）

料理でいえば、家族にとっておいしく健康的な食事とは何か、それをどう作るかを決めるステップである。

Ｓ–ＧＤＩでは発注企業のマーケティングの成功を助けるために、その発注者の目的を確認の上、それを達成するには、誰の、どのような情報を、どのように明らかにすればよいかを、まず決める。その中心となるのが「インタビュー・フロー」である。Ｓ–ＧＤＩでは目的ごとに既にインタビューフローが決まっていて、新たに時間をかけて考える必要がない。

これがＳ–ＧＤＩにおける第1ステップの「企画」（Ｐ）である。

〈Ｉ〉食材集め（目的に合う情報を効率的にかつ十分に集める）

料理でいえば、家族においしく健康的な食事を提供する（目的）ため食材を集めるステップである。ＧＤＩでは目的を達成できるよう設計された「企画」、特に、その中の「インタビュー・フロー」に従って、

図表4-1　システマティック・グループ・ダイナミック・インタビュー調査の風景

出所：梅澤伸嘉『実践グループインタビュー入門』ダイヤモンド社、1993年。

図表4-2　PIA三位一体論の比喩

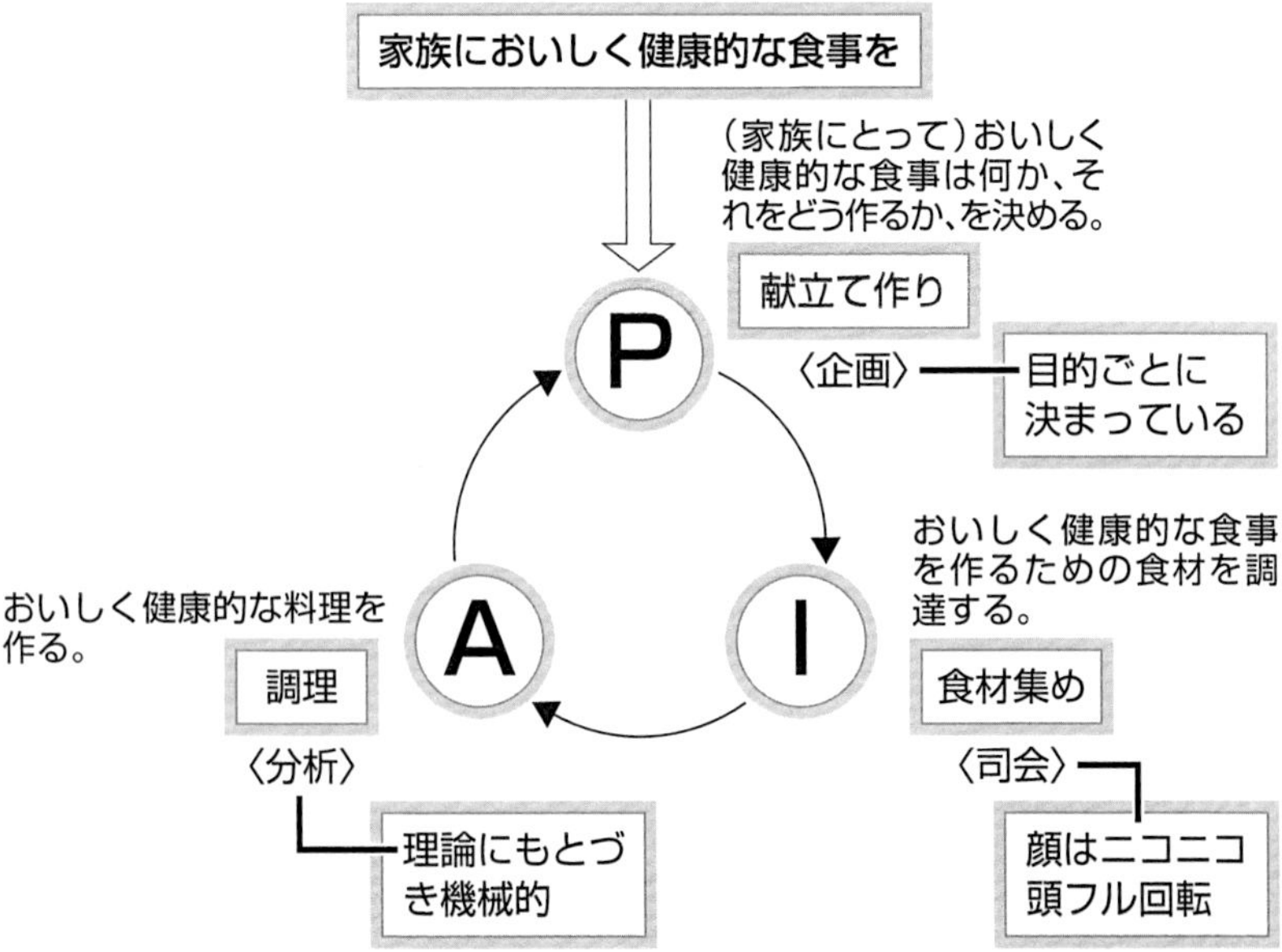

もっともそれにふさわしい情報が出席者から発信してもらえるよう専門知識と訓練された面接技術を駆使してコントロールする。これがＳ－ＧＤＩにおける第2ステップの「司会」（Ｉ）である。ここで注意を要することは、いかに司会者が十分な役割を果たしたとしても、このステップはまだ「食材集め」にすぎない、ということである。

すなわち、まだ食卓にのせられない、食べられない状態であって、したがって目的達成には到っていない、ということである。次のステップの「調理」が終っていないからである。

〈Ａ〉調理（目的に合うように情報を妥当に加工する）

料理でいえば、家族においしく健康的な食事を提供する（目的）ために、買い集めた食材を用いて調理するステップである。Ｓ－ＧＤＩでは目的を達成できるよう集められた情報をもとに、それらを妥当な論理的な方法を駆使できる訓練された技術と知識によって加工する。これがＳ－ＧＤＩにおける第3ステップの「分析」である。

従来、欧米でも日本でも、Ｓ－ＧＤＩでいうところの「分析」はあまり行われておらず、かなりひとりよがりな解釈にもとづく情報の加工や取捨選択が行われていることが目につく。

(4) 類似手法との違い

Ｓ－ＧＤＩは、一般に行われているグループ・インタビューの手法とは異なり、グループ・ダイナミズムを生かした手法という意味とシステマティックである点を明確にするため、「システマティック・グループ・**ダイナミック**・インタビュー（Ｓ－ＧＤＩ）」と称している。Ｓ－ＧＤＩと類似の手法との大きな違いは何といっても科学的分析が伴うこと、および内製化できるように容易でかつシステマティックな手法に仕上げている点である。また、司会法にも次のように特筆すべき違いがある。

〈話題に対する出席者同士の自由な話し合いを促すからMIPのヒントが得られやすい〉

世の中でグループ・インタビューと称してよく行われている「質問―回答」の繰り返しのようなことをせず、テーマに即した「話題」を提示し、その「話題」について、出席者同士が感じたことを自由に話し合ってもらうというスタイルで進行する。

「MIP」（新市場創造型商品）のヒントは、既存市場にはなく、消費者の生活（心理と行動）の中にあることが多い。したがって提供される「話題」は、特定の生活領域などが中心になる。「質問」は仮説がなければ提示しにくいが、「話題」は生活領域が決まっていれば提示できる。そのため、事前のかたよった仮説によって得られる情報をゆがめる心配がない。

〈理由を問い詰めないから真の理由がわかる〉

理由を知りたいときに、むやみに出席者に対し理由を問い詰めないことも重要である。S−GDIでは、熟練した司会者が集中力を働かせて出席者の自由な話し合いを聴くことにより、真の理由情報を読みとり、その情報をもとにして分析を行うので「ナゼ」を問わずに「ナゼ」を知ることができるのである。

2 S−GDIによる潜在ニーズ発掘効果

S−GDIが潜在ニーズを見つけやすい手法、といえる理由としては、大きく次の3点があげられる。

(1) 消費者自身の気づきと発話

Ｓ－ＧＤＩ実施場面においては、消費者が自分の潜在ニーズに気づきやすい状況を提供し、それを消費者自身が自由に語ってくれるような場を設定している。消費者における潜在ニーズの気づきは、次のような要因によってもたらされる。

① 出席者が自分自身の心にあることを、**感じたままに自由に語る**ことによって、自分の発した言葉が刺激となって、心の奥底にある気持ちに気づく効果がある。

② 出席者同士が自由に語り合うことによって、他の人々の発言に触発され、普段は意識していないことであっても、「そういえば自分もそう思うことがある」と気づく効果がある。

③ 司会者は、出席者の話し合いを読みとりながら進行させるため、時に出席者が気づいていないニーズの仮説をもつことができる。さらにそれを司会者が出席者に提示することにより、出席者が潜在ニーズに気づくという効果がある。

④ 1つのテーマについて2時間もの長い間、話し合うことにより、テーマおよびその周辺のさまざまなことを意識するために、じわじわと気づきが生じる効果がある。

(2) 司会者、分析者による実施中の読み取り

司会者・分析者は、出席者同士の話し合いを漫然と聞いているわけではない。次のような読みとりをし

ながら、全神経を集中して聴いているのである。

① 話し合いの内容から、消費者の具体的なニーズは何か読み取る。
② ニーズの背景にあるもの、ニーズを生じさせている要因は何か読み取る。
③ ニーズがもたらす結果や影響は何か読み取る。

S-GDI実施中に、出席者の生活を思いめぐらし、具体的なニーズを読みとり、その背景や影響を洞察していくため、消費者が直接語っていないことであっても、潜在ニーズに関する仮説を見出しやすいのである。

(3) 科学的分析による発見

「発言のまとめ」を「分析報告書」と称している例をよく見るが、発言のまとめは分析ではない。S-GDIでは、目的別に対応した分析法に加え、「上位下位関係分析法」と「因果対立関係分析法」を用いて、得られた情報を分析していく。両分析法とも筆者の考案によるもので、詳しい方法は梅澤伸嘉『実践グループ・インタビュー入門』（ダイヤモンド社、1993年）や、「分析技能マスターコース」で学べる。分析法を用いることで、消費者の生活シーンや、意識・心理を深く探っていくことによって、潜在ニーズも発見しやすくなるのである。

〈因果対立関係分析法〉

得られた情報を「因果」という関係と「対立」という論理学上の強い関係のみを用いて分けていく。

「ニーズの層構造分析」以外のすべての目的に適用される。

〔上位下位関係分析法〕

消費者ニーズの深層構造を分析するための手法である。

ニーズにはＨａｖｅニーズ、Ｄｏニーズ、Ｂｅニーズという種類があり（１０３頁参照）、これらが「目的―手段」の関係で結びついている。消費者の生活ニーズを深く知るためには、これらニーズの層構造を分析することが必要である。１つの生活領域ごとに、その生活のベースに隠れている１つの「最上位ニーズ」を発見し、その生活に用いられている商品を明らかにしたり、商品がない場合は未来の商品アイデアを探すことができる。

3　S-GDIでわかること

(1)　深さ――本音がわかる

本章第3節◇1-1で述べたS-GDIの特徴を生かすことによって「心」を深く知ることができる。消費者の本音（本当の心、本心）は通常の場面では直接は表出されにくく、またされてもそれとわかりにくい。消費者の「心」には本音と建前とウソがあり、それらが通常の場面では入り混って表出される（発言される）ために聞く人にどれが本音か区別がつきにくいからである。

また、本音は奥深くもぐっていて本人も気づかないことがあるので、聞く人にはなおさらわからないことが多い（梅澤伸嘉『消費者ニーズハンドブック』同文舘出版、２０１３年参照）。

図表4-3　S-GDIの企画の流れと司会、分析へのつながり

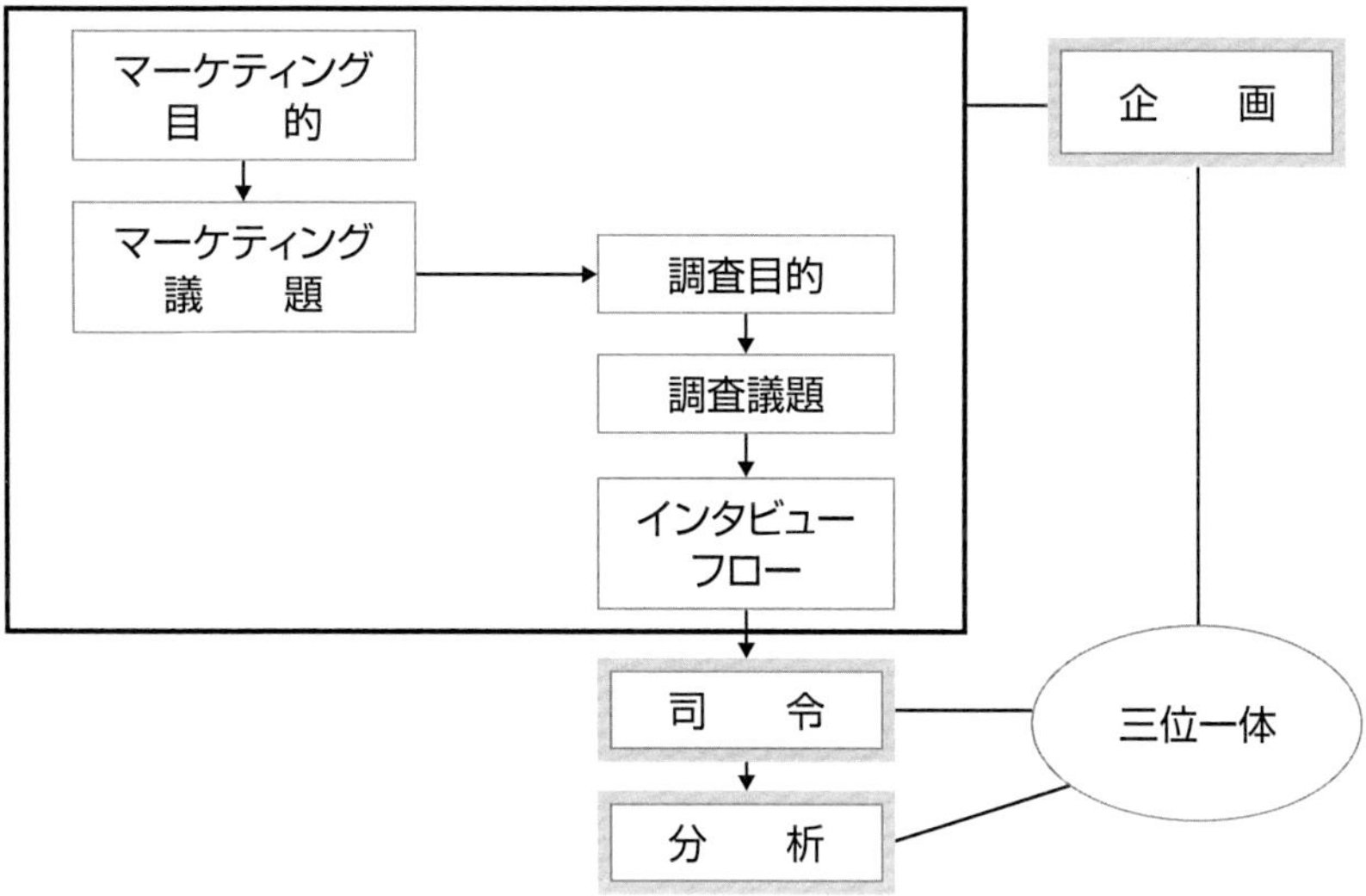

S-GDIでは「企画」（切り口、攻め方）と「司会」（引き出し方）と「分析」（発見）の力を合わせて、その本音をあばくことができる（図表4-3参照）。

(2) 了解の拡張――「わかる」内容が拡がる

S-GDIでは◆1-1の特徴を生かすことによって「心」の内容が次第にわかるようになる。通常の対面場面では表出される「心」の内容は限られる。それは「心」を無防備に表出するリスクを避けようとする傾向を誰でももち合わせているからである。それ故、消費者（出席者）は自由に発言することはリスキーでないことを自覚するにつれて、また、自分のインタビュー場面での役割を理解するにつれて次第に「心」の扉を開いていく。S-GDIではこのような消費者の「心」の傾向を活用し、一層効率的に「心」の扉を開く工夫がほどこされている。

(3) 用途が広い――マーケティングプロセスのすべての目的に対応

以上のように、Ｓ－ＧＤＩは消費者が一般の場面では閉ざしていて見えない「心」を深く、幅広く、そしてリアルに知ることができる手法である。それ故、このような特徴を生かしてマーケティングの全プロセスにおいてそれぞれ役立つ情報を提供してくれる。

４　「心」がコトバに表れる

消費者の「心」は消費者の経験、認知、ニーズ、行動、満足などについてのコトバのやりとりを通じて知ることができる。しかし、上述のように表出されるコトバは「本心」が隠されていたり、ゆがめられたりしていて、それを読み誤ってしまうことが多い。

Ｓ－ＧＤＩ法は消費者心理学の知見をベースとして企画、司会、分析が三位一体で行われるので、

・どういう「話題」を提示して語らせればマーケティング課題を解決するホンネ情報が得られるか。
・そのためにどう「司会」を運営すべきか。
・得られた情報をいかに「分析」するか。

を常に意識して実行する。

それ故、コトバの裏にある本当の「心」を効率よく浮かび上がらせることができるのである。

5 実践およびトレーニング

(1) ワークショップ分析の勧め

調査依頼企業と調査実施会社の両スタッフによる合同分析（ワークショップ分析）をお勧めしたい。

〔ワークショップの分析の利点〕

① 蓄積されてきた知識・経験・情報の融合

調査依頼企業にストックされている情報、知識・経験が分析内容に反映される。これにより、依頼企業がすでにもつ情報資産が、最新の消費者情報と有機的に融合し、より活用しやすい状態になる。

② スタッフ間における情報の共有化

S-GDIで集められた情報を共に分析することにより共通認識が生まれ、重要情報の共有化が図られるのである。

③ 実感を伴った深い理解

前述②とも関連するが、ワークショップ分析においては、あるルールにのっとって分析プロセスを1つ1つ全員で共有するため、その都度異論があれば、分析作業を先に進める前に納得いくまで議論が行われる。それにより個々の情報に対する理解が深まり、消費者の生活行動やニーズ・およびその他の心理を、机上の理解ではなく、リアルに実感を伴って理解することができる。

(2) トレーニングプログラム

本書ではＭＩＰ（新市場創造型商品）開発のためのＳ‐ＧＤＩに焦点を当てて紹介したが、Ｓ‐ＧＤＩはあらゆるマーケティング上の諸問題の解決に適応できる。正しい方法で実施し、正しく活用すれば、潜在ニーズの発掘をはじめとして、これまでの市場調査では限界のあったテーマ領域の解明にたいへん大きな効力を発揮してくれるのである。

システマティック・グループ・ダイナミック・インタビュー（Ｓ‐ＧＤＩ）法は、本節⑤のコース説明にある各コースで習得することができる。

(3) 普段からの司会の練習法

① 笑顔の練習――鏡をデスクに置き、電話がかかってきたら、どんな内容でも笑顔で対応

② 伝え方の練習――「矩形ゲーム」

③ フローの作り方の練習――「推測12問」

④ 見えない心を読む練習――(1)「推測12問」
(2) 表情や行動から推測する練習

⑤「ふり分け」の練習――会議の司会進行をやらせてもらう練習

⑥「深掘り」の練習――発言に対して、「もう少し具体的に知りたい」と思ったら、「もう少し具体的に」とか「とおっしゃいますと」、「それはどんなところからですか」、「それは言い方を変えると」、「もしそれができないときはどんな手段をとりますか」などを押しつけにならない配慮をもって質問

する練習（聞かせていただく司会者の基本マインドをもって）。

※「ふり分け」と「深掘り」の練習はプロ司会者へのハイレベルの技術であり、練習が不可欠。

6 S-GDIの主要なキーワード

(1) 司会の極意

図表4-4を参照。

(2) プロ司会者の最大の資質

●〝人に強い関心をもつ〟

(3) なぜグループで話し合うのがよいのか

●多くの消費者は日々、他者と交わり、他者に影響を与え、与えられている。――社会の縮図

●一対一では見えない心の中が複数の会話によって見えてくる。――グループダイナミズム

(4) 発言は耳で聞くから読み誤る

●本心は声に出ない。

●言いたくないことは声に出ない。

●言う必要のないことは声に出ない。

(5) 一問一答式司会法の問題

●聞かれたから出る答え→自発でないから信頼できない。

図表4-4　S-GDI司会の極意

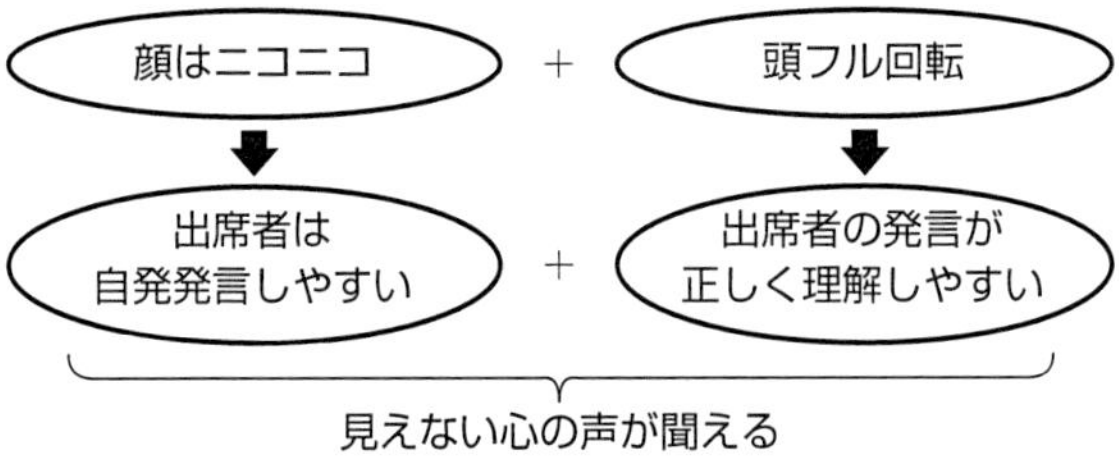

〈そのため〉
・調査課題に対する意味を読みとる

〈そのため〉
1　調査目的、調査課題、フローを連動させる。
2　司会者はフローを説明し、聴き役に徹する。
3　良いフローを作る。
　(1)調査課題に応える。
　(2)話し合いや自発反応が活発になるよう。

●グループ反応（グループダイナミズム）が不明。

※　好みなど個人的なことは一問一答でOK。

(6) 垣根ボードの役割

●グループが変わっても、同じ刺激が与えられる。

●司会者の代弁。

●「今、何をどう語るか」出席者はいつもわかる。

●脱線事故防止。

※　垣根ボードなしの司会は結果を疑え。

(7) 観察者はのぞき見しない

〝ミラールームからのぞくのはダメ〟

●ミラーが間にあるだけで空気感が伝わらず出席者の「心」を感じとりにくい。

●ミラーが間にあるとモニターしている人の緊張感がゆるみ出席者の「心」を感じとりにくい。

(8) どうしたら緊張せずに司会できるか

●そもそも緊張するのが当たり前。ゆるんでいては「心」は読み誤る。

●事前の準備を十分にすることが大事。そうすればゆとりをもって臨める。

(9) 進行中、ずっと笑顔をつづける

●反応によって表情を変えると反応に影響を与える。
●だからといってずっと無表情では「無関心」の意思表示になって盛り上がらない。
だから司会者はずっと笑顔をつづけるのだ。

(10) 内製化のすすめ

●外注に頼らず自社内でできる人を育てる。
●早く・安く上がるから、必要なグループ数がとれる。
●精度はS−GDIを練習すれば高まる。

(11) 結論の再現性を高める。

●調査目的ごとにインタビューフローと分析法が決まっている。
●結論を妥当にする話し合いのルールを徹底した分析。
①　他を圧倒しない。
②　他と違う意見が浮かんだら必ず口に出す（反論する）。
③　反論されたら〝ありがとう〟。
●カード同士の「関係づけ」と「カードの内容」が同じなら、誰がやっても同じ結論になる分析法。
●細部や枝葉をカットして重要な幹のみ残す分析法。

Column

『自社の強味を徹底的に深耕し、「香りを嗅ぐコーヒー」という新市場を創造』

田代珈琲株式会社
代表取締役社長　田代　和弘

●梅澤理論との出会い

私の会社はコーヒーを産地に出向き買いつけをし、こだわりの焙煎から全国の飲食店や個人のお客様へ直接販売している会社の3代目として経営しております。継承してからは同業他社が20年で3分の1に激減している中、変革を繰り返し生き残っている状態で、ビジョンは掲げながらも実現する具体的施作もなく常に目の前の課題を見つめているような状況困難な時期でのMIP経営塾の参加でした。

梅澤先生の商品開発理論は世の中にないものを創るという今までの私の常識とはかけ離れた内容でした。塾に参加した1年はこれほどまでに常識という悪魔に捉われているかと戸惑う現実でした。

ようやくその現実を受け止めることができた2年目からコンサルティングを受けることにしました。最初の先生からの問いは「田代珈琲の強みはなんですか?」。この質問に関しては日頃のマーケティング活動から順序立てて説明でき、現在はその強みを磨きに磨いていますと自信たっぷりにプレゼンできました。しかし先生からの答えは間髪なしに「それは強みではありません」「だから成長できないのです」。

二十数年コツコツ積み重ねてきた自社の強みは一瞬にして否定されました。私の頭の中は大混乱に陥りました。いくら考えてもそれ以外の強みはでてきません。先生からは当然答えはありません。

●真の強みを導き出す

やっと自身から答えが出たのは半年後です。

私たちのお客様はたくさんあるコーヒー会社からなぜ我々を選んでいただいているのか?

我々の創りだすコーヒーでお客様はどう感じていただいているのか?真の強みはお客様が知っているということを信じて今までやってきたこと、なぜそれをやってきたのか?自問自答を繰り返し考えました。気づきは先生のマーケティングスクールでの「シーズ」についてのくだりの瞬間でした。今まで磨いてきたのは「シーズ」だったという気づきです。

そしてこれらのシーズから「真の強み」が導き出されました。それは田代珈琲が生み出す「香り」です。田代珈琲は今までこの「香り」を追求してきたということに気づいたのです。そのとき、先生から「香りを嗅ぐコーヒー」という新カテゴリー名をいただいたのです。

梅澤先生の理論と手法から私は「コーヒーは飲み物」という常識から脱却することができ、この常識からの脱却から売り物は「コーヒー豆」という固定概念さえも破壊しました。

「世の中にないものを創る」という先生の言葉を最初に耳にしたとき、コーヒーという枠の中でそんなものは無理だろうという考えを当たり前のようにもちました。人類はコーヒーと出会って数百年経過している中、1人の凡人がコーヒーの枠の中で世の中にないものを創れるはずがない。これが常識です。

田代珈琲が手にした新カテゴリー名「香りを嗅ぐコーヒー」は間違いなく新市場を創造していきます。日常の営業もこの新カテゴリーに置き換えると新しいアイデアがどんどん出てきます。アイデアを安直に商品化することはありませんが、今まで見てきたマーケットの景色が明らかに変化し、天をも突き抜けることができる力が湧き出てきます。具体的には次のような展望が開けたのです。

●飲むコーヒーから「香りを嗅ぐコーヒー」へと進化することでMIPコンセプトが具体的に見えてくる

コーヒーの生理的・心理的効果は「リラックス」と「覚醒」です。そのうち「リラックス効果」は香りを嗅ぐことで得られます。「覚醒効果」はカフェインによりますから飲むことによって得られますが、「リラックス効果」は飲まなくても味わえるのです。ここが決定的な新しさを生むポイントです。飲まずに香りを嗅ぐだけでリラックスできるということは場所にも時間にもしばられずコーヒーの香りを楽しめる商品が考えられる、ということです。

更に香りは「眠りを誘う」効果も発揮します。こうやって「誘眠コーヒー」（眠るためのコーヒー）というまったく新しいカテゴリー商品のイメージが固まり、現在具体化とともにエビデンスの実験をすすめています。

コーヒーの香りを嗅いで眠る夢のような商品が、眠れぬコーヒー好きのお客様を魅了するときが来るのです。

2 キーニーズ法

ＭＩＰは世の中にない商品なので、「どう作るか」（How to）の前に「何を作るか」（What）という課題を解決しなければならない。「Whatの解決」が商品コンセプト開発に他ならない。

以下に「ＭＩＰ」を開発し、長期間シェアNO・1を続けるための商品コンセプト開発法である「キーニーズ法」の今日を概説する。「ＭＩＰ」のコンセプトを意図的に開発する手法は「キーニーズ法」の他にない。「キーニーズ法」は「ＭＩＰ」の経営上のメリットに気づいた企業のための、「ＭＩＰ」コンセプト発想法なのである。

1 「キーニーズ法」は世界初の商品コンセプト開発法

(1) 「キーニーズ法」は1969年に生まれた

キーニーズ法は１９６９年、私により創始された。当時、同志社大学教授（心理学）であられた小嶋外弘博士の指導を得て、生活工学的アプローチの具体的所産として生まれた（小嶋・梅澤・佐藤編『商品開発のための消費者研究』日科技連出版、１９７２年参照）。当時、消費者ニーズに応える商品コンセプトを開発する手法は存在していなかった。

(2) 「キーニーズ法」は消費者の生活ニーズに応え「どんな商品を作ったら売れるか」の発想法

それまでの商品発想法といえば、「How to」すなわち、「どういう工夫でその目的を達成するか」（ブレーンストーミング、シネクティクス、KJ法、NM法など）に関するものがほとんどであった。

これらの発想法では「何を（What）作ったら売れるか」は教えてくれない。

しかし「キーニーズ法」は「何を（What）作ったら売れるか」をずばり教えてくれる。

(3) 「キーニーズ法」はアイディア発想法でなく、世界初の「商品コンセプト」発想法

商品コンセプトは図表4-5のように、商品アイディアとそれが消費者に与えるベネフィットからなり、それが消費者に魅力を与えるためには、①未充足の強い生活（Do）ニーズに応えるベネフィットをもち、②そのベネフィットを達成する商品アイディアが因果成立することが不可欠である。

以上より商品コンセプトとはアイディアとベネフィットより構成されているものであり、アイディアはコンセプトの中に包含される概念であることが理解されよう。

未充足の強い（◎―◎）生活（Do）ニーズに応えるベネフィットをもち、それをきちんと達成するアイディアがあるから消費者に魅力を与えるのである。

(4) 「キーニーズ法」で作った商品コンセプトの受容性は高い

「キーニーズ法」は図表4-5のような商品コンセプトの公式をふまえ、それをシステマティックにプロセスする発想法なので、明らかに受容性の高い商品コンセプトを生み出すことができる（図表4-6参照）。

図表4-5　商品コンセプトの公式と消費者ニーズとの関係

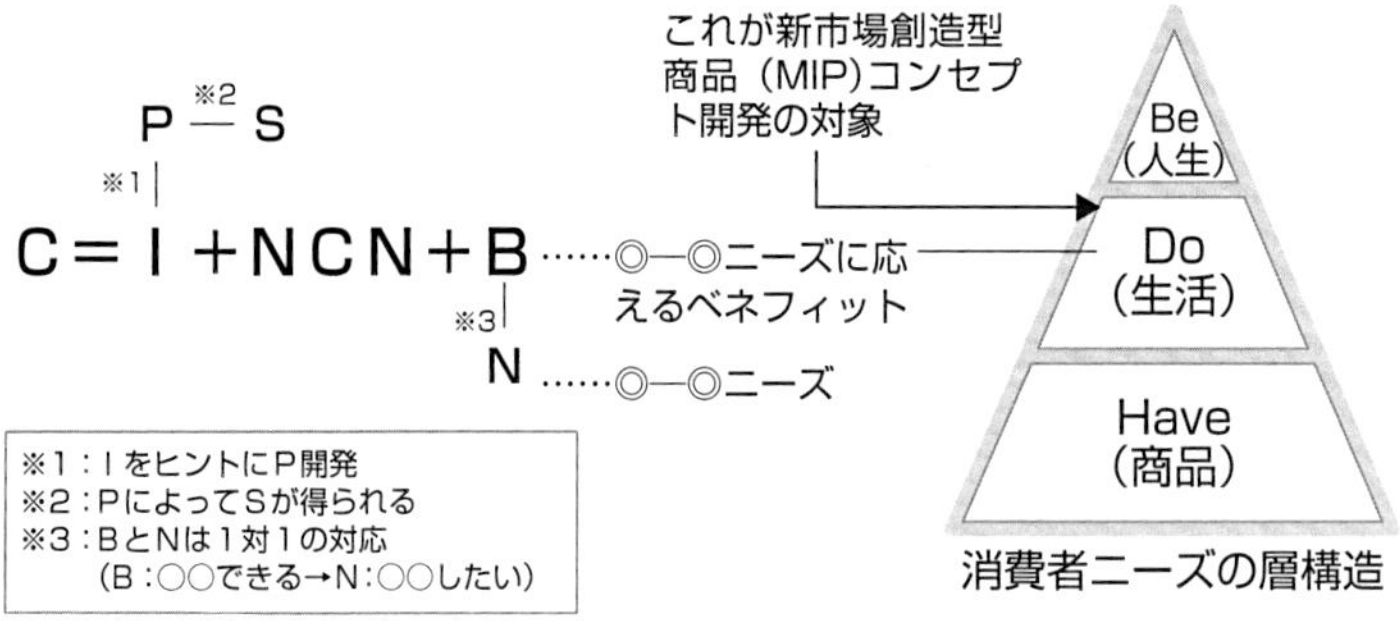

（C＝商品コンセプト
Ｉ＝商品アイディア
ＮＣＮ＝新カテゴリー名（商品アイディアを短くまとめたもの）
B＝消費者の未充足の強いDo（生活）ニーズに応えるベネフィット
N＝消費者の未充足の強いDo（生活）ニーズ
P＝商品パフォーマンス
S＝消費者満足）

図表4-6　商品コンセプトの受容性比較

	キーニーズ法	その他
T. B.（平均）	16.2%	2.2%
T. P.（平均）	70.4%	40.8%
テストにかけたコンセプトの数	68個	41個

n＝203，20～49歳主婦（1986年）
（T.B.＝「ぜひ使いたい」
T.P.＝「ぜひ使いたい」＋「使ってみたい」）

図表4-7 「キーニーズ法」における2つの独創プロセス

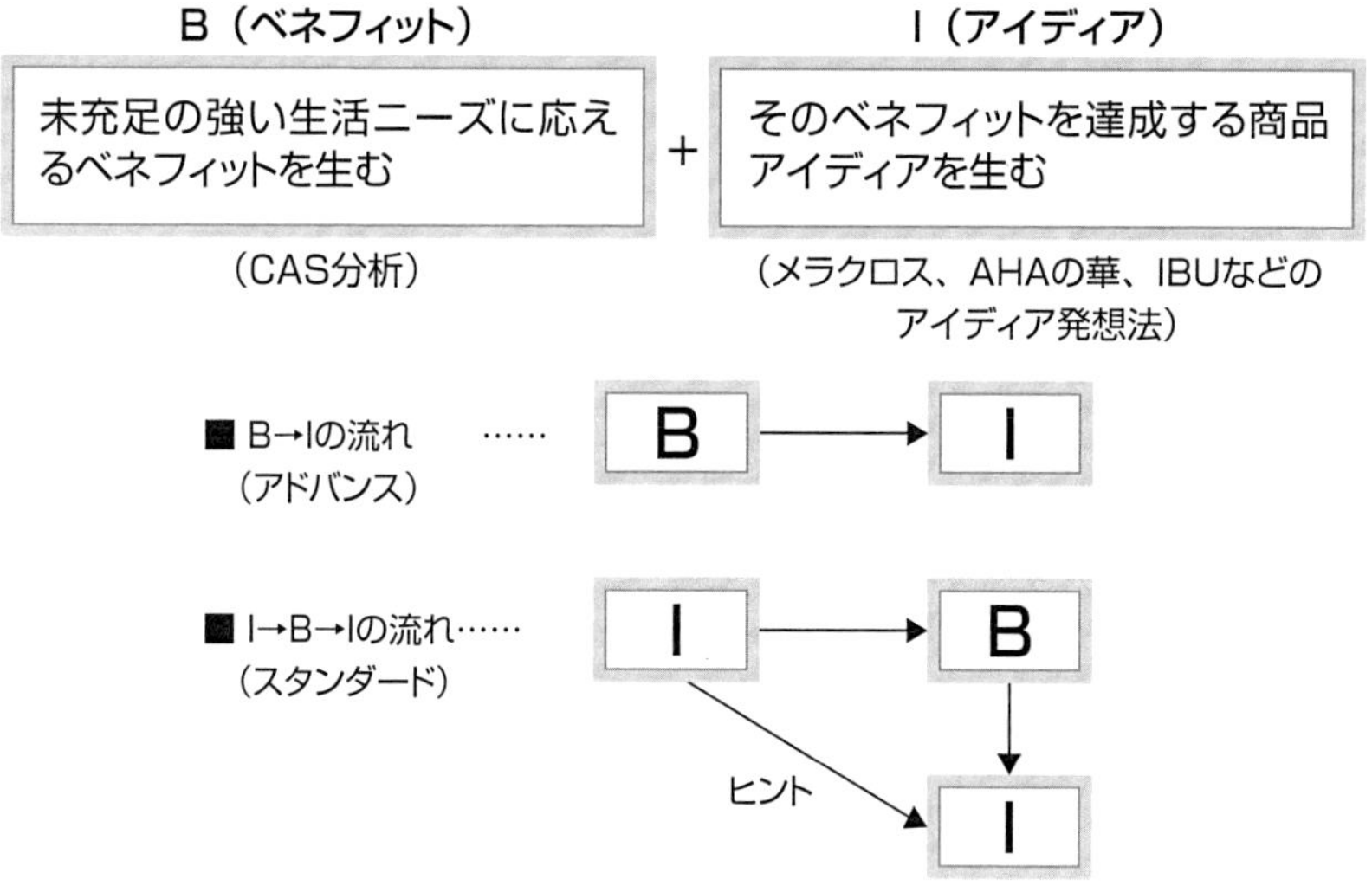

※ 「新カテゴリー名」の発明も、上記独創プロセスの中に含まれる。

(5) 「キーニーズ法」は必然的にMIPを生みやすい

「キーニーズ法」は上記のように、未充足の強い生活（Ｄｏ）ニーズに応えるベネフィットを生むだけでなく、生活上の問題を解決するベネフィットを生むので、意図して、必然的にＭＩＰコンセプトを生むことができる。このことは第1章に示した「従来の多くの新商品発想プロセス」と比べるとよくわかる。

2 「キーニーズ法」のプロセス

(1) 「キーニーズ法」における2つの独創プロセス

図表4-7に示したように、「キーニーズ法」は2つの独創プロセスからなっている。その1つは「未充足の強い生活ニーズに応えるベネフィットを生む」プロセスであり、もう1つは

「そのベネフィットをもたらす商品アイディアを生む」プロセスである。

前者は「ＣＡＳ分析」により生まれ、後者は「メラクロス」や「ＡＨＡの華」および「ＩＢＵ」などのアイディア発想法によって生まれる（図表4-8参照）。

(2)「キーニーズ法」にはニーズ・アプローチとシーズ・アプローチがある

「キーニーズ法」には、消費者の生活ニーズ情報をインプットしてプロセスする「ニーズアプローチ」と、技術的シーズ情報をインプットしてプロセスする「シーズアプローチ」の2つのタイプが用意されており、いずれも未充足の強い生活ニーズに応える商品コンセプトを生む。

企業にとって有用な商品コンセプトを開発するにはニーズからでもシーズからでも自由自在に作れる手法でなければならない。「キーニーズ法」はこの点でも優れている。

(3)「キーニーズ法」の種類

「キーニーズ法」は2つの発想の流れ（図表4-7参照）と2つのインプット情報（ニーズかシーズ）を組み合わせて計4種類（細かく分けると16種類）がそろっていて目的や条件に合わせて選べるようになっている。

(4)「新カテゴリー名」を発明する

ＭＩＰは新カテゴリー商品である。ＭＩＰ成功の1つの重要な条件は「新カテゴリー名」を妥当に発明することである。「キーニーズ法」では主として商品アイディアを要約し「新カテゴリー名」を発明するプロセスである。

図表4-8　THE KEY NEEDS WORLD

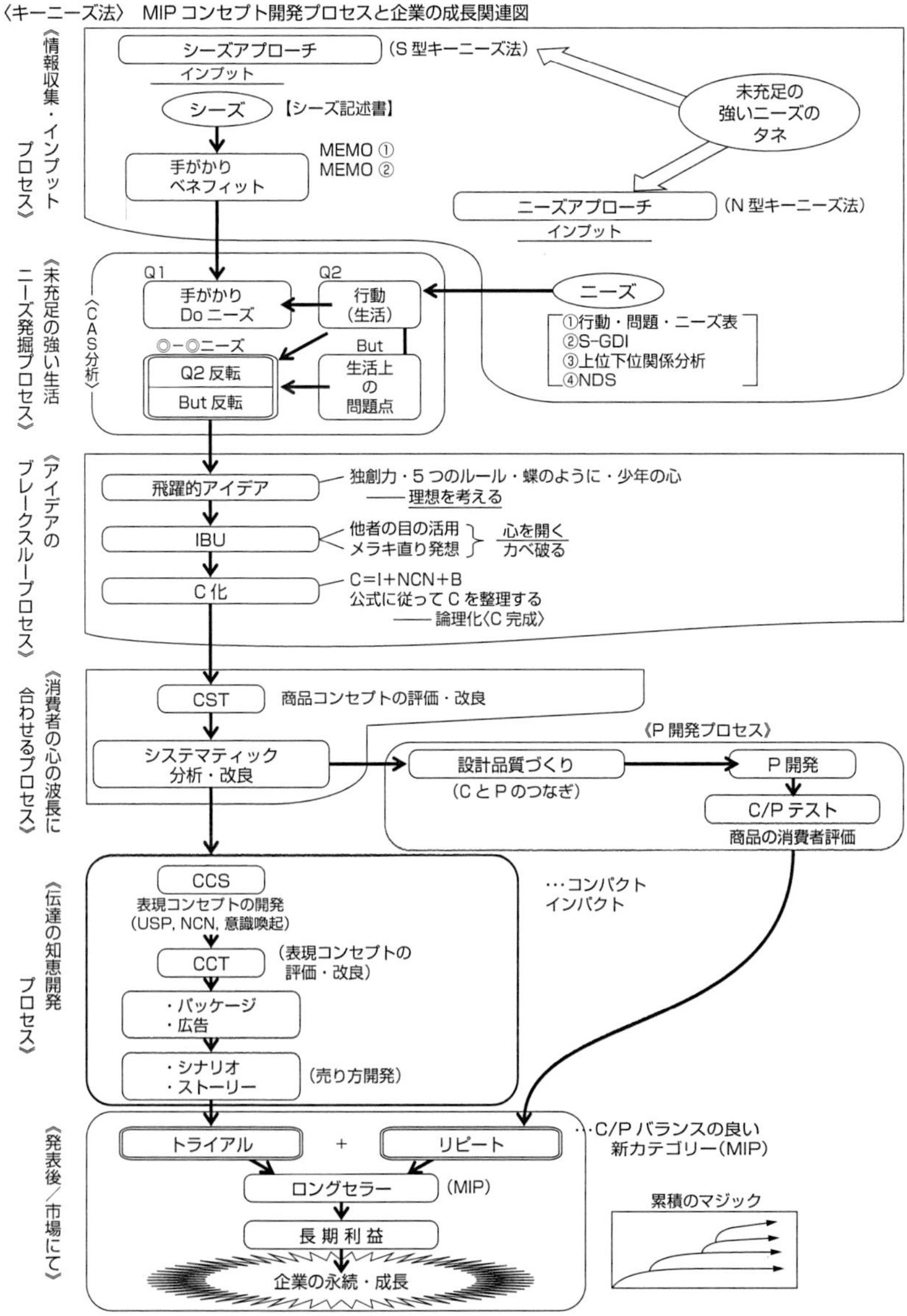

出所：梅澤伸嘉『最新 新市場創造型商品コンセプト開発マニュアル』日本能率協会総合研究所、2015年。

「新カテゴリー名」の条件は次の２つである。

① 何であるか、何の目的の商品かよくわかる。
② 今までにない商品というイメージを明らかに与える。

この２つの条件を満たし、できるだけ短く名詞型で表す。

３「キーニーズ法」成功の条件

手法上の条件

① ニーズ・アプローチであれ、シーズ・アプローチであれ、より多くの消費者の未充足の強い生活ニーズに応えるようにプロセスすること。
② 明らかに独自性のあるシーズを対象とすること（シーズ・アプローチ）。
③ アイディアを生み出すためでなく、商品コンセプト、それもＭＩＰコンセプトを生み出すために行うことを関係者内で共有化すること。
④ 手法なので間違ったやり方では成果は半減する。必ず「キーニーズ法」をマスターした人のインストラクションに従ってプロセスすること。
⑤ 創造的環境を作り、それを維持すること（場所、グループ編成、ＡＨＡゲームの実施、ルールマスターなど）。

⑥ 理にかなったシート類の有効活用（CASシート、メラクロスシート、IBUシート、商品コンセプトシートなど）。

⑦ 練習とか、研修の気持ちでなく、あくまで成功商品を作る気持ちが必要である。その結果、優れた商品コンセプトが生まれるだけでなく、手法のスキルアップにもなるのだ。

社内環境条件

① コンセプト開発の重要性やMIP開発の重要性がトップによって承認されること。

② 実施は年○回（4〜6回）と決めて関係者はその期間に集中して商品コンセプト開発にいそしむこと。

③ 必ず、コンセプト・スクリーニング・テスト（CST）まで行うこと。画期的なコンセプトほど、社内で没にされるので、消費者受容性の指標となるCSTまでは不可欠のプロセスと考えて実施すること。

④ 商品コンセプト開発を商品開発ステップの最初に位置づけること。すなわち技術があるから商品を作るのではなく、消費者の未充足の強い生活ニーズがあるからそれに応えて商品を作る、という思想を共有すること（ニーズアプローチもシーズアプローチも）。

4　「キーニーズ法」最新手法——「行動・問題・ニーズ表」

「行動・問題・ニーズ表」とは、キーニーズ法の４つのうちの「ニーズ・アプローチ型アドバンス」のひとつで、「強いニーズは行動に表われる」という法則的事実を活用して「手がかりＤｏニーズ」を抽出する手法である。

大きな問題をもっているにもかかわらず、多くの人が頻繁に行っている行動の背景には、必ず強い生活ニーズがある。よって、その問題がありながらも行っている行動（つまり、解決されたらうれしい問題を伴っている行動）を探せば、確実に多くの消費者の強い生活ニーズに応じたコンセプト開発ができるのである。

具体的には「何らかの解決すべき問題があるので、本当はやりたくないが、しかしやらないわけにはいかず行動している」ことは何か、そしてそれに伴う問題を探すことによって「行動」と「問題」の欄を埋めることができる。

この方法は、「行動」を手がかりにするので生活上（行動上）の問題を解決するＭＩＰのコンセプトに自動的に仕上がるのである。なお、この手法における「行動」とはＣＡＳ分析における「Ｑ２」、「問題」とは「ＢＵＴ」、「ニーズ」とは「Ｑ１」に相当する（図表4-9参照）ので、次のステップ（ＣＡＳ分析）での「未充足ニーズの創造」は自動的、機械的に終了するメリットをもつ。

図表4-9 「行動ー問題ーニーズ表」の記入例とCAS分析による未充足の強い生活ニーズの創造の例（テンプル/1983年）

〈行動ー問題ーニーズ表〉

No.	行動（人）〔Q2〕	伴う問題 〔BUT〕	手がかりDoニーズ（問題を伴う行動を取らせている生活ニーズ）〔Q1〕
1	新聞紙をまるめ、油を吸わせ、牛乳パックに詰めてゴミとして出している（良心的な主婦）	・わずらわしい ・手が汚れる	➡ 良心的に天ぷら油をゴミとして出したい
2	（ ）		
3	（ ）		
4	（ ）		
	（ ）		

〈CAS分析による未充足の強い生活ニーズの創造〉=問題反転の例

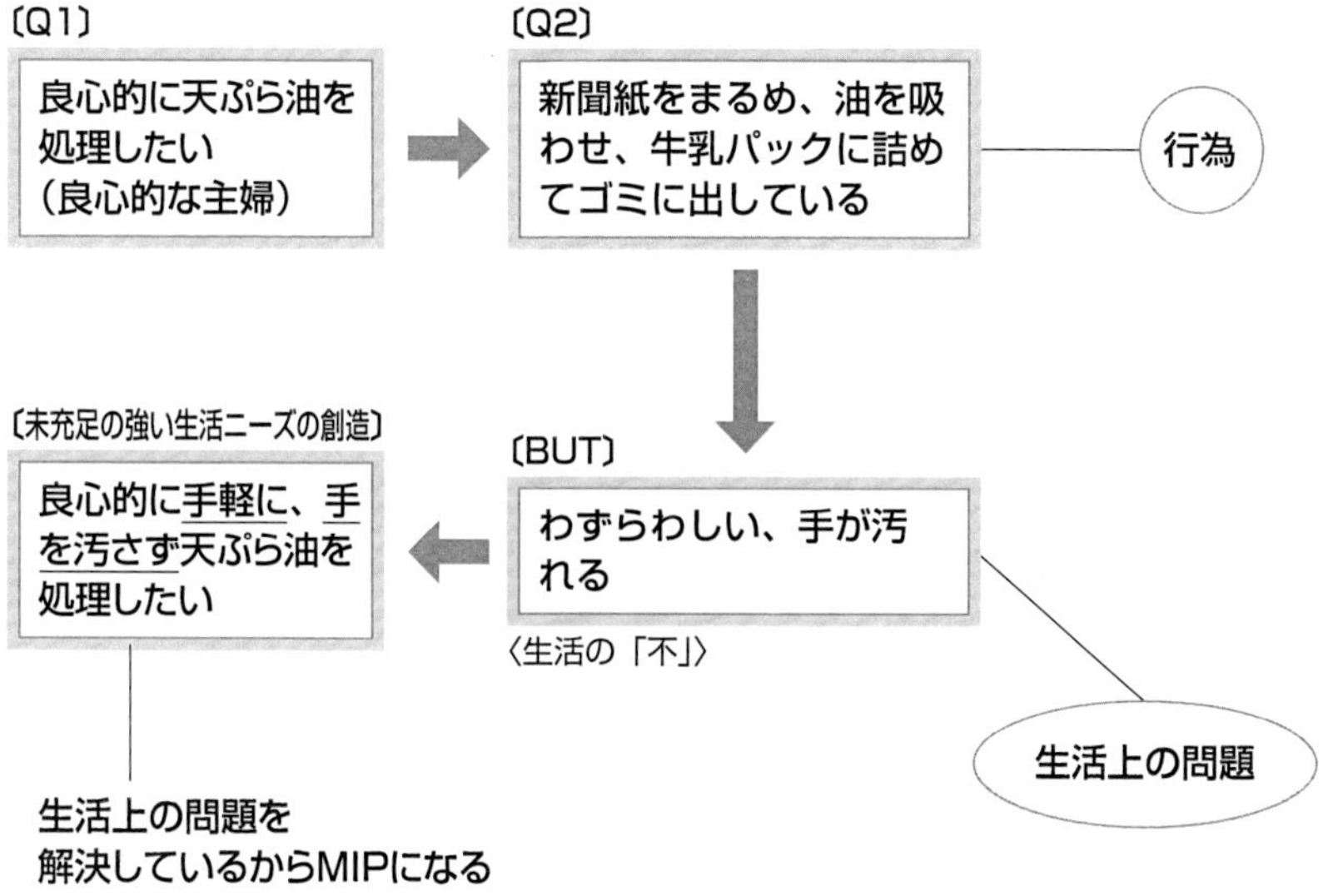

5 「キーニーズ法」マスターのために

「キーニーズ法」の理論や手法をマスターするためにコースが用意されている。巻末資料①を参照されたい。

6 「キーニーズ法」で開発された商品コンセプトの例

(1) キーニーズ法で開発されたＭＩＰの例

第1章第2節❻にあげたＭＩＰの成功例の中でそれぞれの商品の「キーニーズ法」のプロセスが述べてあるので、それらも再度参照されたい。

(2) キーニーズ法で開発したＭＩＰコンセプトの例

キーニーズ法で開発したＭＩＰコンセプトの例を図表4-10-1、図表4-10-2に示す。

図表4-10-1　商品コンセプト例①

〈PD〉　家族が気軽に食器洗いに協力してくれる
卓上用食器の油拭き〈シートタイプ〉

〈ネーミング〉　ラックリン

〈コンセプトステートメント〉
油やソースのついた食器を流しでそのまま洗うのは、排水汚染の原因。本品は食器についた食べ残りの油やソースを流しに捨てないようにするために、油汚れを吸着する働きをもった天然ハーブを含浸させた再生紙で拭く。家族各自は母親に協力する形で各自の食器の汚れを責任もって拭き取る。卓上用食器の油拭き〈シートタイプ〉なので家族が気軽に食器洗いに協力してくれる。

〈特徴〉
1．天然ハーブの香りが食卓をほのかにつつみ、心豊かな雰囲気につつまれる。
2．食後、家族が自発的に食器を拭き取ってくれるので、あとは水に流すだけの手軽さで食器洗いができる。
3．数十種類のハーブを効果的にブレンドし食器の油汚れを強力に吸着するシートなので、手軽に拭き取るだけで油汚れが完全に取れる。
4．拭き取った汚れたシートは、土に埋めておくと有機肥料になる。

※　アンダーライン部分が「新カテゴリー名」。

出所：梅澤伸嘉『消費者ニーズの法則』ダイヤモンド社、1995年。

図表4-10-2　商品コンセプト例②

〈ＰＤ〉　ごみ減らしに貢献できて新品を安く入手できる。
耐久財の下取り、再生、販売システム

〈ネーミング〉　利再久留

〈コンセプトステートメント〉
ごみ問題は既に限界。これ以上、ごみを少しでも出さないようにするために、耐久財の粗大ごみを基準に従って下取りし、定年を迎えた元･技術者のような腕に技術をもった人々によって再生し、新品にして専用コーナーで販売する。耐久財の下取り、再生、販売システムなのでごみ減らしに貢献できて新品を安く入手できる。

〈特徴〉
１．下取り方式なのでごみを出さないで済む。
２．再生して販売するので、エネルギーと資源のロスが少ない。
３．簡単な方法でごみ減らしに参画できるので、環境貢献活動が容易に続けられる。
４．再生して販売するので、新品（再生品）が安く入手できる。

※　アンダーライン部分が「新カテゴリー名」。

出所：梅澤伸嘉『消費者ニーズの法則』ダイヤモンド社、1995年。

『MIP経営への第一歩――切らない板厚確認器「アツヨシ（商標申請中）」』

（2018年発売予定）

カナエ工業株式会社
代表取締役社長　清　行雄

●MIP経営に挑戦

当社は先代が1963年に生産工場向けの省力化機器や自動機などを企画・設計・製造・設置まで行うことでスタートしました。その後国内のモータリゼーションの成長に伴い、それまで培ってきた独自の生産設備や金型の設計・製作のノウハウを基盤として、自動車向け量産部品の生産も手掛けるようになり、それが現在の主力事業に成長しています。これまで国内自動車市場で比較的順調に成長をつづけてきましたが、近年の自動車産業の成熟化やグローバル化などで国内の自動車生産は減少の一途をたどり、明るい将来図を描きにくくなってきていました。

そんなときある対談で梅澤先生のMIP開発の話を聞き、これまで世の中にないもの、未充足の強い生活ニーズに応えるもの。つまり新市場創造型商品こそ今の当社に必要なものだと直感し、以来梅澤先生に師事しています。

しかしこれまでお客様の指示通りに部品を生産することに特化してきていたため、商品開発の知識も教育も全くのゼロからのスタートであり、まずは梅澤先生の理論を学ぶためMIP開発スクール、MIP経営塾に私を含めこれまで8名が受講し、それと並行して梅澤先生のコンサルテーションもお願いし、商品開発に取り組んできました。

●MIP開発の行き詰まりと突破口

とはいえ全くの白紙状態からの商品開発は困難を極め、可能性を狭めないために、あえて開発ターゲットを絞ることをしなかったことも影響し、なかなか順調には進みませんでした。

そんな中、あるメンバーから「社内の困りごとを改善したものを探し、その中から目ぼしいものに対してCAS分析を行ったらどうか」という提案があったのです。それを聞いた別のメンバーから、「前の部署にいたとき自分たちで製作し、作業時間を大幅に削減できたものがある」との発言がありました。

●自社製の計測器具からベネフィットを探索

そのものとは、プレス金型を製作した際、加工した製品の板厚を確認するための自社製計測器具（アツヨシの原型）でした。通常は金型で加工されたプレス板金部品はポイントマイクロメーター（以下、ポイントマイクロ）を使用して、必要箇所の板厚を都度都度測定し、必要な板厚が確保されているかどうか確認します。というのも、プレス加工後に曲面形状箇所に板厚の変化が起こることがあり、要求する品質を満足できているか、板厚を確認する必要があるからです。1部品で何箇所も板厚を確認する必要があるため、確認する都度、ポイントマイクロのラチェットを締めたりゆるめたりするので、測定に時間がかかっていました。また、通常のポイントマイクロでは届かない箇所の板厚を確認する必要もありました。そのような箇所を確認するには、ポイントマイクロが届くように製品を切ってから板厚を確認していたのです。

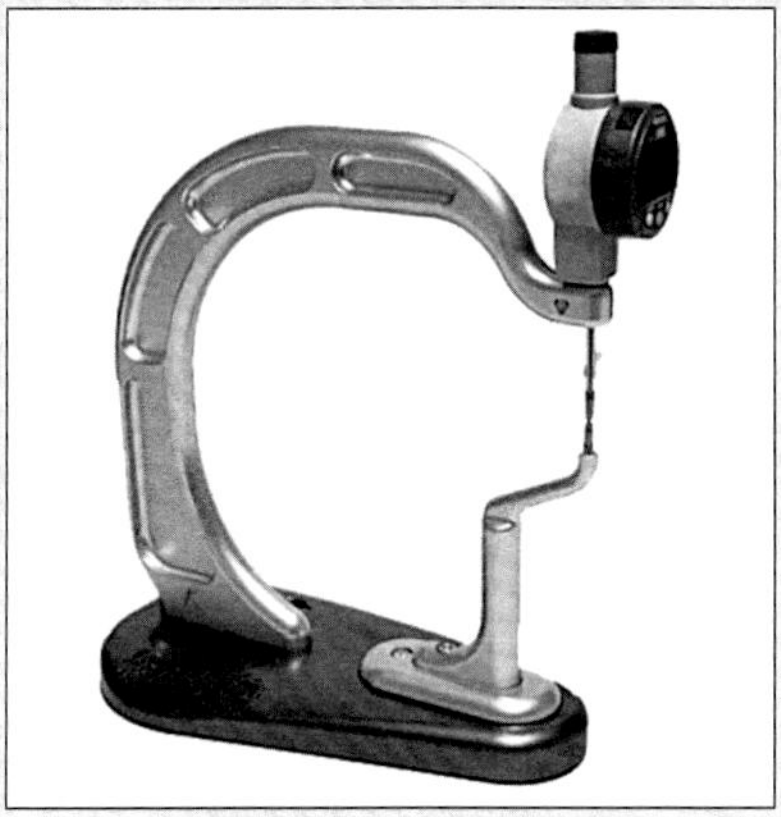
切らない板厚確認器「アツヨシ」（商標申請中）

対して「アツヨシ」を使用して板厚を確認する場合、ラチェットを操作する手間も、製品を切る手間も不要となり、1部品の金型調整のために、従来どおり延べ100箇所の確認をする場合、なんと平均で約320分もの時間短縮効果が社内で確認できたのです。弊社の金型製造部門では、作業者全員が「アツヨシ」を使用するようになりました。このような社内の状況から「アツヨシ」が与えるベネフィットは、生活上の問題を解決すると確信し、MIP推進プロジェクトチームでCAS分析を行いました。

与えるベネフィット

・製品を切らずに奥の奥まで板厚を確認できる。

・複数箇所の板厚を連続で確認できる。

このベネフィットをもとにCAS分析を行いました。

Q1（Doニーズ）

ポイントマイクロの届かない複数箇所の板厚も規定値内にあるか確認したい。

Q2（その主な充足手段）

製品を切ってポイントマイクロで複数個所を、都度都度ラチェットを操作し測定している。

BUT（その生活上の問題）

（奥の箇所を測定するために）切ってしまうので製品としての価値がなくなり、全数検査には使えず困る。時間と手間がかかり煩わしい。

未充足ニーズ（Q2反転）

製品を切ることや、複数個所を都度都度測定することなく、板厚が規定値内にあることを確認したい。

●そしてMIP経営へ

「MIP以外は開発しない」と決めてスタートしたMIP経営への取り組み。その最初の成果が「アツヨシ」です。今まで何も疑問を持たずに製品を切り、ポイントマイクロで板厚を測定していたお客様が、「アツヨシ」を使用した後には、「もう今までのやり方には戻れない」と言ってくださいました。これが生活上の問題を解決するということなのだと実感した瞬間です。

MIP経営の神髄は、「人を大事にすること」。このことを肝に銘じ、従業員とその家族、お客様、お取引先様を大事にし、MIP開発を、「好きなことを　好きな人と　好きなやり方で」とことんまで突き詰め、MIP経営に「シフトしていく」。そのために、梅澤理論を更に深く理解し、手法を守って地道な作業をコツコツと継続し、MIPを生み続けていきたいと思っています。

（写真提供：カナエ工業）

3 表現コンセプト化技法（ＣＣＳ）

成功商品開発における「コンセプト」には「商品コンセプト」と「表現コンセプト」があり、それぞれ目的や開発プロセス上の位置を異にしている。

広義の意味では商品コンセプトも表現コンセプトも『買う前に欲しいと思わせる力』である、という点では共通している。ＭＩＰを成功させるために、この「表現コンセプト化技法」は重要な役割をもっている。

1 商品コンセプトと表現コンセプト

『キーニーズ法』で開発され、ＣＳＴによって消費者受容性が確認された魅力的な「商品コンセプト」は『ＣＣＳ』(Communication Concept Study) によって「表現コンセプト」化される。それにもとづいて広告やパッケージが方向づけられる。「商品コンセプト」と区別した形で「表現コンセプト」を開発する必要がある。

その広告やパッケージが消費者に商品の魅力を提示し、消費者を初回購入へと動機づける。以上を図示すると図表4-11のとおりである。つまり、表現コンセプトとは、いわば「表現化された商品コンセプト」

図表4-11 「商品コンセプト」と「表現コンセプト」の位置づけと関係

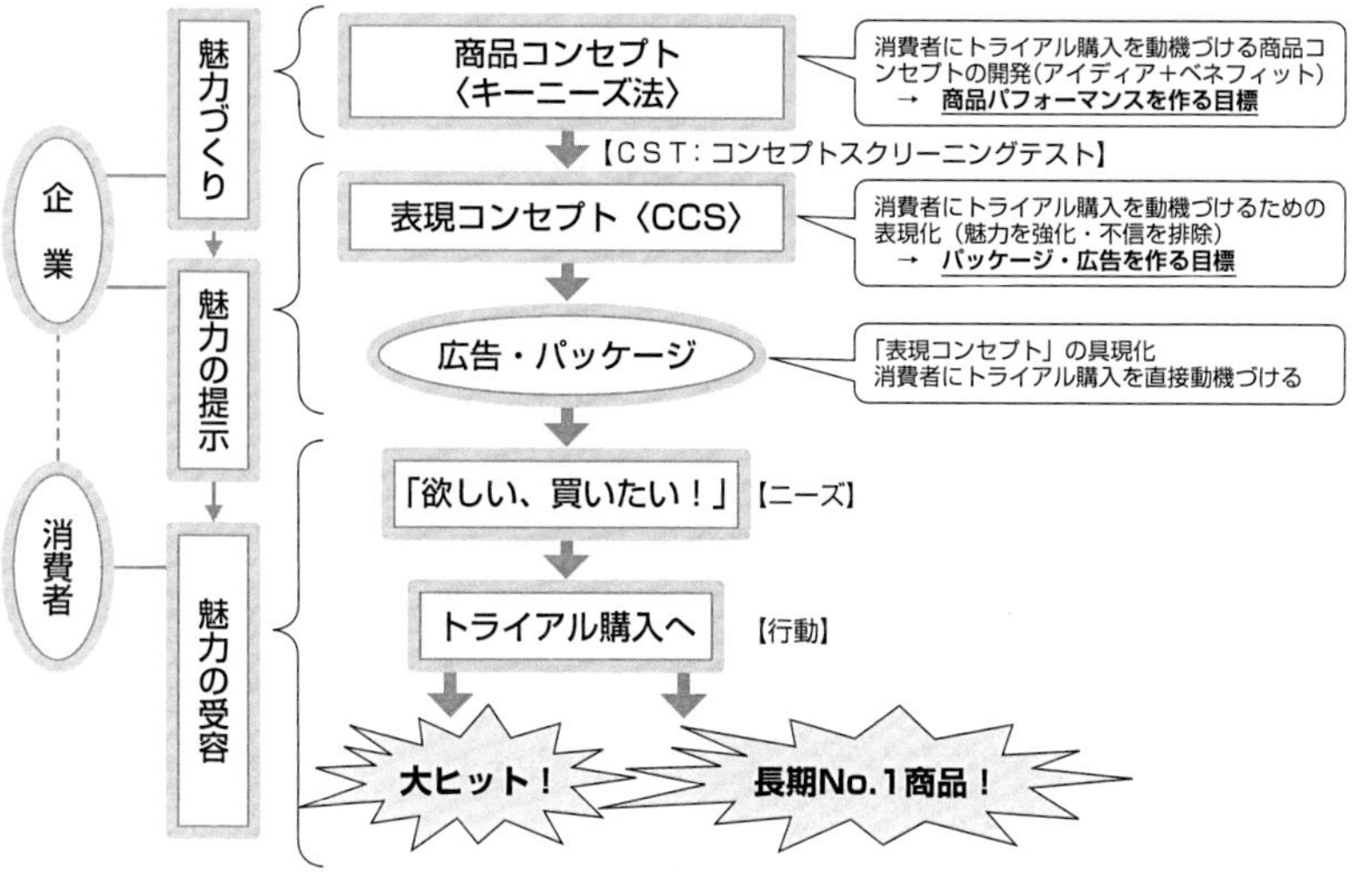

とも言える。

広告やパッケージで、その新商品が**「何である」「どう良い」**のかを消費者に瞬時に伝えられない限り、新商品は売れないのである。そして、その「何である」こそが、商品アイディア（Ｉ）を元に作られた「新カテゴリー名（ＮＣＮ）」であり、「どう良い」こそが、ベネフィット（Ｂ）を元に作られた「ＵＳＰ（ユニークで売り込みのきく主張）」である。この関係を図示したものが、前出の図表３−４である。

図表３−４で示されるとおり、「商品コンセプト」の魅力は「表現コンセプト」化のプロセスを経て、パッケージや広告に表現されるのである。

2　表現コンセプト化の魅力的な目的

(1)　商品コンセプトの魅力を一層、パッケージや広告につなげる（主目的）

パッケージや広告は商品コンセプトを具体的に表現したもので、消費者の初回購入行動を動機づける道具である。しかし、商品コンセプトが魅力的でもパッケージや広告にうまく表現できず、失敗している商品は多い。

例えば、コンセプト・テストの結果はよかったのに、実際に売ってみると初回購入が低い、というような事例がまさにこれに当たる。

そのため、商品コンセプトを一層魅力的に、パッケージや広告につなげる手法が必要になる。それが表現コンセプト化の作業である。ＭＩＰは初めての商品であるので、表現を間違えるとせっかくの魅力が伝わらない危険性をもっている。それを補う手法である。

(2)　商品コンセプトそのものの魅力を高める

表現コンセプト化（ＣＣＳ）の最終アウトプットは「手作りパッケージ」と「手作り広告」である。

この手作り作品を社内関係者に見せると、単なる文章による商品コンセプトを見せたときと比べて明らかにリアルに商品コンセプトの魅力が伝わりやすい。

つまり、表現コンセプト化は商品コンセプトの魅力を高めることそのものを目的としている。

(3) どう表現すれば魅力をそこねず法的規制をクリアできるかを知る

商品コンセプトで表現していた内容が法的規制によってそのまま表現できないことがかなりある。それ故、表現コンセプト化によっていくつかの規制をクリアする表現候補を作り、表現コンセプト・テストによって、どの候補が消費者にもっとも魅力を与えるかをテストする。これも表現コンセプトを作る１つの目的である。

3　表現コンセプトの基本要素

表現コンセプトは「表現コンセプトシート」（ＣＣＳシート）に記入される（図表4-12参照）。

4　表現コンセプト・シートと手作り広告サンプル

表現コンセプト・シートに記入した例を図表4-12に、それを元にした手作り広告の例を図表4-13に示した。なお、「表現コンセプト化技法」の理論や手法をマスターするためのコースが用意されている。本章5を参照されたい。

5　5秒間テストと表現コンセプトの改良

〈手順〉

1　5秒間凝視する。――15秒広告20本分に相当。

図表4-12　CCS記入サンプル―『紅葉リップ』（1998年作成）―

インプット	〈ターゲット〉 　　繊細な心をもつ（感傷的な）若い女性 〈基本戦略〉 　　「マインドケア」（気持ち満喫剤）市場を創造し、上記ターゲットに下記ニーズに応える商品の登場を魅力的に伝える 〈応える主たるニーズ〉 　　手軽に感傷的な秋の気持ちを一層満喫したい
アウトプット	〈新カテゴリー名〉 　　秋の感傷口紅 〈トーン＆マナー〉 　　感傷的／秋のイメージ／口紅タイプであることがわかる 〈ＵＳＰ〉 　　はかなく散る／切なく燃える『紅葉リップ』 〈意識喚起〉 　　不要 〈ＵＳＰの中の優先度〉 　　ＵＳＰに同じ 〈主競合との差別点〉（ポジショニング／訴求点と重なることあり） 　　なし 〈サポート〉（ＵＳＰを確信させる情報） 　　・秋の紅葉の微妙な「赤」のバリエーションをそろえた 　　・紅葉の成分で作っているので、塗ると秋の感傷にひたれる 　　・はかなカラーからせつなカラーまで

図表4-13　手作り広告

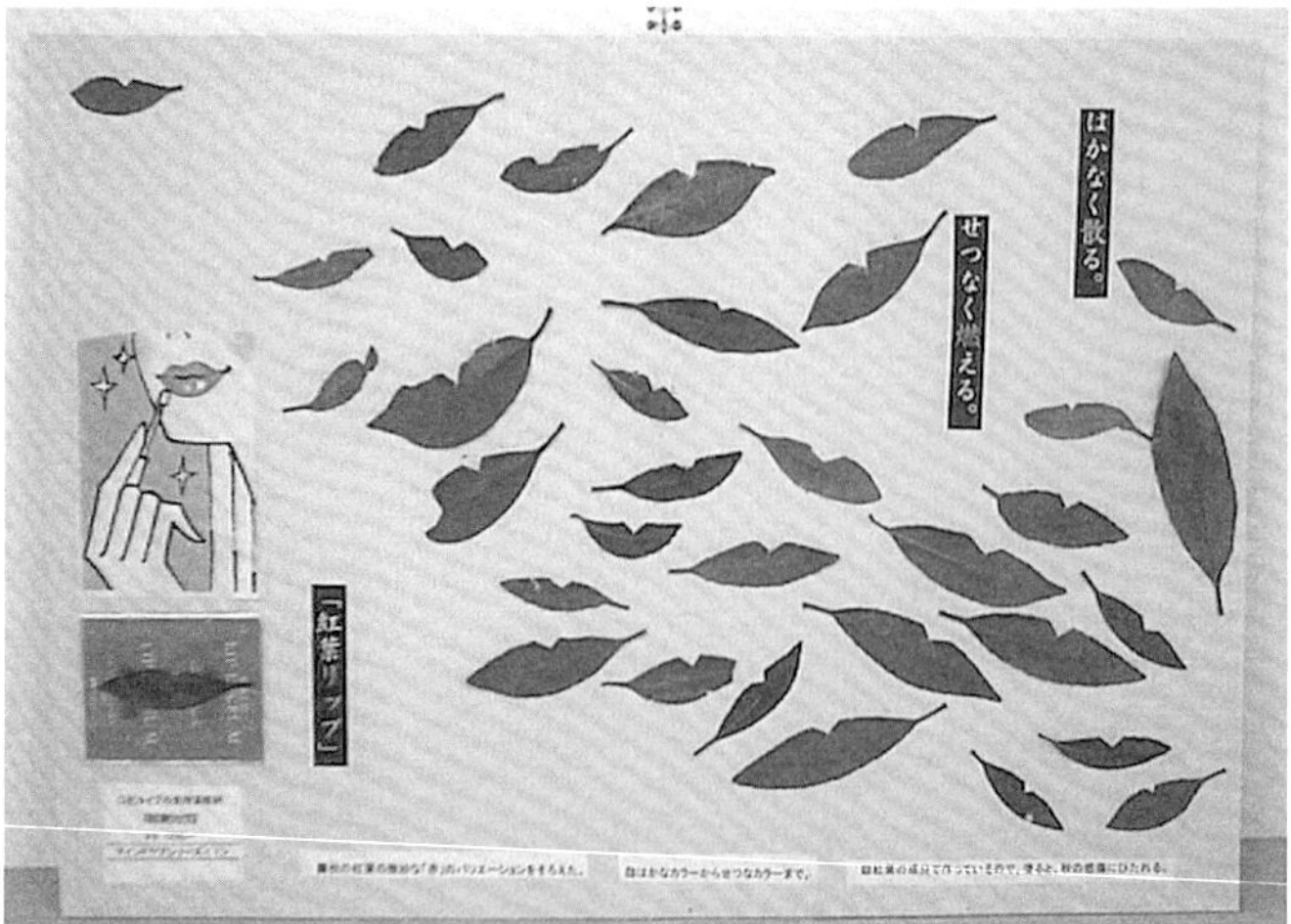

実際の紅葉を拾い集めて貼った作品

2 **見終わってから**、記憶を頼りにメモする。
3 文字、イメージ、絵、写真、など記憶にあるものを位置も含めて描く。——1分以内
4 回収の上、作成者（チーム）に渡す。
5 作成者（チーム）はそれをヒントに改良。
6 改良後再び上記を繰り返す。

〈留意点〉
1 このテストは広告の伝達力を測定し、改めてヒントを探るもの。
2 故に、被テスト者は**記憶にあるもの**のみ描くこと。
3 上位者にも被テスト者になっていただくと効果的。
4 改良作業のポイントは「訴えたいことのうち、どれがどの程度伝わったか」「その要因は何か」を考えて改良する。

『梅澤理論を学び、MIP開発にチャレンジ中』

株式会社シーンズ
代表取締役　杉田　真浩

●梅澤理論との出会い

2004年に他社に先駆けて日本でカラーコンタクトレンズを販売開始しました。ギャル層を中心にヒットし業績も急拡大しました。

しかし多くの会社が参入して競争が激化。広告コスト、モデルコスト、物流コストの増加もあり伸び悩んでいました。その時期に商品開発のセミナーで梅澤理論に出会いました。この理論でロングヒット商品をつくるしかないと思い、梅澤先生に師事し、MIP開発を志しました。

●商品コンセプト開発

巨額のコストがかかるモデルに頼らず、未充足ニーズから再検討。我々としては当たり前のことで盲点でしたが、お客様は結局のところ「自分に似合うカラーコンタクトレンズを探している」という点を確認。

「似合うカラー」というヒントから弊社スタッフが講座を受講していた「パーソナルカラー理論」が使えるのではないかと結びつきました。それで「パーソナルカラーレンズ」という新カテゴリー名、「パーソナル」というブランド名をつけました。

●商品パフォーマンス開発

実績も理解もあるパーソナルカラリストを選定、スタッフが受講していた海保麻里子先生に依頼。診断が3ヵ月待ちの超人気講師でしたが、スケジュールをぬって色だしと修正をいただき、私自身も毎月工場に飛んで何度も試作品を作りました。その試作品を弊社のお客様を呼んでのモニター会（診断と装着）を何十回も繰り返し、企画から1年以上かかりようやく12色のカラーコンタクトレンズを商品化できました。

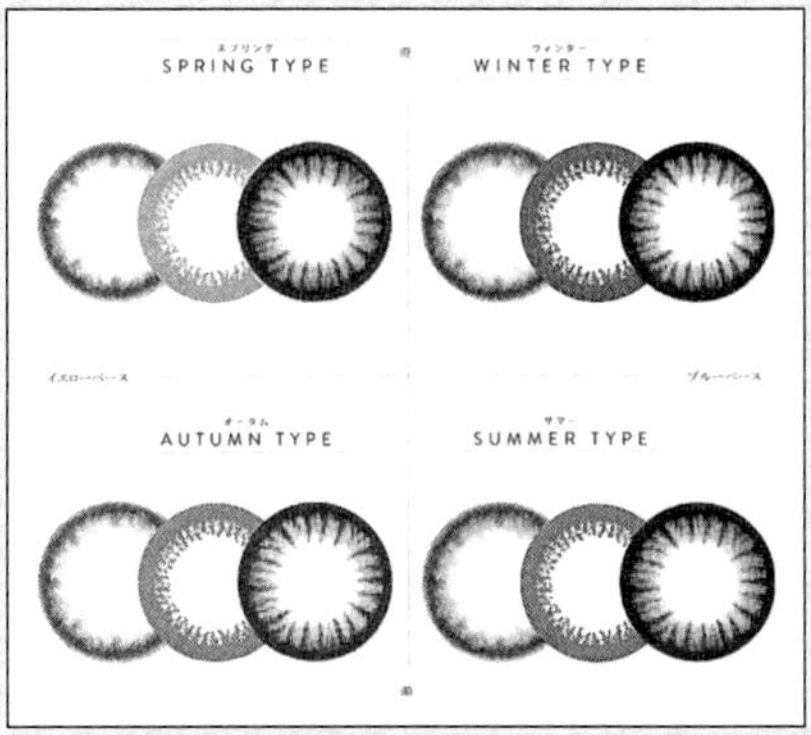

●**商品上市**

おかげさまでバイヤーからの評判もよく、出だしは順調です。今後は「パーソナルカラーレンズ」の認知向上とカテゴリー代表度を高め、カラーコンタクトレンズの新市場を創れる商品に育てていきたいと思います。

（写真提供：シーンズ）

『梅澤理論との出会いで人生観が激変「ロングヒット商品開発」に人生をかけて』

伊豆山建設株式会社　代表取締役
免疫生活ホルミシスハウス　代表理事
伊豆山　幸男

●梅澤理論と出会って

梅澤理論を知ったのは、梅澤先生のインタビュー動画を見たのがきっかけでした。

それまでも、数々の経営者のお話や本を多く読んできましたが、梅澤先生のビジネスに対する考え方や視点、意図的にヒット商品を創り上げる手法等々、すべてが新鮮で、驚きと感動でテレビの前に釘づけになったことを今でも鮮明に覚えています。その、数々の素晴らしいお話の中でも特に心に刺さったのは、新しい市場を創ることと、争わない、競い合わないというお言葉でした。当社は、一般木造住宅の設計施工を営んでいる会社です。この建設業の世界は、まさに戦いと競い合いの世界です。他社の住宅と差別化していくにはどうしたら良いか、例えばデザインだったり素材だったり、販売価格の引き下げだったりというような、だれでも考えるようなありきたりな方法しか知りませんでした。ビジネスは戦争だという言葉がありますが、まさにそのど真ん中で戦っていました。しかし気がつくと、奪い奪い返されのどつぼにハマり、私も社員も疲弊している状態。このままではいずれ衰退していくという危機感にさいなまれ、今後、どうすれば良いのかと暗中模索していたとき、梅澤先生の新市場創造型商品の存在を知り、私の中で180度視点が変わり、未来が開けていく世界が見えました。そこからは梅澤理論を一生懸命学び、差別化から独自化へ、今ある市場の外へ市場を創るという理論を実践しながら梅澤先生の指導のもとに生まれたのが、「免疫生活ホルミシスハウス」です。

●開発の動機

本品は、身体の免疫力を高め、ガン治療に効果が高いといわれる温泉として有名な、玉川温泉や三朝温泉の効果効能を、自宅の寝室に居るだけで、玉川温泉や三朝温泉以上の効果を得られるというコンセプトで開発した本物の健康住宅の商品です。

自宅の寝室に天然鉱石と漆喰を混ぜ合わせ塗ることで、壁面から発生するラドンガスや低線量の放射線が体に刺激

を与え、活性化するというのがホルミシス効果です（特許申請中）。温泉などの天然ラドン浴では、風向きなどでラドン濃度が一定しないのが通常ですが、「免疫生活ホルミシスハウス」では密閉空間での一定のラドン濃度を保つことで、理想的なラドン浴が可能となります。「免疫生活ホルミシスハウス」で発生するラドンガスは、人体のすみずみまで行き渡り、半減期も3・8日と約4日間体内に溜まるため、ホルミシス効果が持続します。さらに、超微量粉末の鉱石、薬石を使用しており、これらの結晶体の共振作用により、空気がイオン化され遠赤外線が放射される室内空間を提供できることで、人体の免疫力の向上に貢献することができます。

●本物の健康住宅を全国に

現在、この「免疫生活ホルミシスハウス」を広げるべく、全国の工務店様を対象とした「のれんシェアシステム」（のれん分けによる加盟店制度）をスタートしています。現在、30社の建設会社様から加盟をいただいており、徐々にではありますがホルミシスを応用した住宅が広がりつつあります。今後は、さらに梅澤先生の指導を仰ぎながら、本格的に「免疫生活ホルミシスハウス」を普及していき、住宅業界に新しい風を巻き起こしながら、ロングヒット商品に育て上げていくのが当面の目標です。10年後100億円の年商を目指します。自宅に居ながら免疫力向上に貢献し、健康で長生きできる本物の健康住宅創りにまい進していく所存です。

（写真提供：伊豆山建設）

免疫生活の家

４　商品アイディアの評価法――ＭＤ分析

１　ＭＤ分析とは

商品アイディアはベネフィットを達成するためのものである。それ故、商品アイディアの良し悪しの評価は、それがどれだけベネフィットを十分に達成するかを基準として為されねばならない。

ＭＤ分析とは、あるアイディアに伴うメリット（Ｍ）とデメリット（Ｄ）を抽出し、それらが課題にとってどれだけ重要であるか、致命的であるかを判定することによってアイディアを客観的に評価する手法である。簡単に使えて、しかも妥当な評価を下すことができる。

２　ＭＤ分析の手順

およその手順は以下のとおりである。

① 「課題」欄に課題を記入する――「○○のベネフィットを十分に達成する」と記述。

②「アイディア」欄にアイディアを記入する。
③「メリット（M）」欄にメリットを列記する。
④「デメリット（D）」欄にデメリットを列記する。
⑤メリット（M）、デメリット（D）の判定をする。――メリットは課題に対して重要か、デメリットは企業にとって（または課題にとって）致命的か否かを◎、?、×の三件法で判定する。
⑥判定結果を◎、?、×の記号をふまえて「コメント」欄に機械的に文章化する。
例：1）本アイディアは、○○、○○、○○、という課題にとっての重要なメリットをもつが、××という致命的なデメリットをもっている。
2）本アイディアは課題にとっての重要なメリットはなく、××という致命的なデメリットをもっている。
3）本アイディアは○○、○○、○○、という課題にとっての重要なメリットをもっており、致命的なデメリットは全くない。
⑦アイディアの評価――課題（ベネフィットを十分に達成する）に対して、どんな重要なメリットをもっているか、致命的な問題はないか、という観点からアイディアを評価する。

右の例1）～3）についていえば、2）は明らかに採用すべきでない。3）は十分に採用に値する。1）は「××」という致命的デメリットの解決のメドが立たない限り採用すべきでない。というように評価する。

３　ＭＤ分析の目的

アイディアとか手段というのは「目的」を達成するために解決しなければならない「課題」を解決するためのものである。いかに画期的アイディアといえども「目的」を達成するものでなければ役立つアイディアとはいえない。

ＭＤ分析の目的は以下のとおりである。

当該アイディアが「目的」を達成するための手段としてどれだけ優れているかを客観的に知るために、当該アイディアがもたらすメリットが「課題」解決にとってどれだけ重要か、そして当該アイディアに伴うデメリットが「課題」解決や「企業」（当事者）にとってどれだけ致命的かを判定する。

ＭＤ分析の主な用途は次のとおりである。

(1)　商品アイディアの評価
(2)　販売戦略の評価
(3)　広告メディアの選択など、広告戦略の評価

4 MD分析の基本的な考え方

(1) アイディアをできるだけ生かす

アイディアにはデメリットがつきものであり、それがアイディアの特徴といっても過言ではない。「アイディアとは従来ない概念」であるからだ。そこでアイディアをできるだけ生かすために、**デメリットはいくつあろうとも当事者（企業など）にとって致命的でない限り、そのデメリットのためにアイディアを没にしない**、という考え方をとる。

(2) アイディアの良し悪しは目的達成度

アイディアの良し悪しは基準を定めずに議論すると収拾がつかない。何のためにアイディアを出すのかを考えれば自明のごとく、アイディアの評価基準は「どれだけ目的を達成できるか」でなければならない。そのため、「目的」を設定し、その目的を達成するために解決すべき「課題」を抽出し、その課題を解決するアイディアを列記し、それらのアイディアを「課題」に照らして評価するという手順をふむのだ。

(3) 主観的評価を客観的に

アイディアの評価というのはとりわけ主観的になりがちである。しかし、アイディアの評価が主観に偏りすぎると、まともな商品開発を行うことなどまったく不可能である。そこで、客観的に評価するための工夫として、各自が判定（◎?×）したものを出し合ってからグループで討議するという決め方をする。メンバー間で判定が異なれば、その根拠を説明し、メンバーの合意に到るまで公平な討議を行う。そのために次のような３つのルールを用いる。①**他を圧倒しない。**②**他と少しでも違う考えが浮かんだら必ず口に出す。**③**反論されたら「ありがとう」**。

次に「ＭＤ分析」を用いて行ったビジネスモデル４個のうち２個の評価のサンプルを示す（図表４–14、図表４–15参照）。このケースの目的と課題は以下のとおりである。

〔目的〕屋外飲料市場内に本プロジェクトで創造する「新市場」において、Ｂ社が長期間高利益（＄○○／年）を獲得する。

〔課題〕Ｂ社の強み（シガレット業界シェアＮＯ・２）を最大限生かしたビジネスモデルを展開することにおいて、競合大手（Ｃ社、Ｐ社、Ｎ社、Ｌ社）が「類似市場優位効果」や「大砲による逆転効果」を発揮しにくくする。

図表4-14 ビジネスモデル① ○○○をベースにした出店モデル

Merit	Demerit
1. 好適立地で、多くの他社マシンから本○○○マシンにスイッチさせることができれば、B社が競合大手に対して、強力な仕入れ先になるため、競合大手からの圧力を受けない【◎】 2. 店舗経営が不要なので、ビジネスモデル③とビジネスモデル④に比べて、初期投資が少ない【×】 3. 競合が現在マシンを設置できていない、魅力的なFootfallエリアに本○○○マシンを設置できれば、B社が競合大手に対して、仕入れ先になるため、競合大手からの圧力を受けにくい【◎】 4. 日系企業C社から供給される○○○マシンは、契約通り、設置できるので、日系企業C社との良好な関係を損なわない【×】 5. 既存Dブランドは、コーラ、ペプシ社と直接バッティングしないので、圧力を受けずに、売上貢献商品になる可能性がある【◎】 6. シガレットリテイラーとの繋がりがあるので、Footfallの好適立地を確保しやすい【◎】 7. シガレット店への来店客が増え、シガレットの売上が増える【×】 8. 日本における日系企業C社の○○○マシン事業の成功モデルをそのまま活用できるので、効率的に、しかも低リスクで本ビジネスの展開が可能【?】	1. 競合のマシンをすでに扱っているリテイラーに売り込むと、競合の反感を買い、圧力をかけられる（理由：従来のマシンなら、1台分すべてが自社ブランドの商品であったのが、本○○○マシンにスイッチさせられると、1/20となり、消費者の自社ブランドに対する選択確率が低くなる）【◎】 2. 缶やペットボトルの飲料が普及すればするほど、差別性の低い本カップ式○○○マシンの市場がシュリンクする可能性が高い【◎】 3. ○○○マシンの目新しさがなくなると（約5年後）、既存のマシン（ファンテンマシン）との差別的魅力がなくなる【×】 4. ○○○エリアでのみ好適立地をおさえるだけではなく、他の多くの都市の好適立地も確保して初めて、B社が競合大手の大口クライアントとして認められる。しかし、それにはかなりの期間と投資のリスクが伴なう【×】 5. ブランド炭酸飲料の供給を競合大手に依存するため、もしも、すべての競合がB社への供給を中止（拒む）すればB社のビジネスが成立しなくなる可能性がある【◎】 6. B社が本ビジネスで成功すれば、競合大手が容易に後発参入（カップ・缶・ペットボトル等の○○○マシン）して成功する可能性が高い（つまり、Big Gun Effect）【◎】

Judgment：不採用

本ビジネスモデルは、4つの重要なメリットがあるが、4つの致命的なデメリットを有しているため、採用候補として残すべきではない。

図表4-15　ビジネスモデル②　○○○デリバリー

Merit	Demerit
1. 店舗経営が不要なので、ビジネスモデル③とビジネスモデル④に比べて、初期投資が少ない【×】 2. 日系企業C社のように、マージンを他のマシンよりも高く設定できれば、○○○マシン設置場所の賃料も安いため、利益が他のビジネスモデルよりも高く設定できる。その結果、リテイラーを獲得しやすい【×】 3. ○○○マシン設置場所の賃料が安いため、利益が他のビジネスモデルよりも高く設定できる。その結果、リテイラーに対する魅力が高まり、長期的にマシンを設置し続けてもらえる【◎】 4. ○○○マシンを2台以上設置可能なので、1店舗当りの売上が増える可能性がある【×】 5. ○○○マシンを2台以上設置ですれば、○○○マシンの台数に対するメンテナンス担当者の数を削減できる【×】 6. ○○○マシンを2台以上設置すれば、消費者に多くのメニューを提供できるので、競合大手のビジネスと差別化しやすい【◎】 7. 今までチャイ等をテイクアウトしていた多くの消費者に対して、コーラ等のブランド飲料を飲用する機会を与えるので、競合大手から歓迎される【◎】 8. 日系企業C社から供給される○○○マシンは、契約通り、設置できるので、日系企業C社との良好な関係を損なわない【×】 9. 既存Dブランドは、コーラ、ペプシ社と直接バッティングしないので、圧力をうけずに、売上貢献商品になる可能性がある【◎】 10. 現シガレット店の周囲が汚くても、本○○○マシンを設置できる環境さえあれば、すぐにビジネスを開始できるので、効率的に協力リテイラーを確保できる【×】 11. 設置場所の確保が容易である【×】 12. シガレット店の店頭ではなく、外から見えないスペースで営業するので、シガレット店頭に置く場合と異なり、女性や子供まで取り込める【×】 13. MIPなので、長期間市場で優位を保つ可能性が高い（MIPである理由：今まで喫茶店のチャイしか飲めなかった生活から、衛生的で多種類の飲料を持ってきてくれ、お客も自分も楽しめる、という新しい生活を提供する）【◎】 14. ○○○マシンはすべて屋内に設置されるので、○○○マシンの寿命が伸び、故障が少ない【×】 15. ○○○マシンはすべて屋内に設置されるので、本ビジネスモデルのアイディア（衛生的）を、消費者に納得させやすい【×】 16. 自社のシガレットの売上にも貢献する【×】	1. 飲料の製造場面が見えないので、衛生面に対して不信に思う消費者がいる可能性がある【×】 2. Unfulfilled Strongニーズがあるのか新たに調査する必要があるので、今後の開発計画が遅れる【×】 3. デリバリーサービスに対するノウハウが無いので、ノウハウを蓄積するための時間が他のビジネスモデルよりも必要【×】 4. 消費者のオーダー方法（電話）にコストがかかるのであれば、フリーダイヤル方式を採用しなくてはならず、コスト負担が増す【×】 5. 継続的な広告・宣伝費（ビラ配布）がかかる【×】 6. ブランド飲料については、既存の店舗がデリバリーサービスを容易に真似することができる【×】

Judgment：有力な採用候補

本ビジネスモデルは、5つの重要なメリットがあり、致命的なデメリットを有していないため、採用候補として残すべきである。

『絵馬研究と梅澤理論』

株式会社エルビー
営業本部　ＦＸ開発室　加藤　寛之

●絵馬研究の進め方

〝なぜ、日本人は絵馬に願いをしたためるのだろうか？〟梅澤先生との絵馬研究は、そんな素朴かつ壮大なテーマを掲げています。企業に勤めるマーケターを中心に、５年近く神社仏閣に参り、絵馬の採集と分析をつづけています。

しかし、「絵馬に願いを書いたことはありますか？」とまわりの人に聞いてみると、実のところあまり「書いている」人は多くないのです。しかし、寺社仏閣へ参れば絵馬掛けにはたくさんの絵馬があります。境内に赴いて、絵馬を買い、思いをしたためる人は大勢いるのです。

絵馬には、神仏に語るので「ウソ」は書かないだろうと仮定しています。つまりもっぱら、本音か建前が書かれるという点に着目し、日本人のニーズの真実に迫れることを期待し、夢をはせ研究をつづけています。

絵馬には日本人の生活上の悩みや不安、不満、問題などが赤裸々に書き記されています。現在行っている絵馬研究では、絵馬に書かれている願書きの内容についての分析を行っています。つまり、「なぜ、書いた人はこの願書きを絵馬に書いたのか？」ということです。絵馬に願いを書くという行動の源泉となったニーズが存在するはずで、その分析を進めれば日本人の生活上の真のニーズを把握できて、その解決方法となる商品開発やサービス開発に寄与する多くの示唆を得られるのではないか、という着眼です。ここが梅澤先生の独特で愉快な着眼、着想です。

単なる着想に留まらず、客観的なデータから導かれた理論に基づいて分析を重ねていきます。周囲に「絵馬の研究をしている」と伝えると、たいていの人が興味を示します。しかし、どのような結果を得ているかまで、深掘りしてくる人は少ないのです。ここに、「消費者ニーズ」を把握することが商品やサービスのコンセプト開発にどれほど重要なのかを腹落ちできる、できないの分かれ目があると感じています。

コンセプトの定義C＝I＋Bという公式に当てはめれば、I＝神様に願いが届く（かもしれない）伝達法

B＝日々の生活上で、悶々とつづいたり次々と舞い降りてきたりする不満や不安を和らげてくれる

C＝絵馬

となります。そういう意味では、消費者の〝未充足ニーズ〟にしっかり応えているサービスが「絵馬」なのかもしれません。

具体的には、各種生活領域、例えば健康生活、恋愛生活、仕事生活といった生活領域別に、どのような生活ニーズが多いかを研究しています。

生活ニーズは大別して「維持ニーズ」、「予防ニーズ」、「復元ニーズ」そして「向上ニーズ」に分類されます（梅澤伸嘉『消費者ニーズハンドブック』同文舘出版、2013年）。

●絵馬研究の魅力

まだ結論には至っておりませんが、生活領域ごとに生活ニーズのタイプが異なる傾向ははっきり見えてきており、引きつづき解明作業をつづけています。

消費者ニーズの理解が深まり、かつ楽しいワークです。消費者ニーズに興味のおありの方のご参加を歓迎いたします。日本人の真の生活ニーズの構造をご一緒に解明いたしましょう。

（画像提供：エルビー）

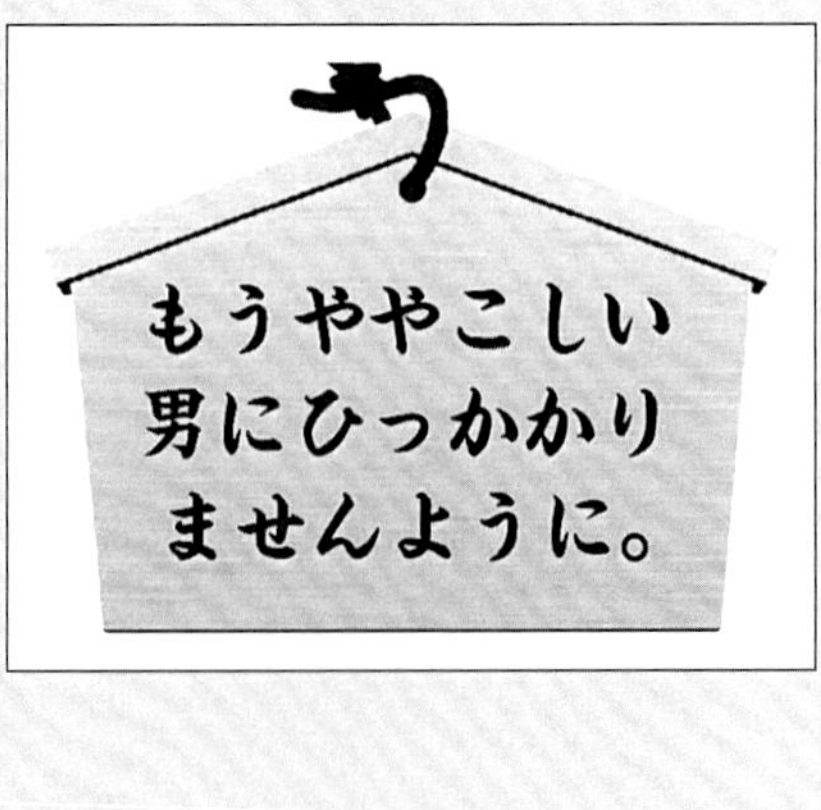

Column

『市場創造と独創的な研究』

金沢工業大学　ゲノム生物工学研究所
教授（農学博士）　町田　雅之

●「知識の粘着性」という概念

最近、「社会に役に立つ研究」ということが良くいわれています。古い話ですが、雑菌としてカビが生えた寒天培地上で研究に使っていた細菌が生えないことからペニシリンが発見されたことは有名です。これは、それまで誰も行わなかった「独創的な研究」と見ることができます。この場合には「独創」を意図して行ったわけではなく、予想外のことが起こったときに単なる失敗とは考えず、理由を丁寧に追及したことが重要な発見に繋がったと考えられます。医薬としての利用には、寒天培地上の現象を人の体に応用するという、発想の転換も重要だったでしょう。

ペニシリンの発見は「雑菌の繁殖」という偶然がきっかけです。そこで、「偶然」のような「人の発想を超えた状態」を意図的に作り出すことができれば、「独創」を作り出すための方法論になり得ると思われます。この命題を考えていく中で、「知識の粘着性」という概念が見つかりました。「知識の粘着性」とは、ある人に高い価値を持つ知識であっても、他の人には意味のないものになり得るということです。文化や風習にその例が多く見られると思います。例えば「お地蔵さん」は、海外の多くの人にはその土地の人が抱くような価値をもつ物ではないでしょう。「お地蔵さん」を見せただけで、同じような価値観をもってもらうことはとても難しいと思います。でも、人里の生活との関係などを丁寧に説明することで、その価値観を理解してもらえるかもしれません。そして、ひとたび愛着がもたれると、それまでに同じような価値観や経験がなかっただけに、想像もしないような人気を博すかもしれません。

●「社会の役に立つ」研究のために

「独創」を求めようとしたとき、周囲の一般的な価値観を前提にするととても難しいと思われます。「社会の役に立つ」ということは、自分が生活する社会を前提としています。評価する人も同じ社会に生活しているので、これとは異なる価値観を前提にすると、「社会の役に立つ」とは理解してもらえないからです。

独創的研究、イノベーション、市場創造は、科学、社会、経済という土俵の違いはありますが、とても似た概念のように思われます。そのため、実現するための方法論があるとすれば、やはり共通性が存在すると考えます。日本は海に囲まれ、鎖国時代を経験したことなどから、独自な文化や価値観が多く育まれてきたといえるでしょう。だとすれば、自分とその他の環境における価値観とその違いの正確な理解が、きっかけを生み出す原動力になり得ます。「知識の粘着性」を利用するためには、異なる価値観の壁を乗り越えるための工夫や努力が必要です。しかし、研究・開発・商品化を具体化するための経験や技術が存在する現状では、キャッチアップや改良よりも費用対効果がはるかに高いと思われます。

新版あとがき――市場を創造する「MIP経営」は国の経済を強くする

■「ロングヒット商品」は意図し創れることを示しました

「ロングヒット商品」を高確率で開発することは大変なことだとずっと考えられてきました。しかし、それは今までの考え方や、やり方を根本的に変え、「MIP」を意図して開発することによって可能なのだ、ということを本書は示しました。

そして、それを支えているのが各種オリジナルな手法であり、特に各所にちりばめた消費者洞察法の数々です。

■消費者洞察と商品独創が車の両輪であることを示しました

消費者の心の中を洞察し、それに応える商品を独創するという2つの作業が「ロングヒット商品」を開発する上で不可欠なのです。

■「成功商品開発」の原則を示しました

世の中には成功のケーススタディというのが山ほど公開されているようですが、私は、同じ人が、あるいは同じチームが繰り返し成功したのでない限り、そういった成功のケーススタディは役立たないと考えています。1回だけの成功のケースから応用に値する「成功原則」など導き出せないのです。多くの開発者は1つの成功を手にしても、次も、また次も失敗を味わっているのが実態で、それが何よりの証拠です。

■試行錯誤と研究に裏づけられた圧倒的に成功率の高い理論と手法を示しました

本書に盛り込まれているオリジナルな理論と手法は、長い間の数々の失敗と成功の体験と、「それらの要因を明らかにしたい」という探究心と、何といっても〝長くよく売れつづける〟「ロングヒット商品を創りたいという強い思いによって結実したものです。そして、それらの理論や手法を用いることによって数々の成功商品「ロングヒット商品」を私はやっと送り出せるようになったのです。

1回や2回の成功のケースから得られた理論や手法とは生まれも育ちも違う、圧倒的に成功率の高い、今までにない有用な理論と手法である、と知っていただけたと信じています。

■「M－P」経営は国の経済を強くすることを示しました

消費者の「生活上の問題」を解決するMIPを多くの企業がこぞって開発することによって確実に国の経済は潤います。GDP対前年成長率とMIP開発率が相関するのです（図表1-9参照）。

■「M－P」の主な理論と手法をコンパクトに整理した「M－P」の決定版としてご愛読ください

MIP理論、手法、事例がバランスよく仕上がりました。読者の皆様にはテキストとして、座右のバイブルとしてお役立ていただき、ＭＩＰ開発でロングヒットを連発してください。

■最後に、社内でＭＩＰ開発が促進されるようにする秘訣をお伝えします

（1）まず自社のロングヒット商品（10年以上、できれば30年以上の）を列記してください。

（2）それらをトップマネジメントに示してください。それらはトップマネジメントにとって魅力的な商品ばかりのはずです。なぜなら、毎年毎年長い間、会社に利益を生みつづけていることをご存知だからです。

（3）それらのロングヒット商品こそが「ＭＩＰ」という、市場を創る商品であり、それを開発する手法が本書に詳しく書かれている、ということをご説明ください。

きっとトップマネジメントは強い関心を示してくださると信じます。なぜなら多くのトップマネジメントは、ロングヒット商品が意図的に開発できるなら素晴らしいと強くお考えのはずだからです。

ぜひ、ＭＩＰをお創りください。そのためには右記のような社内、特に上層部の説得が必要です。ご成功を祈ります。

ＭＩＰの普及、拡大を夢みて。

２０１８年5月7日

梅澤　伸嘉

3. 広告と販売 — 最大化要素

30	市場の拡大は、シェアNO. 1商品の役割であり、NO. 1にしかできない戦略である
31	「広告力」と「販売力」は、商品が売れるための最大化要素である。それゆえ強ければ強い程望ましい。しかし「商品力」が弱ければこれらの力は限界を示す
32	広告において「USP」、「カテゴリー名」、「ブランド名」が3点セットで消費者を購買行動に動機づける
33	消費者受容性の高い「商品コンセプト」を広告やパッケージに効果的に反映させるために「表現コンセプト化」のプロセスを抜いてはならない。広告効果を最大限高めるためであり、パッケージを店頭における立派な広告塔にするためである
34	パッケージは店頭における立派な広告塔である。それゆえ、広告と同様に、「USP」、「カテゴリー名」、「ブランド名」が3点セットで付いていなければならない。また、広告内容とパッケージ表示内容を役割分担してはならない
35	USPは「どう良いか」、カテゴリー名は「何であるか」を伝える役割をもつ。「何であるか」、「どう良いか」が不明では誰も買いようがない
36	広告、パッケージ、店頭POP作りは、「知覚の選択性」と「知覚の意味化」の心理を最重要視して行われねばならない
37	「新商品の売上は翌年には低下するもの」という迷信が広くはびこっている。これは実態としては多いが、「そういうもの」と認識してはいけない
38	商品ごとの毎年の売上と利益の「累積」を重視せよ。そうすると長寿商品のありがたさがわかり、もっと延命させようという動機づけが強まる
39	ある商品の売上の横ばいと低下の要因の大半はマーケターの無知と飽きにある
40	ある商品の売上の横ばいと低下の最大の原因は、売上を伸ばしてきた施策や訴求ポイントを変えてしまったことである
41	あるブランドの売上が横ばいになったり、低下する最大の原因は、無原則なブランドラインの拡張である
42	マーケティング施策や訴求ポイントをタイミング良く変更しなかったことが、売上の横ばいや低下の原因になることがあるが、ケースとしては最も少ない
43	後発競合の追撃によって売上が横ばい、もしくは低下することがある。この最大の原因は、競合の土俵に自ら入ってしまうことである。トップランナーは二番手以下に追撃されても競合対策ではなく市場拡大策にまい進しなければならない
44	その商品の属するカテゴリー自体の必要性が減少することは、売上の横ばいや低下の原因となる
45	訴求してきた消費者ターゲット層の飽和は、売上横ばいや低下の原因となる
46	既存ブランドの強化を行うためには「NO. 1戦略」をとることがベストである
47	現在カテゴリー内シェアがNO. 1でカテゴリー代表度が50%を越えているブランドは、カテゴリー代表度を一層高めるようコンスタントに、カテゴリーベネフィットとブランドを結びつけて訴求し続けることがベストである
48	「パイオニア」でありながら、「カテゴリー代表度」が50%に満たないブランドはできるだけ早く50%以上になるようにカテゴリー名とブランド名を結びつけて訴求しつづけ、1日も早く「聖域」へ昇ることを目標にする戦略をとることがベストである。
49	「フォロアー」でありながら、「カテゴリー代表度」は50%を超えているブランドは、聖域主とのシェア競争をやめ、聖域の主と力を合わせてカテゴリー市場を拡大、強化する戦略をとることがベストである。
50	「フォロアー」であり、かつ「カテゴリー代表度」も50%に満たないブランドは、そのブランドにしかないベネフィットをもったカテゴリーを創出し、「カテゴリー代表度」を向上させる戦略をとることがベストである。
51	ブランドを強化するためには、①妥当なカテゴリー名決定と代表度合を明らかにする調査、および②カテゴリーシェア調査を行うことが不可欠であり、その情報によってどの「NO. 1戦略」をとるべきかを明らかにしなければならない
52	ブランド強化戦略のゴールは「カテゴリー代表度」を50%以上100%まで限りなく高めつつ、カテゴリーシェアNO. 1を保ち続けることである
53	広告投資や販売努力に報いるベストなマーケティング手段は長期間NO. 1を保てるような商品のみを発売する「優良少子化戦略」をとることである
54	シェアNO. 1のブランドは、ロイヤルユーザーとヘビーユーザーに支えられている
55	天を知り、天まで伸ばせ

〈巻末資料②〉消費者心理法則から導かれるマーケティングの成功原則55

（出所　拙著『消費者心理のわかる本』同文舘出版、2006年）

1. 商品開発 ― 基本要素

1	「成功商品」とは、多くの消費者が他では得られない満足を得るために対価を払って選択、使用、所有して満足を得続ける対象である
2	「成功商品」とは、10年以上利益を生み続ける商品であり、それは10年以上シェアNO.1を続ける商品である
3	消費者心理の真相を知らずしてコンスタントな成功商品開発はない
4	消費者は自分の「未充足の強いニーズ」に応える商品に魅力を強くもつ＝「未充足ニーズ理論」
5	どんな魅力的なコンセプトをもっていても、パフォーマンスが伴わなければその商品の寿命は短いし、ブランドは成立しない＝「C／Pバランス理論」
6	「新市場創造型商品」（MIP）の2つに1つは10年以上シェアNO.1を保つ＝「MIP理論」
7	「成功商品開発」とは成功率向上と長寿化を目指す商品開発のことである
8	潜在ニーズに応えると「新市場創造型商品」（MIP）になる
9	新商品開発は「新市場創造型商品」（MIP）またはブランドを強化する目的の商品のみと決めるべし
10	毎年の売上と利益を稼ぎ出す中心は長寿の「親亀」だけである
11	「商品力」は商品が売れるための基本要素である
12	多くの人が頻繁に行っていて、解決されたらうれしい問題が伴う「行動」が「成功商品開発」のねらい目である
13	成功商品開発プロセスの初期の段階に「商品コンセプト」開発を位置づけ、消費者受容性の高い商品コンセプトのみが「商品パフォーマンス」開発に移管されるという流れを確立しなければならない
14	ニーズとシーズは女と男の関係である。消費者ニーズは企業が提供する技術的シーズによって満たされ、技術的シーズは消費者ニーズなくして生かされない

2. ブランディング ― 基本要素＋最大化要素

15	強いブランドすべてに共通している唯一の特徴は「カテゴリーの代表（代名詞）」になっているという点である
16	MIPであっても早期のブランドイメージの確立、すなわち「カテゴリー代表イメージの獲得」と、早期の配荷が未達成では「カテゴリーの代表」になるチャンスを逃す。すなわち、強いブランドに育つチャンスを逃す
17	ブランドは「カテゴリーの代表」であり、強いブランドとはカテゴリーの代表度の高いブランドである
18	ブランドラインの拡張によってブランドが強化されるのはアイテム（ライン）の品揃えが多いほど、そのブランドの魅力が強まるケースのみである
19	ブランドラインの拡張は企業の願いに反してブランドの強化にならないケースが多い
20	ブランドベネフィットとベネフィットを同じくするアイテム（ライン）の拡張はブランド力を強める
21	「子」（アイテム）にとって「親」の名前（ブランド名）の力は役立つが、「子」のための「親」の名前の活用は「親」の活力を弱める
22	ブランディングを長く成功させるためには「知覚の意味化」心理を効果的に活かすよう常に意識することである
23	ブランディングは、消費者の選択上の迷いを軽減するように行われると成功する
24	ブランドとは「満足の年輪」と悟らねばならない。長期間かけて積み重ね、積み重ねて太い立派な幹となるからだ
25	発売初期においてはブランド名よりカテゴリー名の方がよほど重要である
26	ブランド名はそれが代表となるカテゴリーの「愛称」と悟るべし
27	NO.1ブランドのベストな戦略は、それが代表となるカテゴリーベネフィットとブランドを結びつけて訴求し続けることによって市場を拡大することである。決してシェアを拡大することではない
28	「天まで伸ばす」前にライン拡張に頼るな。多くの場合、まだ「天まで伸びる」前に育成の力をゆるめ、その分、安易なライン拡張に頼ってブランドを弱めている
29	「市場」、「カテゴリー」、「ブランド」、「アイテム」が明確に整理できないと、消費者理解を得られにくい

《企業内限定》S–GDI内製化プログラム一覧

消費者ニーズの法則	消費者ニーズについて深く理解し、活用できるようにする	期間：3日間
S–GDI概論	早く、安く役に立つS–GDIについて関係者の理解を得る	期間：1日間
プロ司会者養成	プロ司会者として内製化できるレベルに技能養成	期間：9日間
システマティック分析技能養成	S–GDIの目的別分析法をマスターし、内製化できるレベルに技能養成	期間：9日間（1目的当り）
上位下位関係分析法	消費者ニーズの層構造を知る―未充足の強い生活ニーズを発掘―	期間：9日間
因果対立関係分析法	すべての行動・心理の実態と本質理解	期間：9日間

詳細は商品企画エンジン（株）までお問い合わせください。

ＭＩＰを開発し、成功商品をコンスタントに開発していただくことを主眼とした梅澤成功商品（ＭＩＰ）開発スクール・コース・プログラムを示す。ぜひ、門をたたいて腕を磨いていただきたい。

〈巻末資料①〉MIP開発のための梅澤成功商品（MIP）開発スクール

MIP開発基本プロセス習得プログラム一覧

1	スクール全容紹介	スクールの目的、主な内容理解、何が習得できるかがわかる。
2	成功商品開発とブランド強化「基本理論」	「C／Pバランス理論」「未充足ニーズ理論」「MIP理論」「No1ブランド戦略理論」を学ぶ。
3	消費者ニーズ 徹底理解実習	「消費者ニーズ・ハンドブック」240の法則をケーススタディを通じて深く理解する。
4	MIPの理論と実践 ロングセラー商品の作り方	MIPの理解と潜在ニーズ発掘法を学ぶ。
5	キーニーズ洞察法による潜在ニーズ発掘実習	「S-GDI法」の全体像の理解とそれによる潜在ニーズ発掘の練習をする。
6	商品コンセプト開発 キーニーズ法（ニーズ型）実習	数々のロングヒット商品を生み続けている「キーニーズ法」のニーズアプローチを学ぶ。
7	独創的アイデア 発想法実習	ユニークなアイデア発想のコツを学ぶ。（AHAゲーム、メラキア発想法、強制結合法）
8	商品コンセプト開発 キーニーズ法（シーズ型）実習	自社の技術を活用し、消費者ニーズに応える商品コンセプトの作り方を実習を通じて学ぶ。
9	商品コンセプトの システマティック 評価／改良実習	S-GDI法の司会実習とその反応を元にしたシステマティックな結論付け／改良点の抽出法を学ぶ。
10	表現コンセプト 開発実習	コンセプト開発の集大成。手作り広告とパッケージ作りまで実習で行う。
11	設計品質づくりと シナリオストーリー	商品パフォーマンス開発のための設計品質づくりと売り方のヒントを得るための「シナリオストーリー法」を学ぶ。

商品企画エンジン（株）までお問い合わせください。

梅澤伸嘉 著書一覧		
書名	出版社	発行年
商品開発のための消費者研究	日科技連出版	1972（共著）
消費者調査のすすめ	日本繊維製品消費科学会	1972（共著）
消費者ニーズをどうとらえるか	ダイヤモンド社	1977（共著）
グループインタビュー調査	ダイヤモンド社	1981
食品産業における新製品開発	恒星社厚生閣	1983（共著）
消費者ニーズをヒット商品にしあげる法	ダイヤモンド社	1984
幸せを売る	誠文堂新光社	1985（編著）
生活者からの発想によるキーニーズ法 商品コンセプト集（1）（2）	日本能率協会総合研究所	1985
ヒット商品づくりの文法	ダイヤモンド社	1986
グループインタビュー実践マニュアル	日本能率協会総合研究所	1986
企業分化革命	ダイヤモンド社	1988
商品コンセプト開発マニュアル	日本能率協会総合研究所	1988
創造性開発訓練講座（企業と人材）	産業労働調査所	1988.7−1989.6
商品力開発コース（通信教育テキスト）	日本コンサルタントグループ	1991
メラキアの発想	ダイヤモンド社	1992
成功商品開発マニュアル	日本能率協会総合研究所	1992
実践グループインタビュー入門	ダイヤモンド社	1993
消費者ニーズの法則	ダイヤモンド社	1995
消費者は二度評価する	ダイヤモンド社	1997
長期ナンバーワン商品の法則	ダイヤモンド社	2001
長期ナンバーワン商品の法則（中国語版）	三思堂	2002
長期ナンバーワン商品の法則（韓国語版）	Kmabook	2003
ヒット商品開発	同文舘出版	2004
The Winning Formula Market Initiating Products	STERLING PUBLISHERS	2004
最新成功商品開発マニュアル	日本能率協会総合研究所	2004（共著）
グループダイナミックインタビュー	同文舘出版	2005（編著）
消費者心理のわかる本	同文舘出版	2006
ヒット商品打率	同文舘出版	2008
ヒット商品開発〈第2版〉	同文舘出版	2009
ビジュアル図解　消費者心理のしくみ	同文舘出版	2010
「アイデア」を「お金」に変える思考ノート	かんき出版	2013
消費者ニーズ・ハンドブック	同文舘出版	2013
最新新市場創造型商品コンセプト開発マニュアル	日本能率協会総合研究所	2015
30年売れて儲かるロングセラーを 意図してつくる仕組み	日本経営合理化協会出版局	2016
戦わずロングセラーにする 「強い売りモノ〈MIP〉の創り方」	同文舘出版	2016
今ない知恵を生み出す しなやかな発想法―メラキ直り―	同文舘出版	2018

《著者紹介》

梅澤　伸嘉（うめざわ　のぶよし）経営学博士

1940年生まれ。日本大学大学院（心理学）修了、文学修士。愛知学院大学大学院経営学研究科修了。サンスター㈱研究所、研究開発部を経てマーケティング部調査課長、ジョンソン㈱マーケティングリサーチマネジャーとして入社、新商品企画グループリーダー、マーケティングサービスマネジャーとして各種商品の開発、導入のかたわら、キーニーズ法、アッハゲーム、行動分析法、C／Pテスト、グループインタビュー法等を開発、改良。1984年独立。数々の企業のコンサルテーション（新商品開発、独創性開発、市場調査）に従事する。
商品企画エンジン㈱代表取締役会長、梅澤マーケティングスクール塾長、MIP経営塾塾長、一般社団法人日本市場創造研究会代表理事を歴任。

〈主要著書〉
『今ない知恵を生み出す しなやかな発想法』同文舘出版、2018年
『戦わずロングセラーにする「強い売りモノ〈MIP〉」の創り方』同文舘出版、2016年
『消費者ニーズ・ハンドブック』同文舘出版、2013年
『消費者心理のしくみ』同文舘出版、2010年
『ヒット商品開発(第2版)』同文舘出版、2009年
『ヒット商品打率』同文舘出版、2008年
『消費者心理のわかる本』同文舘出版、2006年
『グループダイナミックインタビュー』（編著）同文舘出版、2005年
ほか多数（梅澤伸嘉 著書一覧参照）

〔連絡先〕商品企画エンジン㈱
〒248-0025　神奈川県鎌倉市七里ガ浜東4-20-3
http://www.sk-engine.com
メール：info@sk-engine.com

平成16年９月１日　初　版　発　行
平成20年７月10日　初版５刷発行
平成21年12月25日　第　2　版　発　行
平成29年11月22日　第２版５刷発行
平成30年６月20日　新　版　発　行
令和６年２月15日　新版４刷発行　　略称：ヒット開発(新)

新版　ロングヒット商品開発
—成功率100倍のMIPの秘密—

著　者　©　梅　澤　伸　嘉
発行者　　中　島　豊　彦

発行所　**同　文　舘　出　版　株　式　会　社**
東京都千代田区神田神保町１-41　〒101-0051
営業（03）3294-1801　編集（03）3294-1803
振替 00100-8-42935 https://www.dobunkan.co.jp

Printed in Japan 2018　　印刷・製本　三美印刷

ISBN978-4-495-64013-2

JCOPY〈出版者著作権管理機構 委託出版物〉
本書の無断複製は著作権法上での例外を除き禁じられています。複製される場合は、そのつど事前に、出版者著作権管理機構（電話 03-5244-5088、FAX 03-5244-5089、e-mail: info@jcopy.or.jp）の許諾を得てください。

本書とともに

戦わずロングセラーにする
「強い売りモノ〈MIP〉」の創り方

A5判　462頁
税込4,290円（本体3,900円）

消費者ニーズ・ハンドブック
―ロングセラーを生み出す240の法則―

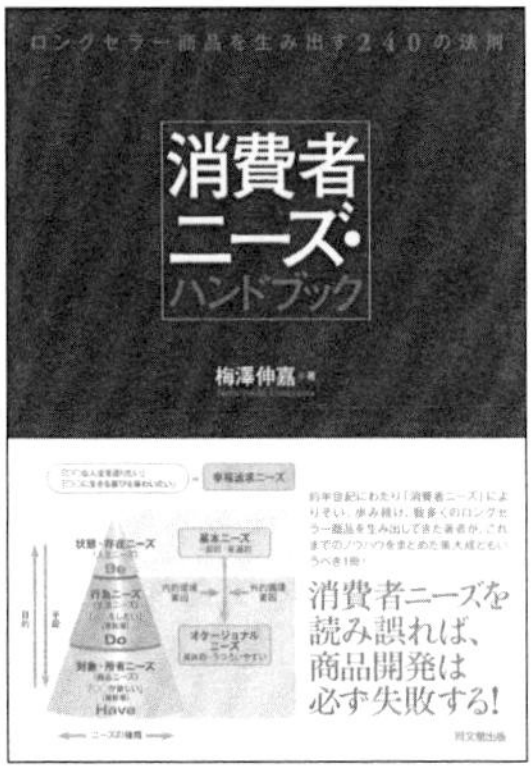

A5判　332頁
税込3,300円（本体3,000円）

ヒット商品打率
―数打つからあたらない―

A5判　210頁
税込2,420円（本体2,200円）

ロングヒット商品開発者が教える
今ない知恵を生み出すしなやかな発想法

四六判　216頁
税込1,650円（本体1,500円）

同文舘出版株式会社